DISSIDENTE

DISS

Thomas Woods

Dente

Um economista na contramão das ideias permitidas

SIMONSEN

Editor:
Rodrigo Simonsen

Tradutor:
Paulo Polzonoff Jr.

Revisor:
Fábio Salgado de Carvalho

Capa e projeto gráfico:
Anderson Junqueira

Imagens de capa:
© iStock

Produtores-executivos:
Jorge Feffer e Urubatan Helou Junior

Impressão e acabamento:
RR Donnelley

DADOS INTERNACIONAIS DE CATALOGAÇÃO NA PUBLICAÇÃO (CIP)

Vagner Rodolfo CRB-8/9410

W894d

Woods, Thomas

Dissidente: um economista na contramão das ideias permitidas / Thomas Woods. - Santos : Simonsen, 2017.

296 p. ; 16cm x 23cm.

Inclui índice.

ISBN: 978-85-69041-25-2

1. Economia. 2. Política. 3. Libertarianismo. 4. Guerra. I. Título.

CDD 330 CDU 33

Índice para catálogo sistemático:

1. Economia 330
2. Economia 33

[2017]

EDITORA SIMONSEN
Av. Washington Luís, 366
CEP 11055-000
Santos/SP
www.editorasimonsen.com.br
www.facebook.com/editorasimonsen

Aos meus ouvintes em TomWoodsRadio.com

PREFÁCIO

Há não muito tempo, estava almoçando com minha mãe e, aparentemente, ansioso para voltar ao escritório a fim de compor uma refutação definitiva a um ataque particularmente repugnante às ideias libertárias. Minha mãe sugeriu-me que eu reunisse em um livro as várias respostas às críticas que escrevi ao longo dos anos. Depois de ouvir-me dizer, numa entrevista recente, que eu estava pensando em fazer, justamente, isso, ela me mandou um e-mail: "De nada".

Nem todos os capítulos que se seguem são respostas a críticas, mas a maioria é-o. Entre as pessoas que acompanham meu trabalho, este é o gênero preferido: a réplica furiosa a um ataque muito lido ao libertarianismo. À medida que as pessoas chamavam minha atenção para esses ataques, comecei a especializar-me nessas respostas. Não gosto quando um crítico mal informado fica sem resposta, não só porque não quero que os espectadores pensem que fomos derrotados, mas, também, porque é uma boa oportunidade de dar aos libertários a munição intelectual de que precisam para responder a críticos parecidos quando os encontrarem.

Este é o primeiro livro que escrevo em três anos e meio. Passei a maior parte desse tempo em três grandes projetos — veja o posfácio para mais detalhes —, mas consegui escrever durante o que, risivelmente, chamo de meu "tempo livre". A maior parte do material deste livro já apareceu publicada em papel ou *online* (o site LewRockwell.com é a publicação mais frequente), mas nem sempre é fácil encontrar os textos. Este livro reúne-os todos. Estou mesmo feliz com os artigos que aqui aparecem, convicto de que alguns dos meus melhores e mais engraçados textos podem ser encontrados nestas páginas.

Agradeço a Jacob Hornberger por permitir-me usar o material publicado no *Freedom Daily* da *Future of Freedom Foundation* como os capítulos 1, 12, 44 e 47 deste livro. Agradeço, ainda, a Naji Filali e à *Harvard Political Review* por permitirem-me reproduzir o material no capítulo 54, à *The American Conservative* pelo capítulo 2, e ao *Ludwig von Mises Institute* pelo material dos capítulos 6, 9, 11, 31 e 53. Finalmente, agradeço à *Taki's Magazine* (takimag.com) por permitir-me usar o material que se transformou no capítulo 45.

Como sempre, quero expressar minha profunda admiração por minha esposa, Heather, que é minha maior fã e apoiadora. Ela me ajudou a fazer de mim o homem que sou hoje (pelo menos, as partes boas). E, claro, quero expressar meu amor às minhas cinco filhas: Regina, Veronica, Amy, Elizabeth e Sarah — como minha vida seria mais pobre sem vocês!

Um agradecimento especial a todos que me ajudaram a fazer o Tom Woods Show, lançado em 2013, um sucesso muito maior do que eu esperava. Este livro é para vocês, pessoal.

— THOMAS E. WOODS, JR.

AGOSTO DE 2014, TOPEKA, KANSAS

SUMÁRIO

PARTE II: CAPITALISMO E ANTICAPITALISMO

PARTE III: LIBERTARIANISMO SOB ATAQUE E MINHAS RESPOSTAS

PARTE IV: RON PAUL E AS VERDADES PROIBIDAS

PARTE V: O FIM DO FED

PARTE VI: HISTÓRIA E LIBERDADE

PARTE VII: QUANDO LIBERTÁRIOS ERRAM

INTRODUÇÃO

O elo que une os capítulos deste livro é mais do que apenas a perspectiva libertária que eles têm em comum. A maioria deles também faz outra coisa: alarga a estreita faixa opinativa que os americanos têm permissão para ocupar. Se as pessoas afastarem-se do espectro que vai de Hillary Clinton a Mitt Romney — claro, cidadão, que qualquer posição que você queira assumir deve estar dentro desses amplos limites! —, serão condenadas, vilipendiadas ou ignoradas pelos guardiões do clichê político

Quem são esses guardiões? À Esquerda, sites como *ThinkProgress* e *Media Matters* especializam-se em retratos tendenciosos daqueles peões arrogantes que ousam fugir da escravidão sob a supervisão sábia de jornais como *Washington Post* e *New York Times*. À Direita, são os sites neoconservadores, como o *Free Beacon*, que construíram uma bela casinha na fazenda do sinhozinho e que perseguem todos que tentam fugir. Por quê, se não temos nenhuma daquelas perigosas opiniões libertárias, senhor repórter do *New York Times*, meu amo? E sabe de uma coisa? Somos ainda melhores: nem mesmo discutimos os temas que a *National Review* de Bill Buckley debatia, livremente, há algumas gerações. Somos bonzinhos e respeitáveis, senhor repórter do *New York Times*, meu amo, e, certamente, vamos ficar atentos a esses horríveis subversivos que, provavelmente, por causa de alguma deficiência mental, não estão satisfeitos com o espectro Romney-Clinton.

Os respeitáveis da Esquerda e da Direita não ousam mostrar onde estamos errados, claro. O simples fato de termos fugido do espectro aprovado basta como refutação. Por isso é que tenho chamado essas pessoas de controladores do pensamento, comissários, policiais da opinião aceita. É contra essas pessoas e seus ataques que boa parte deste livro volta-se.

A Parte I trata de política externa e de guerra. Este regime gerou mais confusão entre o público a respeito desses temas do que qualquer outro. Conservadores acabaram por apoiar ações que (1) aumentam o poder do Estado sobre a sociedade civil, (2) são justificadas com base em propaganda da qual eles ririam se tivesse saído das bocas de Saddam Hussein ou de Nikita Khrushchev e (3) violam os padrões absolutos da moralidade que os conservadores não cansam de dizer-nos que está sob ataque. A reputação antibélica dos esquerdistas, enquanto isso, é quase totalmente falsa: a Esquerda apoiou todas as grandes guerras americanas do século XX.

Os conservadores, sem dúvida, consideram-se ousados e revolucionários por dar apoio às intervenções militares americanas, ainda que praticamente todos os jornais do país tenham apoiado as duas guerras no Iraque e pedido uma postura mais beligerante em relação ao Irã. Se os conservadores acham que estão desafiando o *New York Times* ao dar apoio às guerras do governo federal, eles estão iludindo-se. Foi Judith Miller, do *New York Times*, por exemplo, quem, mais tarde, tornou-se famosa por sua aceitação acrítica da propaganda de guerra. Hillary Clinton e John

Kerry foram tão beligerantes quanto George W. Bush — Kerry até mesmo disse, em 2004, que dificilmente retiraria as tropas do Iraque e propôs mandar-lhes um adicional de 40 mil homens.

Contra o consenso bipartidário, qualquer pessoa que defenda uma política consistentemente não intervencionista — a posição correta de libertários *e* de conservadores se você me perguntar — pode esperar ser marginalizada e ignorada. Enquanto isso, as intervenções da última década saíram pela culatra, como Ron Paul e outros não intervencionistas previram que aconteceria. O Islã radical contra o qual os neoconservadores garantiram que estavam protegendo os Estados Unidos por meio de vários tipos de intervenções no Iraque, Irã, Afeganistão, Paquistão, Síria, Líbia, e onde mais isso tenha se espalhado, ganhou força à medida que os governos americanos demonizaram e desestabilizaram regimes que continham os malucos. Por isso é que a um recente *post* de blog dei o título de *Neoconservadores param de disseminar o Islã radical para criticar Rand Paul.*

A Parte II é uma defesa do livre-mercado contra alguns dos argumentos mais comuns. Aqui, meus oponentes não caem, necessariamente, na categoria de controladores do pensamento. Muitos dos argumentos, entretanto, que estou refutando são do tipo só-um-ideólogo-discordaria-de-mim. Porque "monopólios" dominariam o mercado se vocês, libertários, tiverem chance! Todos vão ganhar apenas dez centavos por hora! A publicidade vai manipular os consumidores!

Esses argumentos e vários outros são os primeiros a serem derrubados.

A Parte III analisa — e destrói — alguns dos ataques ao libertarianismo lançados pelos principais veículos de comunicação ao longo dos últimos anos. Parece que não se passa uma semana sem um desses ataques. Meu público sempre aumenta quando pego esses críticos e mando-os para casa chorando no colo da mamãe. Esta parte do livro reúne várias dessas refutações.

Na Parte IV, trato da importância do fenômeno Ron Paul. Ron é tudo o que a sociedade estabelecida teme: alguém que fala a verdade na cara, um destemido matador de vacas sagradas. Ele se recusa a encaixar-se em qualquer uma das tolas categorias nas quais os formadores de opinião tentam pôr tudo e todos. Ele é antiestatista e antibelicista — um verdadeiro símbolo de consistência, apesar de parte dos conservadores (e dos esquerdistas para ser sincero) considerarem isso uma contradição inexplicável.

"Ron Paul é louco", garantiam os guardiões da opinião respeitável. O que eles, realmente, queriam dizer é que Ron Paul desafia a classificação política tradicional e as posições progressistas para além do *continuum* Clinton-Romney. As pessoas cujas mentalidades foram forjadas nas prisões ideológicas dos últimos 12 anos aprenderam a ater-se a uma variação pré-aprovada de possibilidades. Cobre 35 ou 40 por cento de impostos, mas não levante a possibilidade de a cobrança de impostos em si ser uma questão moral, e não uma questão de números. Bombardeie ou mate de fome aquele país pobre, mas não me diga que possa haver uma terceira opção. O Fed deveria aumentar ou diminuir os juros, mas não me diga que nosso dinheiro não precisa ser supervisionado por um planejamento central. Como sempre, fique preso aos três centímetros quadrados de terreno intelectual que o *New York Times*, generosamente, cede-lhe.

O *Federal Reserve* é tema da Parte V. Nem me fale em clichês: a oposição ao Fed não é encontrada em nenhum lugar na vida política americana há mais de cem anos, desde a criação do Banco Central no fim de 1913. Hoje, a opinião iluminada surpreende-se ao ter de reconhecer a existência de críticos que questionam a sabedoria dos curadores do sistema monetário. Levando-se, contudo, em conta o histórico do Fed, a confiança ingênua que a Esquerda e a Direita esperam que tenhamos no *Federal Reserve* seria equivocada.

A Parte VI corrige o registro histórico de temas que vão dos sindicatos aos poderes militares do presidente, passando pela anulação do Estado. Aqui, você encontrará meu polêmico confronto com o radialista Mark Levin, cuja ideia de debate é chamar seu oponente de idiota e não deixar que seus ouvintes saibam o que o oponente escreveu. Fiquei feliz em fazer referências às respostas de Levin a mim, sobretudo porque tenho certeza de que ganhei nosso debate.

Na Parte VII, diverti-me corrigindo certos libertários que passam o tempo tomando o cuidado de expressar uma opinião respeitável deixando claro que elas são bem diferentes da opinião de libertários extremistas como Woods e garantindo que são bem obedientes e fiéis quando se trata de temas que os americanos foram ensinados a não discutir.

A Parte VIII discute alguns livros úteis na tradição libertária, de concepção aberta, ao longo dos últimos anos. A Parte IX apresenta algumas das minhas entrevistas preferidas do *Tom Woods Show* (TomWoodsRadio.com) em 2014 e a Parte X conclui com lembretes das afirmações básicas da mensagem libertária na forma do meu posfácio a uma nova edição do livro *Liberalismo*, de Ludwig von Mises, e com uma entrevista que fiz com Naji Filali na *Harvard Political Review*, na qual discorro sobre algumas ideias libertárias essenciais.

Não podemos ter esperança de viver numa sociedade livre se obedecermos às regras das autoridades. É hora de pôr fogo nos clichês políticos.

Este livro é um palito de fósforo.

PARTE I

GUERRA E PROPAGANDA

1

FUI ENGANADO PELOS SENHORES DA GUERRA

Há vinte anos, ao concluir meu ano de calouro na faculdade, eu era um neoconservador radical. Só que não sabia disto. Depois de perceber que não era esquerdista, simplesmente, concluí, por eliminação, que devia ser um rushlimbaughniano.

Como a maioria das pessoas, desconhecia a existência de uma alternativa a essas duas opções e não sabia que, de certa forma, esses são os dois lados de uma mesma moeda estatista. Em específico, defendi a política externa neoconservadora com gosto. Você mostrava que não era comunista dando apoio ao exército americano, que impunha nossa justiça sumária sobre todos os malvados do mundo todo e, sinceramente, era interessante assistir a tudo acontecendo na TV.

Nunca pensei direito no custo humano da guerra e ficava impaciente com quem pensava nisso. A guerra era como um videogame com o qual eu podia deliciar-me no conforto da minha casa. A destruição e o sofrimento humano eram algo que extrapolava a questão principal: o justo governo americano estava impondo a justiça sobre os maus, e era só isso. O que você é: um esquerdista?

A Guerra do Golfo, de 1991, foi o primeiro conflito americano dos meus anos de universitário. Durante os muitos meses da intervenção militar no Golfo, conhecida como Operação Tempestade no Deserto, eu defendia, ardorosamente, a missão a qualquer um que fosse tolo o bastante para dar-me ouvidos.

Quando começou a guerra, foi algo ágil e decisivo. Houve poucas baixas entre os americanos, enquanto as forças iraquianas foram destruídas, muitos homens queimados vivos por um agente químico ou enterrados vivos no deserto durante o recuo das tropas.

Acredite ou não, isso, realmente, incomodava-me, por mais que eu fosse um consumidor voraz da propaganda de guerra. Ninguém defendia a invasão de Saddam Hussein ao Kuwait, invasão por ele feita como reação à queda na produção de petróleo, mas o resultado da Guerra do Golfo não foi uma tragédia para o povo iraquiano — praticamente ninguém tinha tido alguma coisa a ver com a decisão de Saddam Hussein — tudo a mesma coisa? Um país muito mais pobre do que o nosso, de repente, tinha mais viúvas e órfãos, sem falar na morte de civis e na destruição a ser reparada.

Mães e pais choravam até cansar pelos filhos perdidos ou que, pior ainda, agonizavam diante de seus olhos. Era mesmo certo que nós, americanos, enquanto isso, estaríamos celebrando a vida com um especial de Bob Hope e — muito a propósito — nos sentindo lisonjeados com lembretes de que nosso país é o melhor de todos os tempos?

Mais tarde, ficou claro que o governo kuwaitiano tinha contratado uma empresa de relações-públicas nos Estados Unidos para vender a ideia de uma invasão militar ao povo americano. Mais tarde, descobrimos que a maior história de atrocidades — a de que tropas iraquianas tiraram bebês kuwaitianos de incubadoras e jogaram-nos no chão dos hospitais — tinha sido uma fraude: a jovem emotiva que testemunhou, em Washington, era filha do embaixador do Kuwait nos Estados Unidos.

Apesar de eu ter apoiado a ação militar dos Estados Unidos desde o início, diante da declaração de vitória de George H. W. Bush, não conseguia deixar de pensar nas baixas díspares, nas mortes causadas pelo embate entre um exército em ruínas e a maior máquina militar do mundo. Ora, eles eram soldados, e não civis, então, por lógica bélica, eu deveria odiá-los ou, ao menos, não me importar com eles e com suas mortes deveriam ser motivo de comemoração, não de arrependimento.

Eu, entretanto, estava com problemas em aceitar isso.

Fui visitar meu professor de história europeia em *Harvard*, Charles Maier, para discutir minhas dúvidas quanto à guerra. Maier, um esquerdista do tipo *New Republic*, sugeriu que eu lesse um artigo naquela revista defendendo a guerra. Foi o que fiz e, acreditem ou não, isso me ajudou a apaziguar meus pensamentos contraditórios por um tempo.

Já estava começando a consumir literatura libertária no começo dos anos 1990 por causa da minha defesa da economia de mercado. Minha leitura das obras econômicas de Murray Rothbard, inevitavelmente, levou-me às suas obras filosóficas. O ensaio *War, Peace, and the State* [Guerra, paz e o Estado], de Rothbard, provoca um impacto duradouro na mente de quem o lê.

Rothbard disse que se pode compreender a posição libertária sobre qualquer assunto imaginando-se uma gangue de bandidos executando uma ação estatal qualquer. Se os bandidos não podem, simplesmente, pegar seu dinheiro, por exemplo, tampouco podem os bandidos bem-vestidos que se fazem chamar de "Estado".

War, Peace, and the State pega essa comparação e aplica-a à guerra. Se você rouba minha televisão, posso pegá-la de volta; contudo, não posso descer a rua disparando com minha arma em todas as direções e ferindo desconhecidos para obrigá-lo a devolver-me minha televisão. Da mesma forma, até mesmo supondo que um Estado bélico esteja, absolutamente, com a razão, ele não tem mais direito moral de ferir terceiros do que um indivíduo teria.

Só porque um político qualquer menciona a palavra "guerra", fomos condicionados a acreditar que é justo e bom o fato de os direitos de todos dentro de uma fronteira qualquer serem anulados repentinamente. O que em qualquer outra circunstância seria considerado um assassinato e uma atrocidade transforma-se numa questão asséptica de política pública.

Os efeitos duradouros da guerra podem gerar animosidades mesmo depois de as armas silenciarem. Muitos de nós vimos o clip famoso do programa *60 Minutes* no qual Madeleine Albright, então embaixadora americana para as Nações Unidas e depois Secretária de Estado, declarou que o preço humano de meio milhão de crianças mortas como resultado das sanções impostas ao Iraque durante os anos 1990 "valeu a pena". Note que ela não discorda do número. Ela olhou o entrevistador nos olhos e disse-lhe que a morte de meio milhão de crianças valia a pena na busca por um homem do qual ela e seus colegas não gostavam.

Agora, suponha que a União Soviética, durante o auge da Guerra Fria, tivesse matado meio milhão de crianças por consequência de uma política de sanções. Jamais deixaríamos de falar sobre isso.

Um dos grandes triunfos da máquina de propaganda estatal nas autointituladas democracias é a ideia de que "nós somos o governo". Ela faz da população algo mais submisso do que ela seria se uma família qualquer lhe transmitisse o poder de geração a geração, sem chance (exceto por uma revolução) de que outra pessoa detenha as rédeas do poder. Mais importante: as críticas à política externa deste governo acabam por ser vistas como uma afronta pessoal. Afinal, somos o governo, então como você ousa criticar "nossa" política externa?!

Por isso mesmo, os opositores das políticas externas americanas deveriam, ao falar sobre esse assunto, eliminar o pronome "nós" de seu vocabulário. "Nós" não matamos aquelas crianças iraquianas. Em 2002 e 2003, "nós" não repetimos mentiras explícitas sobre a suposta ameaça representada por um Iraque devastado. "Nós" não arrasamos um país que já sofria, matando centenas de milhares e deslocando outros quatro milhões.

Eles fizeram isso: a classe política americana. Nós não fizemos isso.

O que alguns americanos, realmente, fizeram foi inventar desculpas esfarrapadas para seus senhores políticos. Alguns americanos defenderam uma série de atitudes que, se tivessem sido levadas a cabo pela União Soviética há 30 anos, teriam condenado como violações grotescas dos padrões mais básicos de moralidade; contudo, tendo o governo dos EUA como perpetrador delas, tudo era diferente. Eles foram tão ingênuos, em relação à política externa, quanto a Esquerda liberal é-o em políticas internas. Eles procuraram provas que corroborassem o que seus líderes diziam, mesmo depois que esses líderes abandonaram o próprio discurso. Eles aceitaram a propaganda de guerra mais explícita sem hesitar.

Até 1991, eu fazia, praticamente, a mesma coisa, mas, acompanhando a Guerra do Golfo, comecei a ter dúvidas. Em poucos anos, comecei a arrepender-me pela minha preguiça e disposição em aceitar a propaganda de política externa disseminada pelas mesmas pessoas em quem não confiava quando se tratava de economia, de Constituição ou, praticamente, de qualquer outra coisa.

O escritor Elihu Burritt afirmou, no século XIX, que o ser humano exibia uma enorme solidariedade por aqueles que se tornaram vítimas de infortúnios: fome, desastres náuticos, acidentes ferroviários, coisas assim. Ele, então, convidou seus leitores a "comparar o que a comunidade sente ao ficar sabendo da morte ou sofrimento dessas poucas pessoas nesses acidentes com o que a comunidade sente diante da notícia de morte ou mutilação de milhares de homens, igualmente valiosos, no campo de batalha".

Como a percepção é diferente! Como a solidariedade universal é diferente! A guerra parece reverter o que temos de melhor na nossa civilização, parece levar a sociedade humana de volta à Idade Média do barbarismo, parece reduzir o apreço pela vida humana quase ao nível da monstruosidade... Essa desmoralização do sentimento não se restringe a duas ou três nações envolvidas em guerra: ela se estende a países mais distantes e neutros, e as pessoas nesses países leem a respeito de milhares de pessoas mortas ou mutiladas numa única batalha com a mesma sensibilidade com que leriam a respeito de vários peões movidos num tabuleiro de xadrez. Com que solidariedade os Estados Unidos, e até mesmo seus escravos, receberam as notícias do sofrimento na Irlanda quando da fome causada pela destruição das plantações de batata! Navios e mais navios de milho e de outros suprimentos foram enviados para aliviar o sofrimento dos irlandeses! Muito pouco dessa mesma solidariedade benevolente, entretanto, e dessa ajuda generosa seria dado ao mesmo sofrimento causado pela guerra nas pessoas de um pais estrangeiro! Esse... é um dos piores efeitos da guerra. Não apenas a desmoralização, mas quase a transformação da natureza humana. Podemos determinar, com certa exatidão, quantas vidas perdemos numa guerra. A Receita diz-nos quanto dinheiro ela custa, mas não há registro algum de quanto o mundo perde pela insensibilidade ao sofrimento humano causado pela guerra em todo o círculo familiar de nações.

Antes, eu não conseguia enxergar os efeitos da guerra sobre minha bússola moral e nem tinha percebido o quão hostil tinha me tornado em relação a países inteiros e aos seres humanos que os habitavam. Quando trabalhei com Murray Polner em *We Who Dared to Say No to War: American Antiwar Writing from 1812 to Now* (*Basic Books*, 2008), foi como um exercício de contrições e de reparação por ter defendido algo que hoje sei que é mau.

"Estou convencendo-me, cada vez mais, de que a questão pacifista/beligerante é essencial para a ideologia libertária", escreveu Rothbard em 1956. Também estou convencido. Se não conseguirmos resolver isso, quem se importa com o Ministério da Educação ou com o salário mínimo?

24 DE JUNHO DE 2012

2

O OCASO DO CONSERVADORISMO

"A guerra e o exército estão, sem dúvida, entre os piores males da Terra", escreveu, certa vez, um famoso conservador americano, "responsáveis pela maior parte dos tormentos, opressões, tiranias e repressões a que o Oeste tem sido exposto. No exército e nas sociedades bélicas, qualquer coisa que se assemelhe à liberdade de pensamento e à verdadeira iniciativa individual, no campo intelectual, cultural e econômico, é inviabilizada — não apenas eliminadas quando ameaçam destacar-se, mas, pior, extintas, mais ou menos, na raiz. Entre os valores civis e militares, há, e sempre houve, uma oposição implacável. Nada provou ser mais destrutivo para a solidariedade, a religião e o patriotismo do que a guerra e a mentalidade militar que a acompanha".

Era Robert Nisbet em 1975. No livro *The Conservative Intellectual Movement Since 1945*, George Nash identificava Nisbet, ao lado de Russell Kirk e de Richard Weaver, como os três principais intelectuais que ele situava como conservadores tradicionais. Dos três, Nisbet, provavelmente, ainda é o menos conhecido entre os conservadores modernos — uma vergonha, um verdadeiro vexame que esperamos que a boa biografia escrita por Brad Lowell Stone possa ajudar a consertar.

Robert Nisbet nasceu em Los Angeles, em 1913, e ele passou boa parte da juventude no Golden State. Ele se formou e começou a trabalhar em Berkeley, de onde se tornou professor em 1939; mais tarde, ele lecionaria nos departamentos de história e de sociologia da Universidade do Arizona e de Columbia. Ao morrer, em 1996, ele tinha escrito 17 livros e construído uma sólida reputação (nas palavras de seu biógrafo) entre "seus admiradores e detratores como um dos sociólogos americanos mais influentes de sua geração".

Ao longo da vida, ele conseguiu transitar por vários círculos conservadores. Ele passou os anos de 1978 a 1980 no *American Enterprise Institute*, gozando do prestígio como professor adjunto lá até o fim da década. Seus artigos, às vezes, eram publicados em periódicos neoconservadores como o *Commentary*.

Como um conservador antimilitarista conseguiu manter tais conexões? Além de ser uma pessoa extremamente agradável, Nisbet era um homem de enorme influência. Além de suas outras realizações, ele era editor de sociologia da *Oxford University Press*, e dizem que, ao receber a cátedra Albert Schweitzer, em Columbia, ele era o professor com o maior salário dos Estados Unidos. (Provavelmente, também, é justo dizer que tanto o AEI quanto o *Commentary* eram instituições melhores e menos rígidas há 25 anos do que são hoje).

Este ano marca o 30º aniversário do livro *Twilight of Authority*, de Nisbet, considerado algo como um clássico menor, e é deste livro que a maior parte das palavras de Nisbet que se seguem foram tiradas. Três coisas são interessantes: os alertas de Nisbet quanto ao crescimento contínuo do poder executivo, sua crítica visionária do conservadorismo americano e seu ceticismo e cautela quanto ao crescimento do Estado de bem-estar social que há muito tempo desapareceu do conservadorismo consagrado.

O clássico de 1953, *The Quest for Community*, afirma que, em geral, todo grande filósofo político do Ocidente, de Hobbes até os dias atuais, usou como ideia primordial um Estado central único e todo-poderoso governando um agrupamento de indivíduos semelhantes e um Estado que é, jurídica e temporalmente, anterior e superior a todas as associações que lhe são subsidiárias. Isso se transformou no modelo de associação política no Ocidente desde a Revolução Francesa. Todo centro de autoridade conflituoso — família, comunidades locais, igrejas ou quaisquer outros — está, cada vez mais, subordinado ao Estado central.

Em parte, o motivo pelo qual o totalitarismo triunfou ao longo do século XX, sugeria Nisbet, foi que o homem "desenraizado", despido das identidades sociais tradicionais que as associações intermediárias propiciavam-lhe, estava ansioso por substituí-las por outra coisa. Essa sensação de pertencer a algo era satisfeita, para alguns, pelo Estado totalitário, que cresceu sobre as ruínas daquelas mesmas associações e que oferecia aos homens tanto um sentido para a vida quanto uma sensação de pertencer a algo, servindo, portanto, como um substituto grosseiro às identidades sociais que as associações menores, supressas ou marginalizadas pela imensa burocracia central, antes, forjavam para eles.

Por mais que ele deplorasse a centralização do poder que continuava a ganhar espaço nos EUA ao longo de sua vida, Nisbet jamais confundiria seu país com um Estado totalitário do tipo que destruiu o século passado. Ainda assim, Nisbet notou tendências semelhantes em direção à centralização do poder em Washington — e, principalmente, nas mãos do presidente — à custa de associações menores e mais imediatas. O movimento conservador de hoje, por outro lado, convencido de ter um dos seus na Casa Branca — até mesmo os conservadores que têm algo crítico a dizer sobre o presidente sempre acabam torcendo por ele depois que Ted Kennedy diz alguma bobagem —, não tem demonstrado nenhuma preocupação com o crescimento do poder executivo.

O culto moderno à personalidade que cerca o presidente, provavelmente, originou-se com o fervoroso e idiossincrático Theodore Roosevelt, cujos muitos interesses, bem como sua energia inesgotável, atraíam a atenção de muitos americanos. Além desses atributos de personalidade, TR também trouxe consigo uma filosofia vaidosa da presidência, não muito diferente daquela do seu suposto arqui-inimigo Woodrow Wilson.

TR sustentava que o ônus da prova cabia àqueles que pretendiam restringir o poder presidencial; para ele, bastava que a atitude presidencial proposta não fosse contra a Constituição. Ele descrevia o poder executivo, em geral, e a si mesmo como os únicos porta-vozes de todo o povo americano, já que ele ocupava um cargo de cuja eleição todos os americanos participaram. (John C. Calhoun, por outro lado, observava que, em termos estritos, não existia essa coisa de "povo americano", uma vez que tal grupo não tinha lugar em nossa ordenação de estados autônomos descentralizados).

Esses princípios, combinados com a ansiedade de TR por intrometer-se em tudo, causaram um aumento drástico da força e da visibilidade da presidência. TR, por exemplo, certa vez, defendeu uma conferência na Casa Branca para discutir como tratar da violência nos jogos universitários de futebol americano. Hoje em dia, não pensaríamos nada de mau de tal incidente e, no "grande esquema das coisas", é claro que isso não tem importância. Entretanto, em 1903, o fato de o presidente envolver-se com um assunto tão trivial, um assunto que, até então, todos os americanos supunham caber aos órgãos civis, não era nada desprezível.

Não é coincidência que a quantidade de decretos presidenciais aumentou durante o mandato de TR, já que eles tão bem refletiam a filosofia dele. Os presidentes Rutherford Hayes e James Garfield não assinaram nenhum decreto. Chester Arthur assinou três, Grover Cleveland (primeiro mandato), seis, Benjamin Harrison, quatro, Cleveland (segundo mandato), 71, e William McKinley, 51. Em seus quase dois mandatos como Presidente, TR assinou 1006 decretos.

Ao menos, alguns conservadores foram ouvidos reclamando quando Paul Begala, da administração Clinton, falando sobre os decretos presidenciais, alegremente, gritou: "Tudo vira lei com uma só canetada. Até que é legal". (Clinton, certa vez, descreveu Teddy Roosevelt como seu presidente republicano preferido). A quantidade de críticas conservadoras, contudo, ao poder executivo furiosas que ouvimos desde a ascensão de Bush, seguramente, chega perto de zero. Seja qual for a explicação para esse silêncio, certamente, não é a discrição escrupulosa do presidente ou a sua modéstia no exercício dos poderes presidenciais.

Nisbet deplorava isso. O que mais o incomodava, contudo, era a mística quase grotesca que cercava o presidente americano. "Não só o que o Presidente pensa em determinado assunto de interesse público", escreveu Nisbet, "mas o que ele veste, com quem janta, que grande baile ou banquete decide dar e quais suas opiniões sobre as mais tolas e amplas questões — tudo isso cresceu, exponencialmente, na atenção dispensada pela imprensa e pelos políticos menores à presidência nas últimas quatro décadas". Havia pretensões monárquicas em tudo isso porque a maior preocupação da realeza "é estar, constantemente, visível e, claro, sob a melhor e mais artificial das luzes possível para o povo".

Da mesma forma, Nisbet falava de "um respeito pela monarquia que a torna, praticamente, sagrada e que, assim, dá à pessoa privilégios em todos os meios de comunicação e que, inevitavelmente, cria a psicologia da proteção constante e perseverante do presidente, não apenas com relação ao dano físico, mas, também, com relação a notícias indesejadas, conselhos, orientações e até mesmo com relação a contatos com autoridades governamentais". Exceto pela última parte, que parece ser uma referência ao relacionamento especial que Nixon tinha com Kissinger quando se tratava de decisões de política externa, não dá para ignorar a semelhança entre a descrição de Nisbet e a presidência de Bush.

Se comparar o presidente aos reis de antigamente parece um exagero, Nisbet convida-nos a pensar na natureza da iconografia oficial, na cerimônia e na arquitetura que cercam a presidência americana. Ele cita Russell Baker, do *New York Times*: "[O edifício Rayburn[1]] é maior do que o fórum dos césares. Mussolini choraria de inveja... [Mas] o Kennedy Center quase o supera em opressão ao espírito do indivíduo. Pobre Lincoln: ali perto, uma obra menor em seu templozinho grego, seria amassado como uma folha de papel se o Kennedy Center pudesse tocá-lo. O Pentágono das fortalezas de guerra é acompanhado por um monstruoso Copagon, sede do FBI, ali na Pennsylvania Avenue. Os enormes labirintos que cercam a praça fariam um minotauro implorar por clemência".

"Minhas críticas não são aos pobres arquitetos", continuava Baker, "que devem dar a Washington aquilo pelo que são pagos, mas a seus patrões, que optaram por abandonar a escala humana em troca de um estilo stalinesco. O homem está deslocado nesses monumentos. Eles são feitos para que o homem sinta-se insignificante, para intimidá-lo, para sobrepor-se a ele a prova de que o homem é apenas uma cifra, um incômodo no grande esquema institucional das coisas".

Em 2005, Baker seria demitido como alguém que odeia os Estados Unidos, incorrigivelmente, mas Nisbet, um conservador genuíno, respondeu com solidariedade. "Sempre foi assim.", começou ele, "Apenas compare a arquitetura pública da Grécia antes e depois da ascensão de Alexandre; de Roma, antes e depois de Augusto, e antes e depois do surgimento, primeiramente, dos déspotas renascentistas na Itália e, depois, dos monarcas absolutistas. A mudança no governo americano que aconteceu nas últimas décadas é exemplificada, com perfeição, pela mudança no estilo e no caráter dos prédios de Washington".

1 Sede do Congresso americano, mais conhecido como "Capitólio". (N. do T.)

Escrevendo por ocasião do caso Watergate, Nisbet notou "um grande ressentimento em relação ao 'monarquismo' na Casa Branca". Ele sabia que isso não seria algo permanente. "Há vozes bastante poderosas entre os intelectuais — na imprensa, em fundações e em vários outros lugares — que querem um presidente 'monárquico', desde que ele seja do tipo certo". Ele temia que as únicas lições aprendidas com Watergate fossem "evitar idiotices como gravações e invasões ilegais e sem mandado... Ficaria impressionado se a verdadeira lição de Watergate — o princípio actoniano de que todo poder corrompe e de que o poder absoluto corrompe absolutamente — fosse lembrada depois que um presidente que agradasse as massas, com o tipo de charme que John F. Kennedy tinha pela academia, a imprensa e o mundo intelectual, voltasse à Casa Branca".

Para parte da Esquerda, explicava Nisbet, um presidente forte com uma força unificadora era essencial para a ideia de desprezar o regime só porque um republicano havia os decepcionado. "Há pessoas, como Arthur Schlesinger, que dizem que apenas um presidente forte e em evidência é capaz de manter o tecido democrático intacto, que o presidente é o único símbolo de unidade e de consenso". (O fato de estas palavras de um social-democrata de centro poderem ter sido ditas por praticamente qualquer neoconservador de hoje não é nada desprezível).

Nisbet, também, dizia que não era só em relação ao poder executivo que os conservadores demonstravam pouco interesse em limitá-lo: era em relação ao governo federal em geral. "Os prospectos do conservadorismo não são nada brilhantes", concluía ele em 1975. "O conservadorismo tornou-se grandioso pela virtude de sua luta contra o poder, que agora está transformando-se numa luta pela captura do poder, do poder central".

Onze anos mais tarde, em *Conservatism: Dream and Reality*, essa afirmação melancólica não melhorou em nada.

A Extrema Direita está menos interessada nos limites burkeanos ao poder do governo e mais interessada em dar o máximo de poder àqueles em quem ela confia. É o controle do poder, e não a diminuição do poder o que importa. Portanto, quando Reagan foi eleito, os conservadores esperavam pela extinção rápida de monstruosidades governamentais como o Departamento de Energia, o Departamento de Educação e as duas Fundações Nacionais para as Artes, tudo criação da Esquerda. A Extrema Direita no Fenômeno Reagan via isso de outra forma. Eles viam isso como uma oportunidade de manter e de gozar de tais poderes e a Extrema Direita venceu. Ela buscava, ainda, o controle na criação de uma "estratégia industrial nacional", uma estrutura corporativa governamental na qual o sonho conservador do empreendimento privado fosse extinto.

Algumas pessoas não estavam preparadas para uma crítica tão dura, em 1986, mas, exceto pelo uso equivocado do termo "Extrema Direita", se a experiência de cinco anos de George W. Bush e de oposição morna ou inexistente, por parte dos conservadores, ao maior gasto desde LBJ não começarem a o inocentar, o que o fará?

Também vemos, na obra de Robert Nisbet, muito mais cuidado quanto ao Estado de bem-estar social do que encontramos em qualquer órgão conservador hoje em dia. Havia, antes de mais nada, uma conexão entre a guerra e o crescimento do poder executivo que o já vimos deplorar. "Já faz muito tempo", advertia ele, "que a expressão 'segurança nacional' restringia-se àquilo que é necessário a uma guerra de verdade. Como todos sabem, isso tem sido, desde a Segunda Guerra Mundial, sob o governo FDR, um manto ou guarda-chuva cada vez maior para ações governamentais de graus variáveis de poder, de restrição e de esperteza por parte de grupos cada vez maiores de autoridades".

Como hoje sabemos, detalhadamente, a utilização do FBI e de outras agências paramilitares por presidentes e por outras altas autoridades executivas para espionagem, para escuta eletrônica e para outras invasões semelhantes da privacidade individual remonta ao FDR, e a prática só se intensificou e aumentou desde então. Claro que tais invasões "monárquicas" foram justificadas, inclusive em Watergate, em nome da segurança nacional. Os registros são claros e detalhados: a espionagem, em nome da segurança nacional tem sido uma prática de todos os presidentes desde FDR.

De todos os recentes possíveis usos equivocados da palavra "conservador", Nisbet escreveu, na década de 1980: o "mais divertido, à luz da história, é o uso do termo 'conservador' para... aumentar gastos militares... Porque, nos Estados Unidos, ao longo do século XX, e incluindo quatro grandes guerras, conservadores sempre foram defensores de orçamentos militares não indexos à inflação e da ênfase no comércio mundial em vez do nacionalismo americano. Nas duas guerras mundiais, na Coreia e no Vietnã, os líderes americanos que entraram nos conflitos eram progressistas-liberais conhecidos como Woodrow Wilson, Franklin Roosevelt, Harry Truman e John F. Kennedy. Nos quatro episódios, conservadores, no governo federal e nas fileiras, eram, na maior parte, hostis à intervenção; eram, na verdade, isolacionistas".

Seria difícil, disse Nisbet, imaginar uma combinação mais estranha ao conservadorismo tradicional do que a aventura militar e as cruzadas ideológicas.

Nisbet era capaz de incomodar um conservador tradicional até mesmo na retórica de Ronald Reagan: "A alma profunda do presidente Reagan não é conservadora-republicana, e sim democrata do tipo New Deal/Segunda Guerra Mundial. Isso pode ser visto na preferência dele por citar FDR e Kennedy como nobres precedentes de suas ações, e não Coolidge, Hoover ou até mesmo Eisenhower. A palavra 'revolução' escapa, calmamente, de seus lábios, envolvendo desde a reforma tributária até a guerra às drogas. A paixão de Reagan por cruzadas morais e militares não é nada conservadora-americana".

Nisbet lembrava que, ao contrário da crença popular, a Esquerda, em geral, não se opunha à guerra em si. Esquerdistas mais extremados, historicamente, sempre viram um potencial revolucionário na guerra. "Napoleão era o exemplo perfeito da revolução e também da guerra, não apenas na França, mas em quase toda a Europa e até para além dela. Marx e Engels foram estudiosos da guerra e admiravam, profundamente, suas características a respeito da mudança institucional em larga escala. De Trotsky e seu Exército Vermelho a Mao e Chou En-lai, na China contemporânea, o uniforme do soldado tem sido o uniforme do revolucionário".

A guerra, argumentava Nisbet, é "por natureza revolucionária em seu impacto sobre as pessoas... Seus valores estão em conflito com os valores de uma sociedade que se baseia na solidariedade, com sua consagração da tradição, das convenções e da experiência".

Nisbet sugeria, ainda, que o revolucionário e o militar desenhavam a "sociedade civil tradicional, seus privilégios, imunidades e autoridades convencionais". Para os dois, esta sociedade, principalmente sua forma moderna capitalista, "pode parecer egoísta, venal, desnecessariamente competitiva, geralmente corrupta e marcada pelo privilégio indevido. Uma leitura cuidadosa das memórias de grandes generais revelará, tenho certeza, tanto desgosto por tudo isso quanto as memórias de revolucionários".

Esquerdistas menos extremistas não demonstram menos entusiasmo pelo potencial da guerra de transformar o cenário doméstico, acrescentava Nisbet. Intelectuais esquerdistas eram praticamente unânimes em defender a entrada dos EUA na Primeira Guerra Mundial, já que entendiam que era uma oportunidade de mudança institucional em casa. O planejamento da economia de guerra, estavam convencidos, ajudaria no desmoronamento das crenças conservadoras americanas nos limites do governo e da inviolabilidade da propriedade privada.

A experiência do planejamento de guerra nunca desapareceu completamente da consciência nacional e, com certeza, não da consciência da Esquerda. Quando ocorreu a Grande Depressão, a Esquerda aproveitou a oportunidade de reviver o espírito do planejamento governamental que ela tinha cultivado, cuidadosamente, durante a Grande Guerra. A ideia defendida era a de que "Nós planejamos durante a guerra"; agora, portanto, devemos planejar em tempos de paz. O simbolismo da guerra estava onipresente no imaginário adotado pelo *New Deal* de Franklin Roosevelt. "Em termos de frequência de uso de tais símbolos pelo governo nacional", escreveu Nisbet, "nem mesmo a Alemanha de Hitler superou nossos propagandistas".

É desnecessário dizer que isso não era nenhuma anomalia. "É em tempos de guerra que muitas reformas, antes defendidas por socialistas, foram aceitas por governos capitalistas e tornaram-se parte estrutural das sociedades", apontou Nisbet. "Redistribuição da riqueza, impostos progressivos, nacionalização da indústria, aumento de salários e melhoria nas condições de trabalho, sindicatos, políticas habitacionais, impostos sobre herança, seguro-desemprego, sistemas de previdência e a emancipação de elementos da população antes sem votos forma, em um ou outro país, alcançados ou estimulados sob a imprensa de guerra".

Nisbet, portanto, e até mesmo esta análise rápida revela, era bem diferente dos robôs intercambiáveis e dos medíocres que se passam por comentaristas conservadores em 2005. Entre os piores aspectos do colapso do conservadorismo tradicional está o fato de meus filhos crescerem num mundo onde o nacionalismo vulgar e beligerante ser-lhes-á apresentado como alternativa ao esquerdismo. Nisbet não ficaria surpreso com esse cenário infeliz. Ele, entretanto, certamente teria continuado a empregar seu talento e texto incisivo contra isso, lembrando seus compatriotas de que, em meio à barulhenta máquina da direita, ainda existe, ainda que repreendido e negligenciado, um conservadorismo humano e de princípios ao qual homens civilizados podem recorrer.

5 DE DEZEMBRO DE 2005

3

QUEM É CONSERVADOR?

"Os Estados Unidos precisam entrar em guerra com o Iraque", escreveu Jonah Goldberg, do *National Review*, em 2002, "porque precisam entrar em guerra contra alguém na região e o Iraque é o lugar mais propício". Em outro lugar, escreveu ele: "A cada década, mais ou menos, os Estados Unidos precisam pegar um país de merda qualquer e jogá-lo contra a parede, só para mostrar que estamos falando sério".

Se você está pensando se estas são palavras de um conservador, tente imaginar Russell Kirk falando isso.

São, contudo, as várias formas de wilsonismo[2], aparentemente expressas seriamente, que mais desqualificam o neoconservadorismo de qualquer ponto de vista da tradição intelectual conservadora. Escrevendo para a internet, inevitavelmente, recebo e-mails de pessoas que me condenam por não querer levar a democracia ao Iraque e/ou por não querer "liberar" o povo iraquiano. Um homem, na verdade, disse-me que, se eu não fosse "liberal", teria mais vontade de libertar esse povo opresso.

É interessante notar, sobre o estado do pensamento conservador nos Estados Unidos, que a utopia messiânica seja confundida com conservadorismo. Ao contrário, tal ideologia, embora exista alguma obrigação moral de disseminar a democracia e de "libertar" vários povos cativos do mundo, é exatamente do que o grande conservador Edmund Burke tratava quando falava das "doutrinas armadas" da Revolução Francesa. Maravilhados pelo universalismo do Iluminismo, os jacobinos estavam preparados para disseminar a revolução pela Europa — afinal, por que apenas os franceses deveriam gozar das bênçãos da liberdade?

Vamos supor, a título de argumentação, que a democracia moderna é a melhor forma de governo, e vamos, também, supor que o Partido da Guerra está sendo sincero em seu professado desejo de levar a democracia ao Iraque. Vamos, também, supor que os iraquianos vão acabar por reconciliar-se ao serem invadidos por forças americanas e da "coalisão" e não sabotarão o regime instalado pelos EUA. Vamos até

2 Referência à ideologia que orientava a política externa do presidente Woodrow Wilson. (N. do T.)

supor que os EUA apoiarão a democracia no Iraque mesmo depois que ficar óbvio, como já deveria ser, que eleições livres, claramente, levarão ao poder um governo antiamericano. Vamos supor tudo isso.

Ainda assim, há problemas. Primeiramente, a democracia majoritária é a pior opção para um lugar como o Iraque. Apesar de os seguidores do Partido da Guerra conhecerem mais o conservadorismo de Sean Hannity do que o de John C. Calhoun, que nunca leram, a sabedoria de Calhoun é que importa aqui. Calhoun alertava que o governo da maioria, que só se justifica com base na convenção e na serventia, e não sobre qualquer base estritamente moral, funciona apenas em lugares onde existam interesses básicos comuns entre as pessoas. De outra forma, o governo da maioria transformar-se-ia apenas em outra forma de tirania, à medida que grupos de interesse com objetivos mutuamente excludentes usassem sua força eleitoral para impor-se uns sobre os outros.

Por isso é que Calhoun acreditava na maioria concorrente. Ele acreditava que grupos distintos deveriam ser capazes de resistir à opressão das maiorias eleitorais. Ele apelava a exemplos da Antiguidade para tais governos, nos quais uma medida não passava a não ser que fosse aprovada pela maioria de cada grupo, e não, simplesmente, exigindo-se a maioria de todo o povo.

Se alguém quisesse estabelecer uma democracia no Iraque, claro que o princípio de Calhoun da maioria concorrente é o modelo a ser seguido. Os curdos, os sunis e os xiitas lançar-se-iam uns contra os outros sob qualquer outro regime (e mesmo assim, possivelmente, entrariam em conflito). Claro que nossos "democratas globais" consideram Calhoum um reacionário inaceitável e insistem no modelo revolucionário francês de organização política, que é um único agregado de pessoas em nome do qual o governo age.

Ainda assim, isso parece um exagero. A verdadeira dificuldade da ideologia neoconservadora é o suposto imperativo de disseminar a democracia acima de tudo.

Um conservador reconhece uma hierarquia de interesses. Eu valorizo meus filhos, meus vizinhos e meus correligionários mais do que valorizo qualquer pessoa no Iraque ou outro lugar. Cícero, como tantas personalidades do passado clássico, dizia que "a melhor forma de preservar união e a amizade entre os homens é se cada um receber de nós mais generosidade proporcionalmente à sua proximidade conosco". A Bíblia confirma a sabedoria dos antigos, ensinando-nos que "se um homem não cuida dos seus, principalmente de sua casa, ele negou sua fé e é pior do que um infiel" (1 Tim. 5:8).

A vocação do monge ou do missionário de servir a povos distantes, geralmente, é confundida com a obrigação cristã de preocupar-se, igualmente, com todos os indivíduos do mundo e pode ser citada pelos globalistas como uma defesa da vocação deles por intermináveis guerras de "liberação". Tal obrigação, contudo, não existe.

Primeiramente, o que o missionário faz ao deixar família e amigos para trás é reconhecer a teologia como um trabalho supérfluo. Não é uma obrigação que se impõe sobre a grande massa da humanidade. Na verdade, seria certamente prejudicial e incômodo se todos os cristãos dedicassem-se a obras supérfluas.

Assim, quando no fim do século XIII e no começo do século XIV, por exemplo, quando alguns dos franciscanos mais radicais insistiam que suas vidas de pobreza absoluta deveriam ser impostas a todos os que queriam dizer-se católicos, os Papas negaram, veementemente, esta obrigação universal ao mesmo tempo em que elogiavam a pobreza absoluta em meio àqueles que Deus chamou para adotar tal estilo de vida. Da mesma forma, quando os socialistas do século XIX e XX começaram a apelar à ideia de propriedade comum de certas comunidades do início do cristianismo como uma determinação bíblica ao comunismo, teólogos católicos foram unânimes ao dizer que haveria desordem e caos resultantes se trabalhos supérfluos — expressamente voltados para uns poucos — fossem transformados em normas sociais e legais impostas a todos.

São Tomás de Aquino tinha isso a dizer em apoio ao patriotismo e contra a ideia de que todas as pessoas, em todos os lugares do mundo, têm a mesma vocação para a solidariedade e para caridade:

Nossos pais e nosso país são as fontes do nosso ser e da nossa educação. São eles que nos deram à luz e nos sustentaram na infância. Consequentemente, depois de seus deveres diante de Deus, o homem deve ainda a seus pais e seu país. Os deveres de uma pessoa para com seus pais incluem as obrigações da pessoa em relação a seus familiares, porque esses familiares originaram-se [ou estão conectados por laços de sangue] de outros familiares... e os serviços devido a um país tem por objeto os seus compatriotas e todos os amigos da sua pátria.

Além disso, São Tomás destacava que "as atividades de caridade das pessoas devem ser exercitadas de acordo com o caráter variável dos laços que as unem. Para cada um, deve-se dar obrigações relacionadas ao caráter especial da conexão dele com a pessoa a quem deve estas obrigações".

Há mais de cem anos, o padre F. X. Godts falou daqueles que "usam o nome de 'internacionalistas', vangloriando-se de não terem uma pátria nem compatriotas". "A doutrina pecadora deles", concluía, "é o oposto do que prega a religião".

Edward Cahill, ex-ministro da Suprema Corte, ecoando Cícero, explicou, no livro *The Framework of a Christian State* (1932), que "as obrigações de caridade estendem-se, proporcionalmente, direta ou indiretamente, a pais, familiares, compatriotas e a todas as pessoas com relações próximas a eles". Ele continuava:

Portanto, quando São Paulo diz que, na Igreja, "não há gentil ou judeu... bárbaro ou citas, escravos ou libertos, mas Cristo, em todos' (...) ele não quer dizer que a Igreja pretende abolir ou ignorar os laços naturais que ligam os indivíduos a seus países, assim como não pretende abolir laços familiares ou distinções de gênero, ou até mesmo diferenças de classe, todas estas coisas que são necessárias para o bem da raça humana. Ele quer dizer que, assim como a Igreja consagra e eleva os laços e obrigações domésticas e recebe, igualmente, em seu seio, os membros de todas as famílias, ela, também, recebe e cuida, imparcialmente, dos cidadãos de todas as nações, porque todos são, igualmente, queridos pelo Fundador.

São aos estoicos da Roma antiga que a ideia de cidadania mundial é, historicamente, associada, mas a ideia recebeu um impulso ainda maior, recentemente, quando do Iluminismo do século XVIII. O Iluminismo tinha a tendência de estimular a ideia de que o homem ideal era um cidadão do mundo, não estando os seus afetos limitados apenas aos mais próximos. Em seu livro *The Brave New World of the Enlightenment*, o professor Louis Bredvold, falando sobre William Godwin, notou que ele "absolve o homem de todos os laços de ligação a indivíduos, de modo que ele possa dedicar-se à busca da benevolência universal".

Isso é um resumo perspicaz do temperamento do Iluminismo: uma degeneração das obrigações naturais que o homem cumpre pela virtude de ser pai, marido e amigo em favor da obrigação que agora ele diz ser devida, sem discriminação, a todos os seres humanos. Assim, por exemplo, quando John Lennon dava lições de moral ao mundo sobre temas como paz e irmandade, apesar de, em sua vida privada, ele ter passado anos sem ver o filho de seu primeiro casamento, ele era apenas mais um numa série de humanitários universalistas que remontam a Jean-Jacques Rousseau, o pensador do século XVIII que ficou arrasado quando das notícias do sofrimento causado pelo terremoto de Lisboa, mas que colocou todos os seus cinco filhos num orfanato, condenando-os a uma vida de trabalhos pesados e de miséria.

O senador da Carolina do Sul Robert Y. Hayne falou sobre isso em seu famoso debate de 1830 com Daniel Webster. Ele falou sobre aqueles que exerciam o que ele chamava de "falsa filantropia":

A primeira atitude deles é deixar de lado seus problemas ou negligenciar suas obrigações, relegando seus problemas e deveres a outros. Eles se sentem obrigados a alimentar os famintos e a cobrir os desnudos, de outras paragens, enquanto chutam os desnudos, famintos e desprotegidos mendigos de suas próprias soleiras; eles se sentem obrigados a instruir os bárbaros, enquanto seus próprios filhos querem o pão para sobreviver. Quando o espírito mergulha no âmago de um estadista (se é que alguém assim pode ser chamado de estadista), ele se converte num entusiasta visionário. É aí que ele se dá o direito de sonhar com a grandeza e com a prosperidade nacionais. Ele descobre que "liberdade é poder" e, não contente com os grandes planos de melhoria em casa, planos que levariam o tesouro à falência se executados, ele viaja para o exterior para cumprir suas obrigações com a "humanidade", usando, para tanto, os princípios da "liberdade religiosa e política" e promovendo o "bem-estar geral" de toda a raça humana.

A descrição que Hayne faz da falsa filantropia antecipa a visão do presidente Woodrow Wilson, o anticonservador. Wilson estava ansioso por envolver os Estados Unidos na Primeira Guerra Mundial, um dos piores conflitos da história, por mais que a segurança do povo americano não estivesse ameaçada. Ah, o presidente esforçou-se ao máximo para justificar, racionalmente, a intervenção, claro. Seus argumentos, entretanto, em geral, não fazem sentido. Para parafrasear o historiador Ralph Raico, Wilson insistia que todos os americanos tinham o direito, em tempos de guerra, de viajar para o exterior em navios mercantes armados e carregando munição em meio a declaradas zonas de guerra. Nenhum outro país autodeclarado neutro ousou levar adiante tal doutrina e, muito menos, entrar na guerra por causa disso.

A mente de Wilson estava em outra: ele antevia o acordo de paz, que ele acreditava que só um Estados Unidos verdadeiramente desinteressado seria capaz de compor, propondo um acordo justo e uma paz duradoura. Mais importante: sob a liderança do americano, a Liga das Nações seria criada para garantir segurança contra agressões. Àqueles que protestavam, dizendo que a soberania nacional seria ameaçada por esse tipo de organização supranacional, Wilson respondia que chegaria um tempo "em que os homens seriam compatriotas na Humanidade soberana assim como hoje são compatriotas na soberania nacional".

Isso é uma receita para a guerra e o conflito eternos. Além disso, a intervenção militar é sempre uma atitude incerta, marcada pelo perigo e por consequências imprevistas, tanto que o verdadeiro estadista de inclinações conservadoras só delibera a respeito disso depois de muita reflexão e depois de esgotadas todas as alternativas. Woodrow Wilson, verdadeira e sinceramente, acreditava que "tornaria o mundo um lugar mais seguro para a democracia" envolvendo os Estados Unidos na Primeira Guerra Mundial, por mais que admitisse que não havia qualquer interesse nacional em risco. (Ele mencionava nosso "objetivo altivo e desinteressado"). O resultado foi 120 mil americanos mortos, 250 mil feridos, o governo para sempre transformado e um dos tratados de paz mais desastrosos da história, que seria responsável pela ascensão dos nazistas menos de uma geração mais tarde.

Ops.

Como explica o professor Raico, "Em vez de deixar que os países europeus encontrassem um meio de chegar à paz, o poder americano fez a balança pender decisivamente em favor da Grã-Bretanha e da França. Entre as consequências, estava a queda do *Kaiser* e da velha Alemanha, que Wilson, acreditando em sua própria propaganda, considerava o símbolo do mal". A catástrofe da política de Wilson ficou ainda mais clara quando consideramos o testemunho de George Kennan, escrevendo logo depois da Segunda Guerra Mundial: "Hoje, se alguém tivesse a chance de voltar à Alemanha de 1913 — uma Alemanha governada por um povo conservador e relativamente moderado, sem nazistas ou comunistas — uma Alemanha forte, cheia de energia e de confiança, capaz de exercer um papel importante na contenção do poder russo na Europa, de várias formas, ela não parecia tão ruim assim".

Isso não é como dizer que Wilson, ao perseguir seus planos visionários, no final das contas, desperdiçou todas aquelas vidas de americanos? Deixo que o leitor conclua isso.

Um conservador jamais daria ouvidos às expectativas sentimentais que Wilson parecia ter, nem jamais ansiaria por sacrificar a soberania de seu país pelo bem de uma abstração chamada "humanidade". Esquerdistas, e não conservadores, lidam com abstrações. Marx e Lenin queriam salvar a "humanidade" — se bem que, talvez, não coincidentemente, eles demonstravam menos benevolência em relação aos seres humanos com os quais se deparavam. (Não há sinal de que Marx, apesar de toda bravata quanto ao suposto abuso dos trabalhadores, alguma vez tenha visitado uma fábrica). Os americanos são conhecidos por desejar a liberdade a todos os povos, mas por defenderem apenas sua própria liberdade. Esta era a postura de Washington, de Jefferson, de John Quincy Adams, e, na verdade, de todos os nossos primeiros estadistas.

O senador Robert A. Taft, de quem, recentemente, escrevi o perfil para o livro *American Conservatism: An Encyclopedia*, publicado pelo *Intercollegiate Studies Institute*, admirava a política externa prudente, limitada, finita e racional da tradição americana, já que ela, naturalmente, apelava para o instinto conservador. Conhecido, em sua época, como o "Sr. Republicano", Taft explicou, no livro *A Foreign Policy for Americans* (1951): "Nenhuma política externa pode justificar-se, a não ser uma política dedicada, sem reservas ou desvios, à proteção da liberdade do povo americano, tendo a guerra como último recurso e somente para preservar esta liberdade".

Àqueles "que falam de um século americano no qual os Estados Unidos dominaram o mundo" e encorajam nosso país a "assumir uma liderança moral no mundo a fim de resolver todos os problemas da humanidade", Taft respondia que a prudência e a precaução deveriam ser as marcas registradas dos conservadores. "Até concordo que precisamos dessa liderança moral não só no exterior como em nosso território. [...] Acho que podemos assumir a liderança dando o exemplo e conselhos para a melhoria do padrão de vida no mundo todo. Acima de tudo, acho que podemos assumir a liderança proclamando as doutrinas da liberdade e da justiça e ensinando ao mundo que apenas por meio da liberdade e da lei e da justiça, e não por meio do socialismo e comunismo, é que o mundo pode esperar ter o padrão de vida que temos nos Estados Unidos".

Não é verdade que exista qualquer obrigação moral por parte daqueles felizardos que vivem sob regimes politicamente estáveis de darem a vida e suas riquezas a partir de agora e até o fim dos tempos para levar a liberdade a todos os povos do mundo. Harry Elmer Barnes usava a frase "guerra perpétua pela paz perpétua". Os relativamente poucos lugares habitáveis no mundo, simplesmente, esgotariam-se em conflitos e a guerra constante, sem dúvida, teria consequências imprevisíveis — como qualquer intervenção governamental tem. Ao longo de dois séculos, Charles Pinckney defendeu os objetivos mais modestos que quaisquer governos republicanos deveriam buscar: "Se eles são suficientemente ativos a enérgicos para resgatarem-nos do desdém e para preservarem nossa segurança e felicidade domésticas, isso é tudo o que podemos esperar deles — isso é mais do que qualquer outro governo garante a seus cidadãos".

Mesmo que guerras eternas para instalar o que, inevitavelmente, seria percebido como regimes externos fossem, de fato, desejáveis, ainda assim, é verdade que as nações, até mesmo a nossa, têm recursos finitos. No século XIX, Henry Clay, explicando por que os Estados Unidos não contribuíram nem com homens nem com dinheiro para a causa húngara pela qual havia tanta solidariedade, destacou justamente isso:

> *De acordo com a política a que aderimos desde a época de Washington [...] fizemos mais pela liberdade no mundo do que a força bruta poderia conseguir; mostramos a outros países o caminho da grandeza e da felicidade. [...] Muito melhor para nós, os húngaros e para a causa da liberdade é que, aderindo ao pacifismo e evitando as guerras europeias distantes, deveríamos manter a chama queimando no Ocidente como um farol para todas as nações e não correr o risco da extinção e da ruína das repúblicas fracassadas da Europa.*

Da mesma forma, William Seward, Secretário de Estado de Abraham Lincoln, declarou: "O povo americano deve contentar-se em recomendar a causa do progresso humano pelo conhecido com o qual eles deveriam exercitar os poderes do autogoverno, evitando sempre, e de todos os modos, as alianças externas, as intervenções e interferências". Em 1821, John Quincy Adams fez a famosa declaração de que os Estados Unidos "abstiveram-se de interferir nos problemas dos outros, mesmo quando o conflito tinha a ver com os princípios nacionais. [...] Os Estados Unidos não saem pelo mundo na busca por monstros a serem destruídos. O país deseja a liberdade e a independência de todos. Os Estados Unidos só defendem e vingam a si mesmos".

"O conservadorismo da grandeza nacional", como a alternativa apresentada aos conservadores é pateticamente chamada, não tem semelhança com o pensamento historicamente conservador nos Estados Unidos. Na verdade, isso tem muito mais em comum com o esquerdismo do que com o conservadorismo porque a Esquerda é que está sempre insatisfeita com os objetivos prosaicos da vida burguesa. O conservador que deseja preservar a república para ele criada no século XVIII deve ser sempre cético com relação ao poder executivo, deve apoiar, vigorosamente, os direitos dos Estados e deve ver com cautela as promessas sentimentais de reformas do mundo. Woodrow Wilson, em resumo, não era conservador.

O temperamento conservador despreza todos os apelos à utopia e busca aquelas virtudes finitas e nobres (e alcançáveis) que associamos à família e ao lar. São estas as coisas que o conservador preserva e defende. Nathaniel Hawthorne, uma vez, observou que um Estado era do mesmo tamanho do coração humano dedicado ao amor e Chesterton lembrava-nos de que o patriota de verdade não se orgulha do tamanho do seu país, e sim sempre e necessariamente do quão diminuto ele é. Ora, isso é muito simples e desinteressante para aqueles que impõem a "grandeza" sobre nós, mas se o conservadorismo é menos empolgante do que as cruzadas ideológicas travadas daqui à eternidade, ele é mais realista e mais sóbrio e tem uma probabilidade menor de pôr fogo no mundo.

27 DE MARÇO DE 2003

4

OS CONSERVADORES ODEIAM SEU PRÓPRIO FUNDADOR?

Já no fim da vida, Russell Kirk, um dos grandes fundadores do conservadorismo americano, passou a desdenhar do militarismo republicano. Não sabia? A maioria dos leitores da *National Review*, para a qual Kirk escreveu durante tantos anos, também não.

A oposição de Kirk à guerra implacável tornava-o um "liberal", de acordo com o léxico da NR. Ora, é difícil descrever o fundador do conservadorismo moderno americano como um liberal — até mais difícil do que o esforço da NR por tornar Rudy Giuliani alguém que deveríamos querer como presidente americano. Então o "problema Kirk", simplesmente, passa adiante em silêncio.

Jovens conservadores, tomem nota: vocês estão prestes a deparar-se com a voz da realidade, cujas opiniões valem mais do que a de um milhão desses apresentadores de talk-show reunidos. O fato de que estas opiniões jamais são publicadas na revista "conservadora" típica diz-lhe tudo o que você precisa saber sobre o estado atual do "movimento conservador": ele está tão afastado de suas origens que o próprio Kirk é considerado um ser indesejado.

As observações que me inspiram aqui foram tiradas de um discurso de 1991 na *Heritage Foundation*. Como uma década e meia faz diferença: estas opiniões *jamais* poderiam ser expressas na Heritage hoje. Disto, você pode ter certeza. (Agora, lembre: estamos em 1991 e Kirk está falando de George H. W. Bush, não de George W. Bush, em relação a quem estas observações poderiam ser amplificadas várias vezes).

Ah, de vez em quando, você, ainda, ouvirá homenagens ao grande Kirk, mas suas visões de política externa serão ignoradas — ou recebidas com sorrisos constrangidos e com tosses, se houver alguém desrespeitoso o bastante para romper o silêncio quanto ao tema.

"Os presidentes Woodrow Wilson, Franklin Roosevelt e Lyndon Johnson eram entusiastas da dominação americana sobre o mundo", disse Kirk em seu discurso. "Agora, George Bush parece estar imitando esses eminentes democratas. Quando os republicados, há muito tempo, indicaram, como presidente, um candidato de "Um Mundo Único", Wendell Willkie, eles foram, tristemente, derrotados. Em geral, os republicanos do século XX sempre defenderam a prudência e a cautela na condução da política externa".

O presidente Bush, disse Kirk, embarcou numa "direção radical de intervenção na região do Golfo Pérsico. Depois de bombardear o Berço da Civilização como nenhum outro país antes fez, o sr. Bush mandou centenas de milhares de soldados para destruir os bunkers iraquianos — que eram guardados por homens mortos, asfixiados".

E por quê, exatamente? "A Administração Bush considera difícil responder a esta pergunta com clareza. No começo, estava implícito que era interesse dos Estados Unidos a imposição de menores preços do petróleo; portanto, tinha que ser tudo ou nada!".

Kirk, então, lembrou a refutação de Edmund Burke do ministro Pitt, em 1795, quando o governo britânico parece prestes a entrar em guerra com a França por causa de questões envolvendo a navegação no rio Scheldt, na Holanda. "Uma guerra por causa do Scheldt? Uma guerra por causa de um penico!", disse Burke. Hoje, disse Kirk, alguém pode muito bem dizer: "Uma guerra por causa do Kuwait? Uma guerra por causa de uma lata de óleo!"

Como uma guerra por causa de uma lata de óleo não seria tão popular, o presidente Bush "virou um moralista; ele disse estar evitando derramamento de sangue humano e sua invasão do Iraque marcaria o início de sua benevolente Nova Ordem Mundial". Kirk disse que Bush tinha embarcado no que Herbert Butterfield chamou de "uma guerra de virtudes". "Tem sido dito por tecnocratas recentemente", escreveu Butterfield em *Christianity, Diplomacy, and War*, "que as democracias só podem se envolver-se na guerra moderna — uma guerra deflagrada com um nível mínimo de fervor — desde que envolta em indignação moral e fanatismo acalorado, desperto pela ideia de que estamos envolvidos numa 'guerra de virtudes'".

"Ora, sem dúvida Saddam Hussein não é virtuoso", disse Kirk,

> mas tampouco o são todos os donos dos "emergentes" estados africanos (sendo a Costa do Marfim uma rara exceção), assim como não são os ideólogos que governam a China e os durões do Kremlin e muitas outras figuras públicas em vários cantos do mundo. Por isso, acredito que haja alguns homens não virtuosos também na política doméstica dos Estados Unidos. Vamos bombardear boa parte da África e da Ásia para impor a virtude, a liberdade e a democracia? E, depois de conseguir isso, como garantir que pessoas ainda menos virtuosas assumirão o poder, e não os ogros que eliminamos? Foi o que aconteceu no Congo, lembram, há três décadas, e, hoje em dia, no Zaire, antes chamado de Congo Belga, nós, zelosamente, mantemos no poder, com dinheiro americano, o ditador Mobutu, mais sanguinolento do que Saddam. E será que nos esquecemos de Castro em Cuba?

E agora Russell Kirk — um conservador entre conservadores — faz o argumento óbvio que os tagarelas de hoje ridicularizam e condenam: a perpetração da violência em larga escala só deixa as pessoas com raiva.

Aqui está Kirk: "*Devemos esperar sofrer um período muito longo de hostilidade disseminada em relação aos Estados Unidos* — até mesmo, ou, talvez, principalmente, do povo de certos países que os Estados Unidos subornaram ou achacaram para que se envolvessem na guerra contra o Iraque. No Egito, na Síria, no Paquistão, na Argélia, em Marrocos, *em todo o mundo muçulmano, as massas, agora, consideram os Estados Unidos como um adversário arrogante*; ao passo que a União Soviética, graças às suas tentativas de mediar os conflitos em seus estágios posteriores, pode posar-se, novamente, de amiga dos territórios muçulmanos. Não é tudo: de agora em diante, em todos os continentes, os Estados Unidos são vistos cada vez mais como o mais formidável dos sistemas imperialistas". (Itálicos meus).

Bom, que se dane Russell Kirk, então: ele "culpa os Estados Unidos" pelo terrorismo!

Ah, e que tipo de esquerdista diz o que se segue? "A Guerra Perpétua pela Paz Perpétua é vendida como uma Era de Virtudes — isto é, como a autoconsciência virtuosa nacional ou ideológica na qual o público é convencido de que "Deus está do nosso lado" e de que os que discordam devem ser julgados aqui como criminosos de guerra".

O fundador do conservadorismo americano, ele mesmo.

Estas são palavras de um homem civilizado. Posso ter minhas diferenças com Kirk em questões importantes, claro, mas falamos de um pensador educado e sério cuja obra e pensamento todos deveriam respeitar — o que é mais do que se pode dizer do Ministro da Propaganda e dos seus slogans que, hoje, dominam a mídia conservadora oficial.

Então, quem vai ser o primeiro a denunciar até mesmo o falecido Russell Kirk como um "conservador não patriota"?[3]

18 DE MAIO DE 2007

3 David Frum escreveu um famoso artigo na *National Review* em 2003 intitulado "Conservadores não patriotas", no qual atacava um punhado de conservadores que se opunham à guerra no Iraque. (N. do A.)

5

O CULTO A REAGAN E OUTRAS TOLICES NEOCONSERVADORAS

Há algum tempo, Jeffrey Lord, da *American Spectator*, disse que a política externa não intervencionista de Ron Paul era "liberal" e que os conservadores deveriam ser enérgicos na política externa. Ora, até certo ponto, ninguém se importa com esses rótulos e com quem pode ser chamado do quê. É, obviamente, mentira, entretanto, dizer que quem apoia o não intervencionismo deve ser liberal-esquerdista. Demonstrei isto na minha resposta pelo *YouTube* ("*American Spectator* Dead Wrong on Ron Paul") que destrói toda a argumentação de Lord.

Achei que isso bastaria. Não há espaço de manobra para Lord depois disso.

Mesmo assim, ele voltou para mais ataques. Então, aqui vou eu novamente:

1) Argumentei, no vídeo, que o movimento anti-imperialista, no final do século XIX e início do século XX, era dominado por conservadores, como apontou o historiador William Leuchtenberg. Da mesma forma, argumentei que podemos contar, numa das mãos, os "progressistas" que se opuseram à entrada dos EUA na Primeira Guerra Mundial. Disse, ainda, que as intervenções recentes que Lord apoia tinham, também, o apoio de Hillary Clinton, de Howard Stern, do *New York Times* e do *Washington Post* (entre outros que já mencionei). Antes que Lord continue atacando outras pessoas, em nome de suas alianças estratégicas, ele pode, muito bem, perceber quem o cerca.

Lord não aceita nada disso. No lugar dele, eu tampouco aceitaria.

2) Lord é obcecado por Ronald Reagan e, novamente, condena Ron Paul por opor-se à expansão do poder governamental proposta por Reagan. O estranho culto à personalidade, em torno do falecido ex-presidente, revela que Reagan transformou-se no Obama da Direita: um homem cujas ações são consideradas todas brilhantes e, talvez, até mesmo inspiradas por Deus. Os críticos são apenas hereges cujos argumentos não precisam ser refutados: apenas o fato de que discordaram do Grande Líder basta para condená-los para sempre.

Como você ousa dizer que Ronald Reagan não defendia o livre-mercado o bastante?! Ele defendia o livre-mercado até o limite preciso, diz o Conselho Supremo do Neoconservadorismo.

O fato de Lord estar mais interessado na lealdade de alguém para com um homem do que para com os princípios que esse homem, supostamente, representa é um sinal claro de culto à personalidade.

3) Ao apontar que Felix Morley, um dos fundadores do semanário conservador *Human Events*, era um não intervencionista, obviamente, não tive a intenção de dizer que o *Human Events* defende o não intervencionismo como uma posição editorial. Eu mesmo publiquei e fui entrevistado várias vezes para o *Human Events*; então, conheço bem sua linha editorial. A questão é que Lord descreve o não intervencionista como um "liberal" (no sentido de esquerdista, não de liberal clássico). Desde que eu possa encontrar alguns apoiadores inequivocamente não liberais do não intervencionismo, eu ganho. Ninguém, em sã consciência, consideraria Morley um esquerdista-liberal. Morley, contudo, é apenas a Prova Número 1.

4) Eis aqui a Prova Número 2: o próprio superior hierárquico de Lord na *American Spectator*, o editor-sênior Angelo Codevilla. Falando no *Mike Church Show* sobre o consenso bipartidário sobre a política externa a que Lord refere-se, Codevilla disse:

Isso representa um afastamento radical de como o prestígio mundial americano foi construído. Ele foi construído pela geração fundadora e pelos estadistas do século XIX que defendiam a visão tradicional de que os governantes de qualquer país estão a serviço dos interesses deste país e que não lhes cabe, de forma alguma, interferir nos assuntos de outros países...

Na primeira parte do século XX, pessoas como Woodrow Wilson começaram a supor que tinham o direito e o dever de serem os guardiões do mundo e, desde então, elas começaram a bagunçar as coisas.

O que tento fazer neste livro [*A Student's Guide to International Relations*] é explicar [...] que o mundo está cheio de pessoas que são, realmente, diferentes, que pensam diferentemente, e que elas funcionam num sistema internacional que lhes dá todo o controle, toda a capacidade de serem o que quiserem e isso impossibilita que os estrangeiros intrometam-se em seus assuntos.

Em outras palavras, o imperialismo sempre foi algo desproporcional, principalmente no sistema internacional moderno, e a tentativa da nossa classe governante de reconstruir o mundo à sua própria imagem está destinada ao fracasso e a criar um desastre depois do outro...

[Outros países] têm, de acordo com os Fundadores da Nação, todo o direito de serem benevolentes, discordantes ou beligerantes, em relação um ao outro, como desejarem. A Declaração da Independência diz que todos os homens são criados iguais, todas as nações têm o direito de ser o que são. [...] A Declaração da Independência não confere direitos especiais ao povo americano. Ela defende que o povo americano tenha o direito de ser reconhecido pelo restante da humanidade...

Americanos, como toda a humanidade, têm o direito inalienável à autodeterminação. Ora, isso não é uma afirmação meramente teórica, é, também, uma afirmação prática. Porque é impossível que um povo transfira seu *ethos*, sua noção de bom e de mau, sua forma de fazer as coisas, a outro. Os afegãos, os árabes, são quem são; eles cresceram numa cultura específica. É o que eles sabem e o que amam. Como John Quincy Adams teria dito, quem nos escolheu como juízes deles?

Codevilla também disparou contra o fenômeno dos "filhotes de falcão" quando Church perguntou-lhe sobre o neoconservador Bill Kristol: "E, por sinal, eu servi às forças armadas... O Billy não".

5) Como Provas Número 3, 4, 5 e assim por diante, veja o livro de Bill Kauffman, *Ain't My America: The Long, Noble History of Antiwar Conservatism and Middle American Anti-Imperialism*, sobre o qual falo no capítulo 45 deste livro.

6) Claes Ryn, da Universidade Católica, que é mais conservador do que Lord e todos os seus amigos juntos, explicou a diferença entre o conservadorismo clássico, por um lado, e o universalismo jacobino militante que Lord e os neoconservadores defendem por outro. Não deveria nem ser necessário dizer que a propaganda de "liderança global" e o projeto interminável de "democracia" que os candidatos republicanos querem que aceitemos é completamente estranho aos objetivos e às expectativas finitos de um conservador. Um trecho do discurso de Ryn diante da *Philadelphia Society*:

Uma concepção atual dos conservadores não é menos do que curiosa: que eles são falcões, sempre procurando por uma presa e sempre perseguindo-a. Conservadores, na verdade, são como pombos, sempre procurando maneiras de resolver os conflitos pacificamente. Eles veem a guerra de um jeito diferente dos burocratas neojacobinos. O sofrimento e a destruição da guerra são realidades assustadoras que envolvem seres humanos de verdade. A guerra é o último recurso.

Os conservadores não têm ilusões quanto à arena internacional. Pessoas más cometem maldades. Então, os conservadores querem estar preparados para lidar com ameaças à sua sociedade, à sua civilização e à paz internacional. A forma, entretanto, normal como eles interagem com outros povos é tentando acabar com o conflito e encontrar um denominador humano comum. Está é a visão cosmopolita.

Em questões domésticas, conservadores americanos sempre temeram o poder ilimitado, em parte, porque acreditam no pecado original. Pecadores devem ser contidos pela lei. O governo deve ser limitado e descentralizado, daí a separação entre os poderes e o federalismo. O espírito constitucional é a essência da tradição política americana. O poder sem fiscalização é um convite à tirania. Os políticos queriam, até mesmo, que o Congresso dos EUA, que era para ser o principal corpo do governo nacional, tivesse poderes divididos. É desnecessário dizer que eles desdenhavam da democracia.

Os jacobinos não veem necessidade de conter o poder virtuoso. Hoje, os neojacobinos americanos promovem a superioridade da presidência e a ação sem controle do executivo. Velhas limitações e liberdades devem subjugar-se às necessidades do Estado de segurança nacional virtuoso.

Ryn acaba de descrever a diferença entre Jeffrey Lord e um conservador. Ninguém que ouve um programa de rádio neoconservador jamais ouviu falar destas diferenças antes e é por isso que Lord pode sair ileso fingindo que todos os seus oponentes são esquerdistas-liberais.

7) A discussão que Lord faz da Guerra Fria parece algo de 1974. É como se os arquivos soviéticos nunca tivessem sido abertos. Como Sir Michael Howard (um historiador com credenciais) apontou, nenhum historiador sério defende as intenções de Stálin em relação aos outros países — intenções nas quais já acreditei, antes que os arquivos fossem abertos e as provas tenham me obrigado a mudar de ideia — que Lord repete como se tiradas de um folheto da campanha de Richard Nixon.

Ouvimos falar, por exemplo, da ameaça comunista à Grécia no fim dos anos 1940. Na verdade, Stálin instruiu a Iugoslávia — que era de onde vinha a ajuda à Grécia, e não da União Soviética — a não ajudar os comunistas gregos, que não tinham permissão para juntar-se ao Cominform[4] e cujo Governo Provisório não era reconhecido pela União Soviética e nem por outro governo comunista qualquer. O senador Taft não via nenhum interesse americano envolvido na Grécia na época.

Quanto à Turquia, muito antes da Revolução Bolchevique, os russos tinham tentado controlar os estreitos. Não havia nenhuma ameaça militar à Turquia, como George Kennan, o homem que ficou famoso por pedir a "contenção" dos soviéticos em seu Longo Telegrama e em seu artigo de 1947 para a *Foreign Affairs*, tentou, em vão, afirmar. No mundo partidário de Lord, nós, evidentemente, não temos permissão nem mesmo para concordar com George Kennan.

Ao longo da Guerra Fria, a capacidade dos soviéticos foi consistente e quase ridiculamente inflada. É difícil acreditar que autointitulados conservadores podiam, de fato, compartilhar da visão auspiciosa da capacidade produtiva soviética, descrita por pessoas como John Kenneth Galbraith e como Paul Samuelson, mas, sim, eles, realmente, compartilhavam desta ideia. É como se eles não acreditassem na retórica do livre-mercado que costumavam usar. Eles esperavam que um gigantesco Estado socialista conquistasse o mundo. O que este Estado conseguiu fazer foi gerar experimentos, na África e em outros lugares, que em nada ajudavam e só intensificavam seu atraso econômico.

Lord, contudo, sempre incapaz de questionar o consenso bipartidário quanto à política externa — nós, hereges, por outro lado, discordávamos do consenso bipar-

4 Bureau de Informação dos Partidos Comunistas e dos Operários, organização soviética criada em setembro de 1947, numa reunião em Szklarska Poreba, na Polônia. (N. do T.)

tidário —, usa Truman, o democrata café-com-leite, como exemplo de estadista. Questionar Trumam e seus discursos grandiosos e sua estratégia? Quem é você? Uma espécie de comunista?

Percebi que, ao questionar o consenso quanto à Guerra Fria, estava cometendo um de uma longa lista de pecados imperdoáveis pelo movimento conservador oficial. A Guerra Fria, assim como Ronald Reagan, é um dos temas sobre o qual o conservadorismo prevalecente jamais admitirá dissidência. Há a Versão Oficial dos Acontecimentos e há os hereges que a questionam.

O aparato da Guerra Fria deu origem a um complexo industrial-militar que é, claramente, impossível de controlar e que está, constantemente, em busca de justificativas para gastos ainda maiores. Esse é o programa governamental que os conservadores jamais questionam. Ele é controlado por anjos oniscientes que não precisam de auditoria. Esse programa não tem interesses escusos que possam querer defender à custa do bem comum. Isso só serve para o lobby agrícola e para as burocracias educacionais. Esse é o Departamento de Defesa, cidadãos. Confie nele. EUA! EUA!

8) Russell Kirk, um dos mais importantes pensadores conservadores do século XX, foi fundamental para os libertários. Suponho que todos soubessem disso. O mais interessante, contudo, é que Kirk não era um neoconservador como Lord. (Veja o capítulo 4).

Sendo mais direto: apesar de Lord não mencionar, nos anos 1990, Kirk elogiava os libertários por "entenderem a política externa que Taft representava".

Isso mesmo — o icônico Kirk elogiou os libertários por sua visão de política externa.

Que outra conclusão podemos tirar, então, que não a de que Lord deve, agora, expulsar Kirk do cânone conservador? Só podemos esperar que o senso de ridículo de Kirk desenvolva-se o bastante para impedi-lo de fazer isso.

1°. DE OUTUBRO DE 2011

6

A Liga Anti-imperialista e a batalha contra o Império

Em abril de 1898, os Estados Unidos entraram em guerra com a Espanha, supostamente, para liberar Cuba do controle espanhol. Vários meses mais tarde, quando a guerra terminou, Cuba transformou-se num protetorado americano e Porto Rico, Guam e as Filipinas tornaram-se possessões americanas.

Quando o governo dos EUA decidiu não dar independência às Filipinas, os rebeldes filipinos liderados por Emilio Aguinaldo optaram por resistir às forças de ocupação americanas. O resultado foi uma guerrilha brutal que se prolongou por anos. Cerca de 200 mil filipinos morreram ou diretamente do conflito ou como resultado de uma epidemia de cólera relacionada à guerra.

O fato de forças americanas estarem envolvidas numa guerra colonial para impedir a independência de outro povo levou a muitas reflexões entre importantes pensadores, escritores e jornalistas dos EUA. O que mais tarde se transformou na Liga Anti-imperialista Americana teve início em junho de 1898, numa reunião no Faneuil Hall de Boston, onde as pessoas preocupadas com a política colonial que o governo pretendia adotar com a guerra reuniram-se para manifestar-se contra a transformação dos Estados Unidos num poder imperialista. A Liga foi, formalmente, criada em novembro, dedicando seus esforços a propagar a mensagem anti-imperialista por meio de palestras, reuniões públicas e material impresso.

Aqueles que, mais tarde, tornaram-se anti-imperialistas estavam entre os apoiadores e oponentes da Guerra Hispano-americana de 1898. William Jennings Bryan era um bom exemplo de apoiador e Moorfield Storey, de oponente. Neste último grupo de anti-imperialistas que quero deter-me por um instante, já que o que eles tinham a dizer sobre a guerra parece-me, estranhamente, familiar.

Storey era um personagem bem interessante: advogado de sucesso formado em Harvard e, também, presidente da American Bar Association, ele apoiava o *laissez-faire* e era um conhecido defensor do padrão-ouro e do livre comércio. Storey, que era branco, também foi o primeiro presidente da Associação Nacional para o Progresso das Pessoas de Cor (NAACP, na sigla original) de 1909 a 1915. Ele falou na reunião de Boston presidida por Bradford e acabou por tornar-se vice-presidente da Liga Anti-imperialista da Nova Inglaterra e, mais tarde, presidente da organização nacional.

Agora, veja as palavras de Storey, em abril de 1898, às vésperas da Guerra Hispano-americana, porque são estes os sentimentos que animavam seu trabalho e o trabalho de muitos outros anti-imperialistas:

Este clube [o Clube Reformista de Massachusetts] jamais se encontrou sob circunstância mais precisas para gerar ansiedade em todos os patriotas do que nesta noite e, por patriota, não estou me referindo a quem mede a grandeza do seu país pela extensão de seu território, o tamanho de seus exércitos, a força de suas frotas ou até mesmo a insolência com que o país age em relação a seus vizinhos mais fracos, e sim aquele que sabe que a verdadeira grandeza de uma nação, assim como a de um homem, depende de seu caráter, de seu senso de justiça, de sua contenção, de sua magnanimidade, em resumo, das qualidades que distinguiam George Washington de um mercenário — o melhor tipo de homem do melhor tipo de monstro.

Carl Schurz, que, entre outras coisas, foi o primeiro americano nascido na Alemanha a entrar para o Senado dos EUA, também, estava, profundamente, envolvido na Liga como oficial e também se opunha, firmemente, à Guerra Hispano-americana. Ele escreveu em abril de 1898:

O homem que, em tempos de empolgação popular, ousada e corajosamente, resiste ao clamor por uma guerra desnecessária e, assim, expõe-se à acusação indevida de falta de patriotismo ou de coragem, a fim de salvar seu país de uma calamidade maior, é, "servindo amorosa e fielmente seu país", ao menos, um patriota tão bom quanto o herói dos maiores feitos de guerra e um patriota melhor do que aqueles que, com uma pretensa ostentação de patriotismo, pedem por uma guerra desnecessária, principalmente se deixa que os outros travem as batalhas.

Schurz lembrou um verso de James Russell Lowell que escrevia sobre a Guerra Mexicano-Americana de 1846-48:

O lado do nosso país que o mofo tomou
E o Presidente Polk, sabe, ele é nosso país.

"Novamente em nossa época", disse Schurz, "ouvimos, com a velha persistência, o mesmo pedido aos eleitores para que eles sejam leais ao país, esteja ele certo ou errado. E, quando investigamos o assunto — e não é preciso investigar muito —, descobrimos que estamos sendo levamos a ser leais não ao país, esteja ele certo ou errado, e sim ao presidente McKinley, esteja ele certo ou errado". Para que se adequasse à atualidade, Schurz sugeria que os versos de Lowell fossem reescritos:

O nosso lado deve conquistar terras arrasadas
E o senhor McKinley, sabe, ele é nosso país.

Podemos usar os versos de Lowell, hoje, com facilidade.

Entre os mais conhecidos membros da Liga Anti-imperialistas, estava Mark Twain, que foi vice-presidente de 1901 até sua morte, em 1910. Um dos mais interessantes textos antiguerra de Twain, um conto chamado "The War Prayer", foi considerado radical demais para ser publicado em vida. "Acho que ele nunca vai ser publicado enquanto eu estiver vivo", disse Twain. "Só os mortos é que podem dizer a verdade".

"The War Prayer" era uma crítica ácida ao mau uso da religião em nome das causas nacionalistas. Ele começa com um culto no qual o pastor invoca as bênçãos de Deus sobre as forças militares americanas e conclui com "Dê-nos a vitória, Senhor nosso Deus!".

Um velho frágil entra na igreja e, empurrando o pastor, explica que ele mesmo falou com Deus, que deseja ouvir a outra metade da oração — a metade que estava apenas nos corações deles, implícita.

Oh, Senhor, nosso Pai, nossos jovens patriotas, muito jovens, foram guerrear — que o Senhor esteja com eles! Com eles — em espírito — também saímos da doce paz das nossas queridas lareiras para destruir o inimigo. Oh, Senhor, nosso Deus, nos ajude a mutilar os soldados deles com nossa artilharia; nos ajude a recobrir os campos sorridentes deles com os corpos deformados dos seus patriotas mortos; nos ajude a abafar o estrondo das armas com os berros dos feridos, retorcendo-se de dor; nos ajude a arrasar suas casas humildes com um furacão de fogo; nos ajude a espremer os corações das inocentes viúvas com a dor do luto; nos ajude a transformá-los em desabrigados com criancinhas andando sozinhas pela terra desolada em trapos e famintas e sedentas, expostas às chamas do sol do verão e aos ventos gelados do inverno, com os espíritos quebrados, cansados do trabalho árduo, implorando a Ti pelo refúgio da morte negada — pelo bem de nós que O adoramos, Senhor, acabe com as esperanças deles, destrua suas vidas, prolongue sua amargurada peregrinação, torne cada um de seus passos um peso, marque seu caminho com lágrimas, manche a neve branca com o sangue de seus pés feridos! Pedimos isso com o espírito do amor, Daquele que é a Fonte do Amor, e Aquele que é o refúgio sempre fiel e o amigo de todos que buscam Sua ajuda com o coração humilde. Amém.

A história termina, de repente, com as pessoas considerando o homem um lunático — e, supostamente, seguindo com suas vidas.

Às vezes, diz-se dos anti-imperialistas que eles se importam mais com os efeitos do colonialismo sobre o caráter dos Estados Unidos do que com os efeitos dele sobre os povos transformados em colônias. Isso não é completamente justo para com os anti-imperialistas, que estavam, verdadeiramente, aterrorizados com o tratamento que os filipinos recebiam nas mãos das forças americanas e que buscavam investigar as condições de vida lá.

E.L. Godkin, do *Nation*, por exemplo, declarou que o governo americano tinha substituído a "matança limpa e eficiente pela velha matança malfeita dos espanhóis". William James ficou impressionado ao notar que seu país era capaz de "vomitar sua alma [...] em cinco minutos". Andrew Carnegie escreveu a um amigo que defendia a expansão territorial: "É uma questão de dar parabéns [...] por vocês terem meio que civilizado os filipinos. Acredita-se que oito mil deles foram completamente civilizados e mandados para o Céu. Espero que você goste disso".

Em 1901, a Liga aprovou uma resolução instruindo seu comitê executivo a "esforçar-se ao máximo para promover uma petição ao presidente dos Estados Unidos para que o general Aguinaldo possa vir a este país sob salvo-conduto a fim de defender seu povo diante do Congresso e da nação". É desnecessário dizer que Theodore Roosevelt ignorou o pedido.

Ao longo dos anos seguintes, a Liga ateve-se à descoberta e divulgação da verdade sobre o destino dos filipinos sob a ocupação americana. Eles divulgaram depoimentos inéditos sobre torturas como a "cura pela água" que as forças dos EUA empregavam. Assim, de acordo com o recruta A.F. Miller, do 32º. Corpo de Voluntários dos Estados Unidos,

"É assim que empregamos a cura pela água neles: nós o deitamos de costas, um homem segurando cada uma das mãos e pés, depois colocamos um pau na boca e derramamos um balde de água na boca e nariz e, se eles não cedem, outro balde. Eles ficam inchados como sapos. Vou lhe dizer: é uma tortura horrível".

George Kennan, repórter investigativo especial do *Outlook*, escreveu em 1901:

> *Os hispânicos usavam a tortura da água em todas as ilhas como forma de obter informações, mas a usavam esparsamente e somente quando era evidente que a vítima tinha culpa. Os americanos, raramente, fazem as coisas pela metade. Viemos aqui e anunciamos nossa intenção de libertar o povo de trezentos ou quatrocentos anos de opressão, dizendo: "Somos fortes e poderosos e grandes". Então, recorrer a métodos inquisitoriais e usá-los sem discriminação não vale a pena para nós e vai reduzir-nos como nação. É doloroso e humilhante ter de confessar que, em algumas de nossas tratativas com os filipinos, estamos, mais ou menos,*

seguindo o exemplo da Espanha. Criamos uma colônia penal; queimamos aldeias perto das quais houve uma emboscada ou ataca de guerrilhas insurgentes; matamos os feridos; usamos tortura para obter informações.

Era esse tipo de coisa que os anti-imperialistas queriam mostrar ao público.

Em geral, contudo, o público americano não lhes deu atenção. Um escritor anti-imperialista refletiu sobre o significado dessa indiferença: "Qual o significado de tal silêncio? Percebemos que, em meio a todo o esplendor da nossa vida prospera e rica estamos nos deixando levar pela ideia de uma civilização de verdade, de justiça eterna — e ficamos esperando? A guerra é produto da autoridade de um governo arbitrário sem justiça, uma força da qual se esgotaram a virtude e a verdade".

Alguns, na verdade, foram bem hostis com relação à Liga e a sua missão. De acordo com o comandante do capítulo de Nova York do Grande Exército da República, todos os membros da Liga deveriam perder a cidadania e ter negada "a proteção da bandeira que desonram". Teddy Roosevelt descreveu os anti-imperialistas como "simplesmente traidores e [...] mentirosos, caluniadores e difamadores".

A Liga continuou mesmo assim. Edward Atkinson, que estava envolvido na Liga desde a reunião do Faneuil Hall, na verdade, pediu ao Departamento de Guerra uma lista dos soldados que serviam nas Filipinas a fim de enviar-lhes seus textos antibélicos. Ele lhes escreveu:

No jornal desta manhã, um correspondente do Boston Herald *diz que o Departamento vai "expor" a Liga Anti-imperialista e outros que têm, supostamente, promovido a insurgência das tropas em Manila. Não acho que o Comitê Executivo da Liga Anti-imperialista tenha agido para informar as tropas dos fatos e das condições de lá. A sugestão, contudo, é importante e fui enviado hoje a Washington para recolher endereços de oficiais e de soldados, cerca de quinhentos ou seiscentos deles, para que possa enviar-lhes meus panfletos, expondo minha solidariedade. Devo deixar as mesmas listas ao encargo do Comitê Executivo da Liga para manter o fornecimento.*

Ele nunca obteve resposta.

Então, ele seguiu adiante e mandou alguns dos panfletos a um grupo limitado de oficiais e de autoridades americanas e a outros nas Filipinas como um começo. O chefe do serviço de correspondências ordenou que todos os panfletos de Atkinson endereçados a Manila fossem eliminados. Atkinson, então, agradeceu ao governo pela atenção, dizendo que o interesse por seus panfletos tinha aumentado, drasticamente, em todo o país. Ele escreveu: "Acho que os membros do gabinete saíram de um hospício. Eles, evidentemente, descobriram seu erro, porque os jornais da administração, repentinamente, pararam de atacar-me no mesmo dia e sinto falta da publicidade gratuita. Agora, estou tentando provocá-los, novamente, para ser vítima de outro ataque".

Alguns setores da Liga estavam relutantes em dar apoio às atividades de Atkinson, embora alguns anti-imperialistas tenham o apoiado, assim como lhe deu apoio a filial de Chicago da Liga. Ele, no entanto, deu continuidade ao seu trabalho, observando, em 1899, que seu último panfleto era seu "ataque mais forte, ainda que limitado a alguns moradores em Fort Warren".

Já em 1896, Atkinson escreveu para o *New York Evening Post* sugerindo uma petição ao Congresso dos EUA com as seguintes frases:

> *Pede-se que seja aprovada uma lei que determine que qualquer cidadão americano que proponha envolver o país numa guerra com a Grã-Bretanha ou com outro país numa disputa sobre fronteiras ou sobre qualquer outro assunto semelhante seja, imediatamente, recrutado ou alistado no exército do início ao fim de tal guerra quando ela ocorrer. Sugere-se que os senadores dos Estados Unidos exerçam os postos de generais deste exército, com base na ideia de que a inteligência militar deles é igual à sua inteligência política. [...] Depois, sugere-se que os representantes do Congresso tenham de comandar as brigadas. [...] Claro: homens em altos cargos públicos têm expressado o mais sincero desejo de defender a honra do país a qualquer custo e, entusiasmadamente, aprovariam esta lei e alistariam-se, voluntariamente, para o trabalho no campo de batalha.*
>
> *Essa proposta de alistamento imediato no exército nacionalista vai de uma só vez desenvolver a sinceridade de objetivo dos que defendem a agressão e a violência. Um resultado indireto, mas benéfico, será a remoção dessas pessoas de altos cargos nos quais elas demonstraram incapacidade de lidar com questões de paz, de ordem e de indústria, dando-lhes a oportunidade de exercer e de provar sua capacidade militar.*

Atkinson, assim como Storey, era um defensor do *laissez-faire* — um ramo importante do pensamento anti-imperialista. Aqui, estava a velha tradição liberal em toda a sua maravilhosa consistência: a favor da propriedade privada e da paz e contra os saques e o imperialismo. George E. McNeill expressou isso com mais clareza: "A riqueza não é obtida com mais rapidez matando filipinos do que fabricando sapatos". Andrew Carnegie até mesmo se ofereceu para pagar pela independência das Filipinas com um cheque de US$20 milhões — quantia paga pelo governo dos EUA à Espanha pelas ilhas. O *New York Times* chamou essa oferta de "um truque". (O *New York Times* alguma vez acerta?)

Ao mesmo tempo, líderes trabalhistas, como Samuel Gompers, pertenciam à Liga, assim como outras pessoas que, de acordo com algum tipo de padrão, pertenciam à Esquerda, como Jane Addams e como William James. Era uma organização multi-ideológica contra o Império.

Ainda assim, e apesar de todo o trabalho incansável, os anti-imperialistas não conseguiram gerar uma discussão nacional sobre o papel do governo dos EUA no mundo, uma discussão que, desde então, precisávamos travar. Hoje, esse debate só acontece entre neoconservadores e "realistas", dois grupos que concordam com alguma forma de presença militar americana na maior parte do mundo. A não-intervenção não só não é considerada como também é o bastante para excluí-lo da sociedade educada.

(Pode valer a pena, um dia, pensar, exatamente, em quais opiniões fazem-no ser rotulado como extremista e quais não. Evidentemente, não há nada de mau em defender a queima de pessoas inocentes em vários cenários, de Hiroshima ao Vietnam — ninguém que tenha defendido essas coisas foi considerado fora do normal nos círculos políticos e midiáticos — mas se você, veementemente, recusa-se a incinerar alguém, você é egoísta e irresponsável, e, assim, claro, não aparecerá na televisão com luminares como Newt Gingrich e como Joe Biden, de cujo altruísmo e estadismo você não pode discordar).

Em *Freedom and Federalism* (1959), o velho jornalista de Direita Felix Morley sugeriu que o processo de construção de um império era

essencialmente mítico. Isso pode, de alguma forma, dar a ideia de que um homem é grande na mesma medida da grandeza de seu país; que um alemão, como tal, é superior a um belga como tal; um inglês, a um irlandês; um americano, a um mexicano, apenas porque os primeiros países são, em cada caso, mais poderosos do que os outros. E as pessoas que não têm qualquer estatura pessoal estão dispostas a aceitar essa bobagem perniciosa porque ela lhes dá uma sensação de importância sem o incômodo de qualquer esforço pessoal.

Morley, cofundador do jornal *Human Events*, acrescentou que a construção de um império equivalia a

> *uma aplicação da psicologia mafiosa à esfera política mundial e o quão bem isso funciona pode ser visto considerando a satisfação emocional que muitos ingleses sentem fazendo referência ao "Império onde o sol nunca se põe". Alguns americanos, agora, ganham o mesmo tipo de "impulso" ao verem a bandeira tremular em acampamentos dos "nossos meninos" em quarenta países.*

(Ah, bons tempos, quando eram apenas quarenta).

Os Estados conseguiram convencer suas populações de que as pessoas são o próprio Estado e, portanto, que qualquer insulto à honra do Estado é um insulto à população também, qualquer questionamento ao seu comportamento ou intenções é um tapa na cara das pessoas. Para muitas pessoas, tornou-se natural torcer por seu país de uma forma que se transforma a violência em razão. Como disse no Capítulo 1, as pessoas defenderão as afirmações mais absurdas e distorcidas — afirmações que desprezariam se viessem de Saddam Hussein ou da União Soviética dos anos 1980 — se elas forem necessárias para vingar a honra dos homens que as governam.

Com poucas e nobres exceções, só folheie algumas revistas modernas de Direita para ver o que quero dizer. É impossível ser razoável quanto à política externa quando um terço da população (no mínimo) está, completamente, comprometida em encontrar qualquer coisa capaz de justificar argumentos, mesmo quando seus próprios líderes não se dão mais ao trabalho de defendê-los. Como é possível conversar com alguém que diz que centenas de milhares de baixas, um regime dominado por xiitas e o caos regional valem a pena porque encontramos uma quantidade insignificante de agentes químicos no Iraque de Saddam?

Presidente Polk, ele é nosso país — isso já era ruim o bastante. Presidente McKinley, ele é nosso país — isso é muito pior. Que patriota americano, entretanto, no sentido de Moorfield Storey, seria capaz de dizer: "George W. Bush, ele é nosso país"? Isso serve para lembrar-nos do quão importante é opor-se ao imperialismo com todos os instrumentos ideológicos à nossa disposição.

15 DE DEZEMBRO DE 2006

7

A QUEM JOHN YOO ESTÁ TENTANDO ENGANAR?

O professor de Direito John Yoo é mais conhecido por seu trabalho como procurador-geral assistente sob o governo de George W. Bush; durante esse tempo, ele se dizia capaz de encontrar uma justificativa constitucional para praticamente tudo o que a administração Bush quisesse fazer, no país ou fora dele, a fim de levar a cabo sua guerra ao terror. Kevin Gutzman e eu reagimos a Yoo com bastante ênfase, se é que posso dizer assim, em nosso livro *Who Killed the Constitution?*

Sou bastante agressivo com meus oponentes intelectuais, mas, raramente, acuso-os de mentirem descaradamente. No caso de Yoo, chegamos perto disso. O professor Gutzman, especialista na Virgínia colonial, revolucionária e republicana, disse, certa vez, ao professor Yoo que havia provas documentais de que ele descobrira, em suas pesquisas sobre a Virgínia, que as visões de Yoo sobre os poderes presidenciais, em tempos de guerra, sob a Constituição, estavam erradas. Yoo demonstrou interesse em ver tais provas e Gutzman mostrou-lhe. E Yoo, simplesmente, continuou a agir como antes.

Não vou analisar todos os argumentos de Yoo neste artigo mais recente, já que o fiz naquele livro e no meu site especial sobre os poderes em tempos de guerra, que indico ao leitor interessado. (Veja TomWoods.com/warpowers).

Você pode adivinhar qual a opinião de Yoo sobre o poder presidencial de bombardear a Síria sem autorização do Congresso. Num artigo recente no site da FOX News — você pode lê-lo em bit.ly/YooOnSyria —, ele repassa os mesmos argumentos de sempre (meu preferido é o de que o fato de o presidente ter iniciado campanhas semelhantes "mais de 100 vezes" torna o caso uma questão de senso-comum), a maioria dos quais respondidos no link acima e o restante em nosso livro.

Fiquei, contudo, impressionado com esta distorção em especial: ele cita Alexander Hamilton para defender a ideia de que os colonos não repudiaram o exemplo do rei George III e não deram ao presidente o poder de iniciar uma ação militar não defensiva sem aprovação congressual. (E não defensiva é exatamente a questão aqui: ninguém, em sã consciência, acha que bombardear a Síria tem a ver com salvar americanos de um perigo iminente).

Eis Yoo:

> *Como Alexander Hamilton escreveu no ensaio* Federalist 74: *"A direção da guerra indica a direção da força comum e o poder de direcionar e de empregar a força comum é parte essencial na definição da autoridade executiva".*
>
> *Presidentes deveriam conduzir a guerra, escreveu ele, porque poderiam agir com "decisão, atividade, segredo e rapidez". Naquela que talvez sejam suas palavras mais famosas, Hamilton escreveu: "Energia no executivo é um caráter de liderança na definição do bom governo. [...] Isso é essencial para a proteção da comunidade contra ataques estrangeiros".*

Note que Yoo mudou de assunto: agora, ele fala sobre "conduzir a guerra". Ninguém discute que o poder de comandante-em-chefe dá ao presidente a autoridade constitucional de *conduzir* a guerra *depois que o Congresso a declara!*

E eis aqui o que ele ignora de Hamilton, que repudia, absolutamente, o exemplo do rei George III, ao contrário do que Yoo diz. Hamilton escreve, no ensaio *Federalist 69*, que o poder presidencial

> *era, nominalmente, semelhante ao do rei George da Inglaterra, mas, na substância, muito inferior. Ele equivaleria a nada mais do que o comando supremo das forças militar e naval como general e almirante da confederação, ao passo que o poder do rei britânico estende-se à declaração de guerra e à criação e regulação de frotas e de exércitos. Tudo isso, sob a constituição a ser escrita, caberia ao Legislativo. (Destaques meus).*

Algum leitor é capaz de explicar como alguém poderia deixar de lado esta passagem ao discutir as opiniões de Hamilton sobre o poder presidencial em tempos de guerra — isto é, uma explicação que não envolva a intenção de enganar?

4 DE SETEMBRO DE 2013

PARTE II

CAPITALISMO E ANTICAPITALISMO

8

MINHA CRÍTICA ANTICAPITALISTA NO TWITTER

Certo dia, em 2011, acordei e deparei-me com várias críticas na minha conta do Twitter (@ThomasEWoods) feitas por uma "progressista" revoltada por eu não culpar o livre-mercado pelo trabalho infantil, pelas péssimas condições de trabalho e por coisas do gênero. Ela reagia a um post de blogue no qual eu publicara um link para uma apresentação que fiz para um grupo de alunos do ensino médio no Mises Institute. (É uma palestra interessante, por sinal, que você pode encontrar no *YouTube* com o título enganosamente entediante de "Applying Economics to American History" [Aplicando Economia à História Americana]).

O *tuíte* dela dizia: "Como discípulos direitistas DOUTRINAM alunos do ensino médio" (caixa-alta por conta dela). Sutil, não?

Ao clicar nos vários links dela, descobri várias, talvez centenas, de falácias comuns sobre o livre-mercado. Descobri poucas com as quais não tinha me deparado antes. Decidir refutar algumas delas — não para convencer minha crítica, que já tinha a opinião formada, mas para ajudar outras pessoas a responderem a argumentações semelhantes e para mostrar às pessoas que estão em cima do muro o quão retrógradas e facilmente refutáveis são tais afirmações.

(1) Entre as críticas dela estava a costumeira acusação da "sobrevivência do mais apto" – por que o mercado recompensa o mais forte e reduz todos os outros a pó! Mas é precisamente na economia *pré-capitalista* — onde a divisão do trabalho não está bem estabelecida e onde o investimento do capital é praticamente nulo — que apenas os mais aptos sobrevivem. Como F.A. Hayek disse, antes da Revolução Industrial, aqueles que não conseguiam ganhar a vida com a agricultura e que não tinham como sustentar-se na manufatura não tinham como integrar-se à economia. A riqueza (e as oportunidades de emprego) que a economia de mercado gera possibilita a sobrevivência de milhões de pessoas fracas e vulneráveis para as quais os itens básicos, antes, não existiam em abundância para mantê-las vivas.

É o investimento do capital que a economia de mercado livre encoraja, o que aumenta a renda real das pessoas com o tempo e torna os itens básico de sobrevivência menos caros com o tempo em relação aos salários.

Quando as empresas aumentam e melhoram os equipamentos e maquinários à disposição dos trabalhadores, o trabalho torna-se mais produtivo. Imagine alguém usando uma empilhadeira em vez de empilhar carga com as próprias mãos ou produzindo livros com equipamentos modernos, e não usando uma imprensa do século XVI. A quantidade de produção da economia aumenta, geralmente, drasticamente, e esse aumento na produção pressiona para baixo o preço dos itens de consumo (em relação aos salários).

Não há nada de natural ou de inevitável quanto à disponibilidade desses bens de capital que aumentam a produtividade. Isso não cai do céu. Ela vem da abstenção do consumo e da alocação de recursos não consumidos em investimento.

Esse processo é a única forma de aumento do padrão geral de vida. Somente assim o trabalhador médio pode produzir uma fração menor do que hoje ele está acostumado a produzir. Somente sob essas condições ele pode esperar conseguir consumir uma fração menor do que hoje ele está acostumado a consumir.

O aumento na produtividade do trabalho que o capital adicional gera faz os preços caírem em relação aos salários. Ao aumentar a produção, em geral, isso aumenta a taxa de bens de consumo proporcional ao trabalho. Em termos mais simples, melhorias no processo de produção que levam a um aumento de produção tornam esse resultado mais barato e facilita a aquisição dele pelas pessoas.

Por isso que, a fim de ganhar o dinheiro necessário para adquirir vários itens básicos, são necessárias muito menos horas de trabalho hoje do que no passado. Graças ao investimento, que é o que as empresas fazem quando não têm seus lucros roubados, nossa economia é muito mais, fisicamente, produtiva do que costumava ser e, portanto, bens de consumo existem em maior abundância e, consequentemente, são muito mais baratos em relação aos salários do que antes.

Como demonstrei em *Rollback*, a taxa de pobreza nos Estados Unidos caiu de 95 por cento em 1900 para cerca de 12-14 por cento no fim dos anos 1960 — período no qual medidas governamentais antipobreza eram bastante simples. No fim dos anos 1960, quando a Guerra à Pobreza de Lyndon Johnson começou a receber fundos maiores, a taxa de pobreza estagnou-se. Em 1994, ela era praticamente a mesma dos anos 1960, apesar de o governo federal estar gastando quatro vezes mais, per capita, do que no governo LBJ.

Agora, vamos supor que a situação seja contrária. Vamos supor que a queda drástica na pobreza tivesse ocorrido sob a Guerra à Pobreza e que foi sob o regime do livre-mercado que a pobreza tivesse se estagnado. Não parariam de falar sobre isso: o livre-mercado não faz nada para erradicar a pobreza e somente nossos líderes sábios na classe política são capazes de fazer isso! Entretanto, quando o contrário é verdade, os fatos, simplesmente, passam em silêncio.

(2) Lemos num dos links dela: "Na ideologia do livre-mercado, a liberdade é concebida como falta de interferência de outros. Não há fins comuns aos quais nossos desejos sejam direcionados. Na falta de tais fins, tudo o que resta é o poder puramente arbitrário do desejo de um contra o outro. A liberdade, pois, dá lugar ao engrandecimento do poder e à manipulação da vontade e do desejo pelo poder maior".

Vamos pegar este estranho parágrafo e analisar uma frase de cada vez.

(2)(a) "Na ideologia do livre-mercado, a liberdade é concebida como falta de interferência de outros".

Correto. Liberdade significa que ninguém tem direito de iniciar uma agressão contra o outro. O que mais poderia significar sem se transformar numa distopia orwelliana?

(2)(b) "Não há fins comuns aos quais nossos desejos sejam direcionados".

Não tenho certeza do que isso significa. Sim, ninguém tem o direito de forçar alguém a buscar determinado fim que tal pessoa não deseja, mas por que isso seria ruim? Seria melhor se todos fôssemos coagidos a correr atrás de objetivos específicos? Temos certeza de que os objetivos dos que nos coagiram sempre seriam louváveis? De onde viria o direito dessas pessoas de decidirem por todos quais deveriam ser seus objetivos?

E claro que não é verdade que, só porque não há pessoas coagindo-nos com armas por aí, não temos fins comuns no livre-mercado. Na economia de mercado, cuidamos das necessidades uns dos outros. Nós nos colocamos naquele ponto da divisão do trabalho no qual nossas habilidades servem às necessidades mais urgentes dos nossos companheiros. Sem nenhum líder tendo de ditar o que produzimos, em que quantidades e onde, inventamos estruturas de produção nas quais o trabalho, o capital e fatores naturais passam por vários estágios até que o bem de consumo final é finalmente alcançado. É um fenômeno incrível, inteiramente ignorado pelos críticos.

Há formas ilimitadas de as empresas combinarem fatores de produção a fim de produzirem uma quantidade igualmente ilimitada de bens. Por sorte, as empresas não têm de andar às cegas em meio a essas trilhões de escolhas.

Se o processo de produção usa um suprimento com uma demanda maior em outro lugar, então, o fornecimento do suprimento é interrompido e encontra-se um substituto. Se as empresas produzem demais alguma coisa, as perdas resultantes levam-nas a produzir menos, liberando, assim, matéria-prima para a produção de outro bem de consumo que os consumidores valorizam mais. O tempo todo, recursos são direcionados, de acordo com o que o consumidor quer, para aqueles processos produtivos para os quais há uma demanda mais urgente.

Não são necessários ditadores para obrigar-nos a buscar objetivos comuns a fim de obter esse feliz resultado.

E, longe da imagem do "cachorro comendo cachorro", as estruturas resultantes são, fundamentalmente, cooperativas, com as indústrias nos estágios mais baixos da produção dependendo do sucesso da produção nos estágios mais altos e com os estágios mais altos dependendo da demanda dos mais baixos. Nossa crítica acha que só podemos ter um objetivo em comum se alguém que detém um monopólio da violência — i.e., uma autoridade governamental — impuser esse objetivo. Essa ideia estranha é contraditada de inúmeras formas todos os dias em que o mercado opera — até mesmo na economia de mercado claudicante e hoje. O título do livro de Frédéric Bastiat, *Economic Harmonies* [Harmonias Econômicas], reflete um pensamento fundamental e injustamente negligenciado sobre a verdadeira natureza da economia de mercado.

(2)(c) "Na falta de tais fins, tudo o que resta é o poder puramente arbitrário do desejo de um contra o outro".

Isso era para ser uma descrição da economia de mercado, mas é uma descrição do governo. Como mais podemos descrever o exercício da força por uma classe privilegiada contra indivíduos pacíficos a fim de que os indivíduos pacíficos sejam expropriados e controlados por essa classe privilegiada?

Ninguém o obriga a comprar um Twinkie, mas os governos obrigam-no a lutar em suas guerras e a pagar por seus programas de ajuda financeira. Algumas pessoas podem considerar isso um "poder puramente arbitrário".

(2)(d) "A liberdade, pois, dá lugar ao engrandecimento do poder e à manipulação da vontade e do desejo pelo poder maior".

Novamente, isso é exatamente o oposto. É o governo que faz essas coisas. Já viu as propagandas de guerra dos governos? Eles conseguem colocar seu povo contra outros povos do qual as pessoas nunca ouviram falar e com os quais elas jamais se depararam. Se é a essa manipulação do público que nossa crítica opõe-se, ela pode começar a opor-se à classe política na qual ela deposita tanta confiança equivocada.

(3) Ela fez relação a esta frase de Abraham Lincoln: "As corporações foram entronadas e uma era de corrupção nas altas esferas terá início, e o poder monetário do país será usado para prolongar seu reino influenciando os preconceitos das pessoas até que toda a riqueza esteja na mão de poucos e a República seja destruída". Infelizmente, para ela, a citação é falsa. Lincoln nunca disse isso.

(4) Em outro dos tuítes dela, lê-se: "Nossos principais inimigos: Corporotocracia, o Império Americano..."

Quem apoia o livre-mercado aqui concorda com ela, então, não entendo no que ela possa estar pensando. Por sinal, o avatar dela no Twitter usa a logomarca da campanha Obama 2012. É uma dissonância cognitiva, infelizmente, muito comum. Ela se vê como uma oponente da "corporotocracia" e do "Império Americano", mas demonstra apoio a um candidato e a um partido político que fizeram muitas coisas neste país para destacar essas coisas.

Como Anthony Gregory afirmou num ensaio recente, Obama

> *deu dinheiro para as empresas americanas, para os bancos e para os fabricantes de carros. Ele defendeu os programas de salvação das mesmas empresas de Wall Street que seus partidários culparam pelo colapso financeiro. Ele escolheu o CEO da General Electric para cuidar do problema do desemprego. Ele nomeou executivos famosos para todas as principais funções no planejamento financeiro central. Depois de garantir uma era de transparência, ele realizou todas as suas políticas regulatórias por trás de um manto de segredo sem precedentes. Ele planejou seu projeto de saúde, a joia da coroa de sua agenda doméstica, em conjunto com as indústrias farmacêutica e de seguros.*

Quanto à política externa, minha crítica, evidentemente, acha que o império americano, que é produto de uma política externa bipartidária que se estende por sessenta anos, é criação exclusiva do malvado Partido Republicano. Ao contrário, como demonstra Andrew Bacevich em seu livro *Washington Rules*, as diferenças de política externa entre pessoas como Hillary Clinton e como John McCain são, essencialmente, triviais. Hillary deu apoio à guerra no Iraque, assim como o *New York Times*, *Washington Post* e praticamente todos os grandes jornais americanos. Os heróis da minha crítica são tão responsáveis pelo desastre moral e econômico do projeto de império americano quanto os outros.

Novamente, Gregory:

> *[Obama] deu continuidade à guerra no Iraque, até mesmo estendendo a programação de Bush com um objetivo de permanecer no país mais tempo do que a última administração pretendia. Ele triplicou a presença dos EUA no Afeganistão e, depois, demorou dois anos para anunciar a redução da presença no país para apenas o dobro do que era na administração Bush. Ele aumentou a guerra no Paquistão, lançando ataques com drones a uma velocidade incrível. Ele começou uma guerra sob pretextos falsos na Líbia, mudando os objetivos iniciais e fazendo tudo sem a aprovação do Congresso. Ele bombardeou o Iêmen e mentiu sobre isso.*

Ele, entusiasmadamente, deu continuidade às escutas sem mandado, às execuções, à Lei Patriota, às torturas, às prisões sem julgamento, às violações de habeas corpus e a medidas de segurança nos aeroportos, insuportavelmente, invasivas. Ele deportou mais imigrantes do que Bush. Ele aumentou o dinheiro destinado à guerra contra as drogas no México. Ele usou mais a Lei de Espionagem do que todos os presidentes anteriores juntos, torturou um delator e reafirmou o direito de matar, unilateralmente, qualquer cidadão americano na Terra sem qualquer reação do Congresso ou dos tribunais.

Ao apoiar Obama, em vez de posicionar-se contra o sistema, minha crítica ajuda e dá consolo à mesma "corporotocracia" e ao "Império americano" aos quais diz opor-se.

(5) "Outro problema com a ideia de livre-mercado é que os seres humanos tomam decisões com base na visão de curto prazo, não no longo prazo".

Supondo que essa duvidosa generalização psicológica seja verdadeira, por que não aplicarmos o mesmo à classe política? Por que não aplicarmos o mesmo aos eleitores que elegerão a classe política? Não há respostas a essas perguntas.

E, como os custos sem compensação dos grandes programas de transferência de renda são maiores do que US$200 trilhões, acho que minhas suspeitas têm sentido.

Aqui, a crítica dela ao mercado ignora a ideia do valor do capital. Ela faz 100 mil quilômetros antes de trocar o óleo do carro? Vou supor que não. Se há, entretanto, uma espécie de lei da psicologia que diz que "pessoas tomam decisões com base no curto prazo, e não no longo prazo", então, por que ela não troca o óleo do carro antes? Ela pode economizar dinheiro hoje, no curto prazo, negligenciando a manutenção do seu carro e o desempenho dele no longo prazo. Quem se importa com as condições do carro daqui a dois anos? Isso é longo prazo! Seres humanos, diz ela, não se importam com isso.

Quando você tem um carro, tem direitos sobre os serviços que o carro exige ao longo de sua vida útil. Isso basta para incentivá-lo a pensar no longo prazo. Quanto maior a vida útil de um bem durável, mais serviços ele requer de seu proprietário. Portanto, os proprietários têm interesse por agir de modo a prolongar a vida útil do bem em questão.

Os governos funcionam de acordo com os mesmos incentivos? Claro que não. Como Hans-Hermann Hoppe afirmou com frequência, as pessoas que operam a máquina estatal num sistema democrático não são donas dos recursos que empregam. Ao contrário da iniciativa privada, portanto, elas não têm nenhum incentivo econômico para preservar o capital do país. Não importa, para elas, quanto tempo o capital durará, quanto débito será acumulado ou quantos cidadãos são alistados e levados à guerra. Esses são assuntos de longo prazo. O efeito deles será sentido muito depois da aposentadoria dos políticos em questão.

(6) "Isso [a suposta lei psicológica que diz que as pessoas só agem de acordo com horizontes de curto prazo] permite que indivíduos ou grupos inescrupulosos manipulem os mercados e explorem os indivíduos para ganho próprio. A mão invisível que Smith descreve é lenta demais ou está entrelaçada demais para, eficientemente, promover correções no mercado a fim de evitar que danos reais e de longo prazo ocorram. Consequentemente, correções na economia de livre-mercado podem gerar muita miséria enquanto se ocupam, pacientemente, de corrigir o mercado"[5]
Não entendo essa passagem. Claro que indivíduos e grupos "manipulam os mercados" e "exploram os indivíduos", mas não temos exemplos ou definições desses termos. Esse comportamento antissocial, aparentemente, faz toda a economia de mercado sofrer, tanto que um doloroso processo de recuperação é necessário. Essas recuperações demoram demais, causando mais sofrimento.

Supondo, pelo bem do argumento, que essas manipulações do mercado, que nunca são definidas ou exemplificadas, realmente, causam recessão — e sem que os termos relevantes sejam definidos e sem menção a um mecanismo causal, acho que estou respeitando mais do que deveria esta suposição — ficamos a imaginar por que a economia não está num estado permanente de recessão. Não há manipuladores ambiciosos por todos os lados? Se sim, por que a ambição só se manifesta, ciclicamente, e não constantemente?

Minha crítica não menciona, em nenhum momento, o *Federal Reserve System*. (Isso é revelador, ainda que, infelizmente, normal: uma suposta oponente da "corporotocracia" não consegue mencionar a instituição que protege alguns dos mais malandros plutocratas americanos). Ela não é nem mesmo curiosa o bastante para perguntar-se sobre o que os defensores do livre-mercado — que ela imagina como homenzinhos de bigode branco carregando sacos de dinheiro com símbolos de dólar impressos neles — acham que causa recessões econômicas.

Nossa posição, geralmente, envolve uma teoria complexa, e não só apontamos o dedo para os malfeitores econômicos. Na nossa teoria, o banco central, a instituição que nossa crítica ignora como se não tivesse nada a ver com a condição da economia, interfere nos mercados de crédito para impor taxas de juros abaixo dos níveis de mercado, criando, assim, o cenário para uma série de consequências que geram, primeiramente, um boom artificial e depois o inevitável estouro da bolha. Explico isso com mais detalhes no meu livro de 2009 (um *best-seller*, de acordo com a lista do *New York Times*), *Meltdown*.

O ciclo *boom-bolha*, de acordo com a Escola Austríaca, é causado não pela economia de mercado, e sim por essa intervenção no mercado. A bolha, por sua vez,

5 Estas passagens maiores e mais claras não são produto da minha crítica, e sim textos que ela usa sem dar o crédito. (N. do A.)

é breve ou prolongada dependendo da reação do governo. A primeira vez em que o governo reagiu a uma depressão com um interminável programa de intervenção, isto é, a Grande Depressão, foi, também, a primeira a durar tanto.

Novamente, suponha que a situação fosse o contrário. Suponha que a depressão de 1920-21, na qual o governo federal e o *Federal Reserve* fizeram quase nada, tivesse persistido durante uma década, mas que a Grande Depressão tivesse durado apenas um ou dois anos depois que os programas do New Deal foram criados. Jamais deixaríamos de ouvir falar disso: ora, isso prova que o estúpido livre-mercado não sabe se autocorrigir! Precisamos dos nossos líderes sábios!

Mas, quando a verdade é, justamente, o contrário, ouvimos apenas grilos.

(7) "O LIVRE-MERCADO ESTIMULA a eliminação dos mais fracos".

Então por que a população e a expectativa de vida aumentaram sob o capitalismo? Por que os mais pobres têm mais vantagens materiais nos países onde o livre-mercado é menos prejudicado pelo intervencionismo violento?

(8) "Ficou, rapidamente, evidente que os seres humanos são capazes de vender produtos de utilidade baixa ou até negativa ao consumidor a um nível emocional profundo... Essa descoberta, juntamente com a publicidade de massa, criada pela comunicação de massa, na verdade, destruiu o livre-mercado, como observado por Adam Smith".

Essa é uma versão manipulada da crítica de John Kenneth Galbraith ao mercado. De acordo com esse argumento, o mercado não é, realmente, livre porque a publicidade faz uma lavagem cerebral nos consumidores a fim de que eles comprem qualquer produtor que uma agência inteligente ofereça-lhes. Como, entretanto, Murray Rothbard afirmou, há não muito tempo, se essa crítica estivesse correta, teríamos dificuldades para justificar o dinheiro que as empresas gastam com pesquisas de mercado para tentar descobrir se há demanda para o produto que pretendem desenvolver. Por que gastar tanto dinheiro e tempo descobrindo o que os consumidores querem se uma publicidade esperta basta para os convencer a comprar praticamente tudo? Por que as empresas ou indústria sofrem perdas então?

Nem toda a publicidade do mundo conseguiu salvar a *New Coke* ou o *Edsel*[6] e, depois que as pessoas puderam fazer download de música em mp3 e assistir a filmes por *streaming*, nenhum apoio de celebridades conseguirá manter vivas as *Sam Goody*[7] e *Blockbuster*.

6 Carro fabricado pela Ford no fim da década de 1950 e até hoje considerado por muitos como "o pior carro de todos os tempos". (N. do T.)

7 Rede de varejo especializada em música, com centenas de lojas no Reino Unidos e nos Estados Unidos. A empresa

(9) Capitalismo cria desigualdade!

Como Ludwig von Mises observou, antigamente, os ricos viajavam em carruagens, enquanto os pobres viajavam a pé. Isso é desigualdade. Hoje, os ricos viajam em carros de luxo, enquanto os pobres viajam em carros mais modestos. Essa é uma redução drástica na desigualdade. Isso é ainda mais verdade quando consideramos que os confortos que muitos pobres hoje têm *em seus carros* seriam impensáveis nas *casas* dos mais ricos há apenas quatro gerações.

A classe média e os pobres americanos não dão valor a confortos com os quais os maiores reis e rainhas da Europa mal podiam ter sonhado. Ao longo do século XX, a renda real dos pobres aumentou 1900 por cento, um aumento muito maior do que o de qualquer outro grupo econômico.

A maioria dos argumentos quanto à desigualdade de renda baseia-se em análise estatística. Fala-se que o "quintil menor" ganhava certa quantia em 1990 e certa quantia em 2000. Deveríamos, então, sofrer por causa deles, mas os números são tão estáticos quanto desconexos da realidade. Eles falham ao ignorar que as pessoas no quintil menor de 1990 não são as mesmas de 2000. Robert Murphy, citando um relatório de 1995 do *Dallas Fed*, mostra que 29 por cento das pessoas no quintil menor de renda em 1975 subiram para o quintil maior em 1991. Esse movimento entre quintis não é mensurado pelos números.

Mais interessante ainda é que os 25 países mais livres economicamente têm uma distribuição de renda mais igual do que os 25 países menos livres, usando o coeficiente *Gini* que os economistas utilizam para medir a desigualdade.

Por fim, a economia de mercado tem, repetidamente, tentado reduzir o tamanho dos homens com mais conexões políticas, mas o herói político da minha crítica, Barack Obama, defendeu a ajuda financeira a esses homens. Isso não é culpa do livre-mercado.

(10) Entre as reclamações dela estão um tuíte direcionando-me à "Igreja Católica, condenando a filosofia do livre-mercado".

Bom, escrevi todo um livro sobre isso — o premiado livro de 2005 *The Church and the Market: A Catholic Defense of the Free Economy* [A Igreja e o Mercado: Uma Defesa Católica da Liberdade Econômica] — sem mencionar alguns artigos; então, aqui, tenho pouco ainda a dizer.

(11) O capitalismo desenfreado deu origem aos terríveis "barões da borracha" do fim do século XIX.

Antes de mais nada, fica claro, pelos *posts* anteriores dela, que minha crítica considera capitalismo desenfreado praticamente tudo o que temos agora. Devemos des-

encerrou suas atividades em 2006. (N. do T.)

prezar as 80 mil páginas de regulação — todas, inocentemente, voltadas para a proteção do bem comum, claro — no *Federal Register* acrescentadas ao *Code of Federal Regulations* todos os anos. Devemos ignorar as centenas de agências federais (sem mencionar as agências estaduais e dos governos locais), os milhões de funcionários públicos cujos salários são pagos pelo trabalho produtivo do restante da população e os trilhões de dólares de impostos.

Da mesma forma, ela acredita que o sistema bancário é semelhante ao livre-mercado — afinal, ela leu notícias sobre a "desregulamentação" do sistema bancário não é mesmo? Ao contrário, o sistema bancário é, talvez, o setor menos livre de toda a economia. O sistema todo é supervisionado pelo *Federal Reserve System*, que controla um cartel sistêmico. Isso envolve leis amenas de monopólio, o monopólio da emissão de moeda, desvantagens artificiais em outras formas de troca além do depreciado dólar e várias formas de garantia de recuperação. Para ter-se uma ideia do que seria, realmente, o livre-mercado no sistema bancário, leia *The Mystery of Banking*, de Murray N. Rothbard.

E isso sem mencionar as camadas de camaradagem em todo o aparato federal, principalmente, dentro do complexo militar-industrial-congressional. Isso é outro assunto de que trato em *Rollback*. O que tudo isso tem a ver com o capitalismo?

(E, quanto aos barões da borracha, leia o capitulo 12).

Não é fácil entender a hostilidade em relação a um sistema que possibilitou o maior aumento na riqueza e no padrão de vida da história e que fez mais para erradicar a pobreza do que todas as estrelas do rock e todos os programas de transferência governamentais juntos.

8 DE JULHO DE 2011

9

POR QUE O MERCADO TRANSFORMA TUDO EM COMMODITY?

A economia de mercado é vítima de mais clichês do que qualquer outro fenômeno social. Ao ler o relatório de um simpósio internacional de 1982, editado por Walter Block e por Irving Hexham, deparei-me com esta afirmação: "A filosofia do livre-mercado e a realidade social fazem-nos analisar toda a vida social como mercado [...]. Isso leva as pessoas a considerarem tudo o que as cerca como mercadoria, como algo que tem um preço, como um objeto a ser usado".

Ora, não importa quem disse isso, apesar de reconhecer que os editores, ao menos, não têm culpa. (Duvido que Walter Block diria algo assim ainda que sob ameaça de tortura). Não é um argumento incomum: o livre-mercado, supostamente, transforma tudo em commodity e reduz a vida a uma questão de dólares e de centavos.

Mas é realmente isso o que o livre-mercado faz?

Murray Rothbard descreveu o livre-mercado, simplesmente, como "a variedade social de trocas voluntárias de bens e de serviços". Ao intitular um de seus livros como *Power and Market* [Poder e Mercado] (escrito, originalmente, para ser o último capítulo de *Man, Economy and State*), Rothbard estava colocando "poder" e "mercado" como antônimos. O mercado consiste de transações voluntárias entre partes livres; o Estado, ou "poder", introduz a compulsão nas relações humanas, gerando resultados coercivos que as pessoas não escolheriam voluntariamente.

Se poder e mercado são opostos, vamos contrastar a economia de mercado pura com o exercício puro do poder — o alistamento militar. O alistamento consiste de um grupo que compromete o Estado declarando o direito de empregar os corpos dos governados num conflito envolvendo o uso de violência e o risco de morte. O problema moral envolvido no alistamento é óbvio: o Estado estará mais preparado para travar guerras e para usar táticas que, provavelmente, traduzir-se-ão em perdas de vidas se o custo de tal atividade for socializado e se os soldados usados forem, do ponto de vista estatal, praticamente, gratuitos. Se há muito mais soldados de onde vieram aquelas centenas de milhares e se nenhuma autoridade tiver responsabilidade direta pela perda de vidas, podemos esperar um desprezo total pela vida humana que de outra forma não existiria.

Agora, nosso crítico diz que o mercado "leva as pessoas a considerarem tudo o que as cerca como mercadoria, como algo que tem um preço, como um objeto a ser usado". Isso, contudo, não é exatamente o que o *Estado* faz no caso do alistamento obrigatório, essa transação símbolo do que não é livre-mercado? Essa transação vê a população como matéria-prima a ser empregada, involuntariamente, numa busca perigosa e violenta pelos objetivos estatais — em outras palavras, como "um objeto a ser usado". Só que o Estado nem mesmo paga um preço mutuamente acordado pelo trabalho dos recrutados!

É assim que o Estado comporta-se o tempo todo. Ele não precisa interagir com as pessoas justamente nem se preocupar com as preferências ou com os direitos delas, muito menos chegar a um acordo mutuamente satisfatório com elas. Ele pode agir, unilateralmente, e o indivíduo não tem opção a não ser aceitar o que quer que o Estado determine em relação a quanto de sua propriedade será expropriada, o que as crianças aprenderão na escola ou para onde ele será enviado para lutar e morrer.

Os preços de mercado têm uma função importante, além de possibilitar o cálculo econômico e a extensão indefinida da divisão de trabalho. Os preços de mercado implicam a propriedade, o que implica o direito de usar aquilo que nos pertence. Se não concordo com seu preço, você não precisa realizar o trabalho para mim. Se não concordo com seu preço, você não precisa entregar-me a sua propriedade. Isso nos lembra de que a cooperação social deve, realmente, envolver *cooperação*, o que significa que nenhum dos lados da transação tem o direito de trapacear ou de roubar o outro. Ao contrário, os dois lados têm de chegar a um acordo mutuamente satisfatório a fim de que a transação realize-se.

Os preços de mercado, em outras palavras, não são artificiais nem são coisas más que desencorajam a cooperação social. Antes de qualquer coisa, eles possibilitam a cooperação social quando compreendida adequadamente. Eles expressam a regra de que você não pode, simplesmente, andar por aí como um selvagem autocentrado, pegando o que quer de quem quiser, como se ninguém fosse capaz de superar suas exigências e seus desejos. Devemos estar dispostos a oferecer algo em troca pelas coisas que adquirimos, de modo que a pessoa que nos dá algo — em vez de ser explorada por nós sem que nos importemos com seu bem-estar — possa ver sua condição melhorada também.

Com o Estado, por sua vez, o preço é o que o Estado diz que é. Ele vai prover serviços que você não quer, jamais usará e pode até considerar, moralmente, repugnante e, depois, irá dizer-lhe o quanto pagar por esses serviços. No caso de nacionalização, na qual o Estado confisca sua propriedade para determinado objetivo, você receberá *alguma coisa*, mas o Estado decidirá, exatamente, quanto lhe pagar. Como se pode preferir isso a um mundo onde cada indivíduo pode declarar os termos de acordo com os quais disporá de si e de sua propriedade e onde nenhuma transação acontecerá a não ser que as duas partes voluntariamente concordem?

É o *Estado*, pois, e não o mercado, que "considera tudo o que o cerca uma mercadoria, um objeto a ser usado". Justamente porque age fora do mercado, o Estado pode estipular preços arbitrários para seus serviços, fazer esses preços variarem de acordo com a classe social das pessoas e, depois, ameaçar recorrer à força física contra quem se recusa a pagar. Quem na sociedade civil pode se comportar assim?

Ora, nosso crítico pode dizer que não deseja prescindir completamente do mercado,

> *mas ele deseja ver o mercado exercendo um papel menor na sociedade, estimulando uma abordagem mais democrática e comunitária à propriedade e ao seu uso. Nem os votos, contudo, nem a linguagem florida afetam a questão moral. Se a maioria dos eleitores vota por expropriar-me ou mandar-me lutar numa das batalhas estatais no estrangeiro, a situação não é, moralmente, diferente daquela em que o Estado fizer essas coisas de acordo com seus caprichos.*

E, quanto ao mercado exercer um papel menor na sociedade, o mesmo papel é exercido pela arbitrariedade e pela força. Se a interação livre entre proprietários não é permitida a fim de determinar os termos do acordo por meio do qual os indivíduos interagirão uns com os outros, então, as armas terão de fazê-lo. Daí, veremos qual sistema trata tudo "como um objeto a ser usado".

Nada é mais fácil ou mais moderno do que condenar o suposto materialismo do mercado, mas esse tipo de retórica é inimigo do pensamento racional. É a propriedade privada e os preços de mercado ou a lei da selva, e não o cinismo quanto ao mercado ou as ilusões românticas de uma vida boa sem ele obscurecer essa escolha fundamental.

18 DE SETEMBRO DE 2006

10

ÉRAMOS MAIS RICOS E INCRÍVEIS QUANDO OS IMPOSTOS ERAM MAIS ALTOS?

John Kenneth Galbraith disse, em 1965, que não havia problema em Nova York que não podia ser resolvido dobrando-se o orçamento municipal. Nos anos 1970, o orçamento tinha triplicado e os problemas da cidade eram piores do que nunca.

Esse acontecimento vergonhoso ocorreu-me quando li esta bobagem que circulava na Internet: "Nos anos 1950 e 1960s, quando a alíquota máxima de imposto era de 70-92%, construímos o sistema de autoestradas, a Internet, colocamos o homem na Lula, derrotamos o comunismo, nosso sistema educacional era invejado pelo mundo, nossa classe média era próspera, nossa economia não tinha igual. Quer que tudo isso volte? Aumente os impostos dos ricos.

Agora, a verdade.

(1) Graças a lacunas na legislação ou sonegação, essas alíquotas não são pagas, como qualquer contador pode demonstrar.

(2) Grandes programas de gastos não provam prosperidade; o governo dos EUA poderia duplicar qualquer um desses programas hoje em dia.

(3) Ignora-se que, quando nosso sistema educacional era, supostamente, "invejado pelo mundo", ele gastava *muito menos* per capita, em valores corrigidos pela inflação, do que hoje. Só do início dos anos 1970 a 2003, o gasto per capita dobrou. Então, a Esquerda, realmente, realizou seu desejo, por mais que finja que não. Enquanto isso, o Japão, gastando um terço, per capita, do que gastamos e com turmas muito maiores, teve desempenho muito melhor do que os EUA.

Além disso, não há conexão entre um gasto maior na educação e notas maiores nos exames nacionais. Na verdade, algumas das maiores notas são alcançadas em estados que gastam menos com educação. Washington, D.C., estado que mais gasta, está em último lugar.

(4) A prosperidade dos anos 1960 foi alimentada, em boa parte, pelas políticas inflacionárias do *Federal Reserve*. Nos três anos de John F. Kennedy como presidente,

o M2[8] cresceu, em média, 8 por cento ao ano, muito mais do que nos anos 1950. Essa alocação equivocada de recursos pode parecer um sinal de prosperidade. Essa falsa prosperidade é autorreversa. Em 1970, enquanto Arthur Okun, influente economista da Casa Branca ao longo dos anos 1960, vangloriava-se de que o ciclo econômico estava, para sempre, controlado, teve início a recessão.

Os americanos pagaram pela falsa prosperidade com uma década de inflação e de estagnação. Como diz o economista Mark Thornton: "Do início de 1946 ao início de 1965, o preço final ao consumidor aumentou 71,4%, mas, depois, caiu 20% no fim da década. De 1965 — quando o experimento realmente começou - ao fim de 1980, o preço ao consumidor aumentou 176,6%. O experimento triplicou a taxa de inflação vivida pelos consumidores".

Não é só a inflação e o desemprego que devemos analisar para obtermos o cenário geral. Novamente, Thornton:

> *Um indicador melhor pode ser encontrado no fato de que, em maio de 1970, um portfólio consistindo de uma ação de todas as empresas listadas na Bolsa de Nova York valia metade do que valia no início de 1969. As grandes empresas que lideraram o mercado, de 1967 a 1968 — conglomerados, empresas de eletrônicos, franquias —, estavam numa baixa abissal em comparação a seus maiores preços. A baixa não era de 25 por cento, como o índice* Dow Jones, *e sim de 80, 90 ou 95 por cento. Era toda aquela coisa clássico de 1929 e o prospecto de outra grande depressão, essa, induzida tanto por desespero quanto por fatores econômicos, era bem real.*
>
> *O mercado de ações, medido pelo Down Jones, caiu 25% entre 1969 e 1971, e depois... caiu mais 20% em meados de 1975. As perdas reais no mercado de ações, entretanto, eram maiores e estavam durando mais do que qualquer gráfico do índice* Dow Jones *podia sugerir. Ações eram comercializadas de várias formas durante o período entre 1965 e 1984, mas, se você ajusta o valor da ação pela inflação medida de acordo com o Índice de Preço ao Consumidor, a imagem que surge é mais clara e incômoda. O poder de compra real ou ajustado pela inflação do* Dow Jones *indica queda de quase 80% em relação ao seu valor mais alto.*

Não é de se admirar que os defensores de impostos queiram falar sobre os anos 1960, mas depois fingir que os impostos, igualmente, altos dos anos 1970 jamais ocorreram.

(5) Kennedy usou a economia dos anos 1950 contra o vice-presidente Richard

8 Agregado monetário que equivale ao M1 (papel-moeda em poder do público + depósitos à vista) mais o total de depósitos remunerados de curto prazo (poupança, fundos de investimento etc.) e títulos públicos de alta liquidez. (N. do T.)

Nixon na eleição de 1960. O crescimento econômico foi, em média, de 2,4% por ano sob Dwight Eisenhower — nada mau, claro, mas longe de ser o crescimento incrível e fabuloso que alguém pode esperar diante das constantes referências aos anos 1950.

(6) Não era impensável, nos anos 1950, que uma família não tivesse um telefone, uma geladeira (algumas ainda tinham caixas de gelo) ou uma televisão. (Tendo em mente que Raph era pão-duro, os Kramden, em *The Honeymooners*, não tinham nada disso e o programa não era desprezado nem considerado implausível). Todos que querem ter esse padrão de vida hoje podem consegui-lo com pouco esforço. Hoje em dia, 85% dos americanos têm celulares, uma tecnologia que parecia saída da ficção científica nos anos 1950.

(7) O governo e sua atitude predatória com relação à economia cresceram muito com o tempo. A taxação das famílias comuns cresceu drasticamente. "A mudança mais importante nos balanços das famílias de classe média, nas últimas três décadas, é uma taxação incrivelmente maior provocada pelo caráter progressivo do sistema tributário americano", escreve o professor de direito Todd Zywicki. "Para a família típica dos anos 1970, pagar 24% da renda em impostos equivale a US$ 9288. E, para a família dos anos 2000, pagar 33% de sua renda é US $22374".

(8) Reduzir os impostos sobre "os ricos" significa mais dinheiro disponível para investimento, que é o mecanismo central pelo qual a pobreza tem diminuído e pelo qual o padrão de vida tem melhorado no mundo todo.

(9) Mesmo que aceitemos que os anos 1950 foram o auge da felicidade humana, a correlação não indica causa. Como sabemos que não haveria mais prosperidade se os impostos fossem menores? Quem defende esse ponto de vista teria de dar-nos um mecanismo causal explicando por que o uso violento da propriedade e seu uso em programas governamentais economicamente arbitrários tornariam o país mais próspero do que o emprego de tais fundos em investimentos para aumentar a produtividade.

Posso citar vários lugares com governos relativamente limitados ao redor do mundo que estão saindo-se muito bem economicamente. Meus críticos recusar-se-ão a aceitar que isso prova alguma coisa. Em parte, eles têm razão. Sem um entendimento teórico do que gera prosperidade, não podemos saber se o país A é próspero por causa ou a despeito da política B.

(10) Os EUA "derrotaram o comunismo" nos anos 1950 e 1960? A linha do tempo parece equivocada. Quando o sistema entrou em colapso, isso aconteceu porque o sistema autoderrotou-se, como os economistas do livre-mercado previram que aconteceria.

16 DE ABRIL DE 2012

11

SAQUE OU EMPREENDEDORISMO: A ESCOLHA DO MUNDO

Fiz este discurso no Cato Institute, no início de 2007, depois de ganhar o primeiro prêmio na categoria livros do Templeton Enterprise Awards por The Church and the Market. Todos os autores de artigos e de livros foram convidados a falar num evento especial do Cato.

Apesar de os defensores da economia de mercado, geralmente, terem um bom motivo para serem pessimistas, é importante, principalmente nesta era de globalização, não perder de vista as vitórias das quais a tradição liberal clássica pode vangloriar-se. Há meio século, Gunnar Myrdal podia declarar: "Os conselheiros especiais dos países subdesenvolvidos que tiveram o trabalho de reconhecer o problema, quem quer que fossem [...], todos recomendaram o planejamento central como condição para o progresso". Na época, economistas desenvolvimentistas que escapavam do consenso cabiam numa cabine telefônica. Hoje, os economistas que ainda defendem o planejamento central para países menos desenvolvidos podem muito bem realizar suas convenções numa cabine telefônica.

Protestos contra a globalização — protestos que ocorrem, geralmente, no próspero Ocidente — denunciaam o livre comércio e a mobilidade do capital como instrumentos de exploração e opressão. O grande economista desenvolvimentista Peter Bauer costumava dizer que, se fosse assim, então, deveríamos encontrar mais prosperidade entre os países menos desenvolvidos com menos conexões econômicas com o Ocidente e que os lugares mais isolados — e, portanto, sem sofrer nada dessa exploração — deveriam ser o Paraíso na Terra. É desnecessário dizer que isso não chega perto da realidade, e os observadores mais sérios sabem disso.

Hoje, praticamente todos concordam que algum tipo de economia de mercado é essencial se os países menos desenvolvidos pretendem desenvolver-se. Há diferenças de opinião, claro, e a chamada "economia neodesenvolvimentista" da última década parece mais perigosa do que promissora, mas que os termos do debate mudaram não há dúvida.

À medida que a globalização avançava, o tema da economia de mercado chamou mais atenção, com amigos e inimigos tentando entender as implicações da criação de um mercado realmente global. Uma das virtudes do mercado, e o motivo para ele permitir tantas interações pacíficas e cooperações entre povos tão diferentes, é que ele exige de seus participantes apenas que eles observem alguns princípios básicos, entre eles, honestidade, a inviolabilidade dos contratos e o respeito à propriedade privada.

Isso não quer dizer que os princípios filosóficos que o mercado exemplifica apareçam, naturalmente, em todos os ambientes culturais. Peter Bauer sempre insistia que os valores culturais, filosóficos e religiosos de um povo podiam ter consequências importantes para o sucesso ou fracasso econômico desse povo. Um povo que acredita no fatalismo ou no coletivismo, e não na responsabilidade pessoal, tem uma probabilidade menor de enfrentar os riscos associados ao empreendedorismo capitalista por exemplo.

Ou pense no exemplo da China do século XX. Rodney Stark diz que uma importante indústria metalúrgica estava começando a florescer naquela época, produzindo cerca de 35 mil toneladas de ferro por ano — uma quantia que acabou por chegar a cem mil. Essa abundância de ferro traduziu-se em ferramentas agrícolas melhores, que, por sua vez, melhoraram a produção de comida. Riqueza estava sendo gerada e o prospecto econômico chinês parecia excelente.

A corte imperial, por outro lado, decidiu que todo esse acúmulo de riqueza por plebeus chegou a um ponto intolerável de afastamento dos princípios puros confucionistas, que imaginavam a riqueza nas mãos apenas da elite social, e exigia que os plebeus contentassem-se com a parte que lhes cabia. O governo, simplesmente, tomou conta de toda a indústria e esse maravilhoso exemplo de inovação e de geração de riqueza foi destruído. Eis aqui um exemplo de valores culturais que eram incompatíveis com a economia de mercado.

Quero, contudo, ir além e sugerir que a moralidade e o mercado reforçam-se mutuamente. Não é só que o mercado exige certos atributos morais a fim de funcionar adequadamente, o mercado, em si, encoraja o comportamento moral.

Não é preciso muita imaginação para saber como os críticos ao mercado reagiriam a tal afirmação. O mercado não encoraja a ambição, a rivalidade e a discórdia? Ele não leva as pessoas a pensarem apenas em si mesmas, acumulando riqueza sem nenhuma outra preocupação?

Os seres humanos buscam seu bem-estar e o bem-estar das pessoas próximas, o que não é uma descoberta incrível. O importante é que esse aspecto universal da natureza humana persiste seja qual for o sistema econômico vigente, ele apenas se expressa de formas diferentes. Apesar de toda a retórica sentimental, por exemplo, o aparato comunista não era conhecido pelo compromisso desinteressado com o bem comum. Eles, também, procuravam melhor seu bem-estar — só que viviam num sistema no qual tais melhorias vinham à custa de seres humanos, e não como numa economia de mercado na forma de recompensas pelo trabalho.

O comunismo despertou o pior do caráter humano e aleijou a capacidade das pessoas e sua ambição de participar de uma economia de mercado. "Viajando pelo país", escreveu o repórter Hedrick Smith em 1990, "vi a grande massa de soviéticos como protagonistas no que chamo de cultura da inveja. Nessa cultura, a animosidade corrosiva criou raízes sob os czares na forma de um coletivismo profundo na vida russa, mais tarde, cultivado pela ideologia leninista. Agora, essa cultura tornou-se rançosa sob a tristeza cotidiana".

> A classe governante soviética, com seus carros confortáveis, spas e casas de campo, é um alvo natural o bastante para a ira do povo, mas o pior das reformas de Gorbachev é que essa raiva dispersa, a inveja hierárquica, geralmente, atinge todos os que se destacam na multidão — todos que trabalham duro, superam-se e enriquecem-se, mesmo que seus ganhos sejam honestos. Essa hostilidade é uma ameaça séria aos novos empreendedores que Gorbachev está tentando cultivar. É algo desanimador até mesmo para iniciativas modestas entre pessoas comuns em indústrias e fazendas. Isso leva a maioria à paralisia da conformidade dentro do grupo.

Sob o sistema de tirania e de privação que o povo russo foi obrigado a aguentar por sete décadas, o mercado negro — "pense no trabalhador roubando carrinhos de mão e multiplique por um milhão, diz um escritor" — tornou possível que incontáveis russos adquirissem os bens de que precisavam. Podemos, portanto, esperar que o especulador do mercado negro como um ser vagamente heroico, mas o efeito real parece ter sido envenenar a ideia de lucro para muitos russos, já que eles acabaram por achar que todos os que se envolviam em lucro estavam fazendo algo ilícito ou clandestino.

As histórias incontáveis na imprensa soviética, já no fim do experimento socialista, nos anos 1980, sobre vandalismo e ataques a pequenas lojas por aqueles que se ressentiam do sucesso de seus compatriotas "são um testemunho da influência de décadas de doutrinação leninista", explicou Smith. "Para as grandes massas soviéticas, o capitalismo ainda é uma palavra suja, e o fato de alguém ganhar mais, receber mais, é uma violação do ideal socialista igualitário. Dezenas de milhões de soviéticos desconfiam profundamente do mercado, temendo serem enganados e ludibriados. Eles veem o lucro como algo imoral".

Anatoly Sobchak, do Soviete Supremo, uma vez disse: "Nosso povo não suporta ver alguém ganhar mais do que eles [...] Eles têm tanta inveja de outras pessoas que querem o pior para os outros, se necessário, para manter a aparência de igualdade". Sobchak descreve essa atitude como um dos principais obstáculos à reforma econômica. A estrela da TV Dmitri Zakharov expressa-se assim: "No Ocidente, se um americano vê alguém na TV com um carro novinho, vai pensar: 'Ah, talvez um dia eu comprei um desses', mas se um russo vê isso, ele vai pensar: 'Esse filho da mãe com seu carro. Quero matá-lo por ter uma vida melhor do que a minha'". Foi isso o que o marxismo-leninismo fez a esse povo.

Aquele sistema, o oposto do livre-mercado, encorajava a cobiça na classe dominante e a apatia, a inveja e a alienação entre os outros. Praticamente ninguém ainda o defende. Ao mesmo tempo, não podemos deixar que o discurso socialista infiltre-se no Estado, que aprendemos ser um instrumento indispensável na busca pela "justiça social". O Estado menos predatório que tais críticos têm em mente, entretanto, traz, em si, suas próprias ameaças morais e culturais, poucas das quais podemos tratar aqui.

Os economistas falam da inutilidade do trabalho. Albert Jay Nock referia-se à tendência humana de buscar a riqueza com o menor esforço possível. Numa formulação semelhante à dos libertários, Franz Oppenheimer descreveu duas formas de acumular riqueza: os meios econômicos e os meios políticos. Entre os meios econômicos, está a produção de um bem ou de um serviço que, depois, é vendido a compradores voluntários que buscam melhorar seu bem-estar. As duas partes têm vantagem. Entre os meios políticos, contudo, está o uso da força para enriquecer um partido ou um grupo à custa de outros — seja para ficar com a riqueza de outro diretamente ou para dar a si mesmo uma vantagem injusta sobre sua concorrência por meio do uso ou ameaça de coação. É uma forma muito mais fácil de enriquecer e, como as pessoas tendem a preferir o caminho mais fácil, uma sociedade que busca estimular a justiça e a prosperidade precisa desencorajar o enriquecimento por meio da política e estimular o enriquecimento por meio da via econômica.

O Estado, no entanto, escreveu Oppenheimer, era a organização da via política de enriquecimento. Era por meio da política que as pessoas podiam encontrar atalhos para seu bem-estar econômico que envolviam o uso da força — levada a cabo em nome do Estado —, e não o trabalho honesto. Por esse motivo, os aspectos mais básicos da natureza humana podem encontrar, no Estado, uma atração irresistível. É mais fácil se tornar dependente do assistencialismo do que trabalhar; é mais fácil aceitar subsídios agrícolas e, assim, aumentar o preço dos alimentos do que competir livre e dignamente, e é mais fácil fazer uma reclamação antitruste contra um concorrente do que superá-lo, honestamente, no mercado. Ao possibilitar essas e outras incontáveis alternativas predatórias, o Estado estimula características imorais e apela ao pior do caráter humano.

Em resumo, a sociedade degenera-se a um ponto de guerra civil de baixa intensidade, com cada um dos grupos de pressão ansioso por garantir uma legislação voltada para o enriquecimento à custa do restante da sociedade. A guerra hobbesiana de todos contra todos, que, supostamente, caracteriza a vida sob o Estado pré-político, infiltra-se na própria vida política, já que mesmo aqueles, inicialmente, relutantes em buscar favores políticos buscam-nos com vigor, nem que seja para ficar no zero a zero (isto é, grupos opostos que têm menos escrúpulos quanto a usar o Estado para garantir seus fins). Todo esse roubo sob o acobertamento da lei é o que Frédéric Bastiat chamou de "saque legal".

Os mesmos fenômenos são observados, no mundo todo, quando programas desenvolvimentistas equivocados deram força a um Estado intervencionista nas nações menos desenvolvidas. Ben Powell defende um argumento importante, ecoando Peter Bauer, dizendo que as propostas da moda que ouvimos, hoje em dia, e que buscam direcionar a ajuda externa a regimes responsáveis e relativamente menos predatórios, ignoram o principal: esses programas de ajuda são, intrinsicamente, ruins, não importando a seletividade da alocação dos fundos. Eles não só tendem a inflar o setor público do país que os recebe como, também, a competição por uma parcela do dinheiro doado desvia recursos privados das necessidades verdadeiras e faz os países entrarem numa realidade de gasto antissocial e inútil de tempo e de recursos a fim de favores governamentais sejam recebidos.

Se o Estado é a organização dos meios políticos de enriquecimento, então, o mercado é o exemplo da via econômica. O mercado leva as pessoas a voltarem-se para os outros, não por meio da intimidação, ameaças e propaganda, como nos sistemas socialista e estatista. Ele emprega o desejo perfeitamente normal e moralmente aceitável de melhorar as condições materiais de alguém e sua qualidade de vida, duas coisas que podem melhorar sob o capitalismo direcionando os esforços de alguém à produção de um bem ou de um serviço que melhore o bem-estar de seus companheiros. Por isso é que o título do livro de Frédéric Bastiat, *Economic Harmonies* [Harmonias econômicas], é um belo resumo da mensagem liberal clássica. (George McNeill, da Liga Anti-imperialista Americana, fez, essencialmente, a mesma observação, ainda que, talvez, com mais vigor, no fim dos anos 1890: "A riqueza não é obtida com mais rapidez matando filipinos do que fabricando sapatos").

John Rawls ficou famoso ao argumentar, em *A Theory of Justice*, que podemos julgar uma sociedade com base na condição material dos menos favorecidos. O mercado, também, vence de acordo com um critério moral. O professor Robert Lawson demonstrou que, no mundo todo, os pobres vivem, consistentemente, melhor nas sociedades menos intervencionistas e mais voltadas para o mercado. Os pobres americanos vivem muito melhor do que boa parte da classe média europeia hoje e melhor do que a classe média americana nos anos 1950.

Esse resultado feliz é consequência da própria natureza do capitalismo. Quando empresas investem em equipamentos para tornar o processo de produção mais eficiente, elas possibilitam que se produzam mais bens a um custo unitário menor. A concorrência, então, repassa esses cortes nos custos para o consumidor na forma de preços menores (um fenômeno nem sempre tão visível numa economia inflacionária, mas funciona mesmo assim). Essa abundância aumenta o poder de compra de todas as faixas de renda, o que redunda em vantagens para todos.

É desnecessário dizer que a economia de mercado tem várias outras virtudes além dessas, mas o que podemos chamar de "a objeção Enron[9]", neste momento, pode ser levantada: aquele fiasco não reflete um sério problema moral no seio do capitalismo? Enron, diz-se, era o livre-mercado em ação, e Ken Lay era um apóstolo do *laissez-faire*. Na verdade, nenhuma das duas coisas é verdade. O limite de tempo obriga-me a apenas recomendar o capítulo sobre a Enron no livro de Tim Carney, *The Big Ripoff: How Big Business and Big Government Steal Your Money* (2006). Em resumo, a Enron recebeu vários subsídios governamentais. Ela, também, manipulou o mercado californiano de energia, incrivelmente regulamentado, de uma forma grotescamente antissocial que enriqueceu a Enron à custa, quase que literalmente, de todos os demais. Jerry Taylor, do *Cato Institute*, descreveu-a, corretamente, como "uma inimiga, não aliada do livre-mercado. A Enron estava mais interessada em dominar o mercado com regras e com regulamentações para ter vantagens para si à custa da concorrência e dos consumidores do que em ganhar dinheiro à moda antiga — ganhando-o, honestamente, de seus consumidores por meio do comércio voluntário".

A Enron foi, na verdade, punida pelo mercado por seu comportamento, enquanto o governo americano, envolto em esquemas Ponzi, irregularidades contáveis e responsabilidades sem financiamento, segue fazendo negócios em paz. "Longe de ser exemplo do fracasso do livre-mercado", explica Christopher Westley, da *Jacksonville State University*, "A saga da Enron mostra que empresas que investem demais em política tornam-se, facilmente, complacentes diante de mudanças no mercado. [...] Se há um escândalo no caso Enron, é este: a fé da Enron em que investimentos políticos acabarão por resolver seus problemas causados pela recusa em fazer mudanças necessárias na organização. Qualquer um que consulte o valor das ações da Enron, agora listado em apenas uma bolsa de valores, sabe que o mercado tem penalizado essa estratégia". A Amazon.com e o Kmart, por outro lado, foram honestos com seus investidores sobre suas dificuldades financeiras e acabaram saindo-se muito melhor — em geral, os investidores, sem dúvida, impressionados com a honestidade e com a transparência dessas empresas, permaneceram fiéis a elas.

9 Referência à distribuidora de energia que, em 2001, depois da revelação de fraudes contábeis, foi à falência. (N. do T.)

O caráter dos ataques ao capitalismo, geralmente, muda: um dia é a corrupção do empresariado, como no caso da Enron; no outro, é a degradação ambiental (que, geralmente, é culpa de direitos de propriedade falhos e de regimes com regulamentações arbitrárias, e não do capitalismo em si). Às vezes, o capitalismo será criticado por um suposto defeito num dia e pelo defeito oposto no próximo. Assim, socialistas, antes, afirmavam que o capitalismo era menos eficiente do que o socialismo e que não era capaz de produzir com a mesma abundância. Agora que esse argumento foi silenciado, começamos a ouvir o oposto: o capitalismo gera riquezas *demais* e torna as pessoas materialistas e gordas. Como diz Joseph Schumpeter, "o capitalismo é julgado por um juiz que já têm a sentença de morte escrita. Eles vão impor essa pena independentemente do que a defesa tem a dizer; o único sucesso que uma defesa vitoriosa pode almejar é uma mudança de acusação". Para um sistema que gerou avanços tão incríveis e sem precedentes no bem-estar da grande parcela da Humanidade, ele é, surpreendentemente, vulnerável a ataques.

Murray Rothbard gostava de citar argumentos de Étienne de La Boétie (assim como o de personagens posteriores como David Hume e como Ludwig von Mises) para dizer que os governos sobrevivem ou perecem de acordo com a opinião pública. Como os governantes são superados em quantidade pelos governados, é interessante notar que *qualquer* regime — ainda mais os opressores — saia ileso por tanto tempo. A única forma de fazer isso, de acordo com esses homens, é por meio do consentimento voluntário do público. Esse consentimento não precisa assumir a forma de um entusiasmo desenfreado, o que é raro em qualquer regime: a resignação passiva basta.

Se uma parcela fundamental da população retira esse consentimento, porém, o regime entra em colapso. A queda dos regimes comunistas no Leste Europeu foi um exemplo preciso do que La Boétie queria dizer: quando quase ninguém obedece às ordens, como a elite governante poderia se manter no poder?

Não são apenas regimes políticos, mas, também, sistemas econômicos que precisam passar no teste da opinião pública se pretendem perdurar. E aqui encontramos uma característica cultural essencial para a manutenção da economia livre: uma parcela significativa da população deve considerar o mercado e as instituições que o mantêm, fundamentalmente, justo.

Ainda assim, ouvimos exatamente o oposto das principais instituições aqui no Estados Unidos. Crianças aprendem que o setor privado é a fonte de todo o mal e a opressão das quais autoridades governamentais altruístas, em seu comprometimento desinteressado pela justiça, deve resgatar-nos e proteger-nos. A própria escolha do tema já demonstra uma tendência estatista: os alunos saem da escola sabendo tudo sobre como uma proposta torna-se lei, por exemplo, mas sem ideia de como funciona o mercado.

Tudo isso se aplica, também, à cultura popular e à imprensa, com, claro, nobres exceções como John Stossel. Por isso, o que me surpreende não é a repressão à economia de mercado, nos Estados Unidos, e sim o fato de ela ter conseguido sobreviver diante de um sistema educacional e cultural tão hostil. Formadores de opinião europeus, como observa Olaf Gersemann em seu livro *Cowboy Capitalism*, desdenham do capitalismo americano, um fenômeno que não entendem, e não é de surpreender-se que, nesse ambiente intelectual, esses países sofram mais estatismo do que nós.

Estamos sendo ambiciosos demais se pensarmos que até mesmo as melhores instituições econômicas podem transformar seres humanos falhos em santos. A correção das falhas humanas é trabalho para famílias, igrejas e organizações voluntárias de todos os tipos. O século XX serviu, entre outras coisas, como uma lição sobre os perigos e a incapacidade dos esforços estatistas para transformar a natureza humana. Podemos estar mais do que satisfeitos se o nosso sistema econômico estiver contente em tomar os seres humanos como eles são, direcionando as suas energias para a produção em vez de escapes antissociais, recompensando-os por satisfazerem as necessidades dos seus semelhantes.

Thomas Jefferson disse, uma vez, que a Humanidade não "nasceu com selas nas costas, nem com uns poucos favorecidos usando esposas, prontos para cavalgá-la". É disso que se trata a economia livre: todos são livres para servir ao público como bem entenderem e ninguém, nem mesmo aqueles que foram os mais bem-sucedidos no passado, pode excluir-se da consulta popular diária que acontece sempre que o povo decide comprar ou abster-se de comprar o que quer que se tenha para vender.

Aos meus ouvidos, o termo "cultura do empreendedorismo", tema desta conferência, sugere uma sociedade que admira, conscientemente, as virtudes da economia de mercado, algumas das quais descrevi aqui, e por que ela é moral e materialmente superior às alternativas estatistas, como também descrevi aqui. Em outras palavras, os argumentos que defendi em minhas afirmações hoje são do tipo que deveriam ressoar e transformar-se em importantes pilares da cultura do empreendedorismo. Em vez de deixar-se intimidar pela condenação e pela violência, os empreendedores, em tal sociedade, seriam respeitados e admirados pelos riscos que assumissem com seus próprios bens a fim de melhorar a vida das pessoas, desde a mais recente inovação tecnológica até a mais simples das necessidades. Para que uma verdadeira cultura de empreendedorismo dure, as pessoas devem ver a economia de mercado não apenas como o sistema menos intolerável, e sim como algo positivo, um sistema no qual o padrão de vida sempre melhora, a criatividade humana reina e as interações humanas avançam sob a base civilizada do respeito pelo outro e pela propriedade.

As décadas que se seguiram à Segunda Guerra Mundial ensinaram a todos que estavam prestando atenção nelas como *não* estimular a prosperidade ou escapar da pobreza: demonizar os produtores e os bem-sucedidos, nacionalizar a indústria, perseguir investidores estrangeiros, tornar a prosperidade algo inseguro, instituir políticas de "substituição da importação" e sufocar o empreendedorismo por meio da forte regulação. Programas desenvolvimentistas, enquanto isso, ou endossam, expressamente, essas políticas (como no caso da substituição das importações) ou permitem que elas tenham continuidade mascarando os efeitos reais de tais medidas desastrosas ou impulsionando os regimes que as implementam. Se os países menos desenvolvidos pretendem crescer, têm de abandonar as políticas destrutivas e mal-intencionadas do passado, desprezar a cultura da inveja que seus líderes estimularam e aceitar os princípios da liberdade que permitiram a mais pessoas do que em toda a história da Humanidade gozar a vida civilizada.

Numa época em que nossos compatriotas estão sendo cortejados de todas as formas por políticos intervencionistas — com uma nobre exceção, tenho de dizer —, vendendo todos os tipos de planos grandiosos para melhorar a vida das pessoas, os americanos podiam lembrar-se dos valores que pontuam a cultura do empreendedorismo. Havia algo de incômodo, ainda que fosse revelador, no título de um segmento da cobertura das eleições feita pela MSNBC no ano passado — campo de batalha: América. A cada dois anos, e especialmente a cada quatro, o país transforma-se num campo de batalha entre forças opostas, no qual o vencedor tem o poder de levar o país à guerra, unilateralmente, impor uma política de uniformidade social a 310 milhões de americanos e implementar todos os tipos de políticas que pretender, usando decretos e leis. Os americanos acham que isso é normal e que é assim que a vida deve ser.

Na verdade, entretanto, não precisamos de Hillary Clinton ou de John Edwards, de Rudy Giuliani ou de John McCain para "administrar o país" (usando uma expressão infeliz, mas comum) ou para tornar-nos prósperos. Um povo livre e responsável pode cuidar de seus problemas sem as platitudes e o patriarcalismo de um grande líder, sem exibir qualquer tipo de reverência supersticiosa em relação aos ocupantes dos cargos públicos. Quando uma sociedade começa a absorver essas descobertas revolucionárias, é sinal de que ela já aceita a cultura do empreendedorismo.

18 DE MAIO DE 2007

12

O MEDO EQUIVOCADO DO "MONOPÓLIO"

Aqueles de nós que entram, geralmente sem querer, em debates na Internet logo descobrimos que o caso contra a economia de mercado na mente popular resume-se a umas poucas afirmações. Aqui, pretendo dissecar uma delas: sob a economia de livre-mercado, estaríamos à mercê de malvados monopolistas.

Esse medo pode ser atribuído, em parte, ao desenhinho do século XIX ao qual, praticamente, todos nós fomos expostos na escola. Ali, aprendemos que maldosos "barões da borracha" conquistaram uma porção absurda do mercado na indústria borracheira por meio de todos os tipos de truques e, depois de garantirem o controle, viraram as costas para o indefeso consumidor, que não tinha opção, a não ser pagar os altos preços que o "monopólio" dessas empresas propiciou lhe, e depenaram-no.

Essa versão dos acontecimentos está tão entranhada no cérebro dos americanos que é quase impossível refutá-la, por mais provas e argumentos que sejam usados.

O historiador Burton Folsom fez uma importante distinção, em seu livro *The Myth of the Robber Barons*, entre empreendedores políticos e empreendedores do mercado. Os empreendedores políticos alcançam o sucesso usando da violência implícita do governo a fim de prejudicar seus concorrentes e consumidores. O empreendedor do mercado, por outro lado, faz fortuna dando aos consumidores os produtos de que eles precisam a preços que podem pagar e mantêm e expandem sua fatia de mercado por meio da inovação e reagindo à demanda do consumo.

Somente o empreendedor político merece nossa censura, mas os dois tipos são atacados na caricatura popular que deformou a opinião pública americana quanto ao tema.

Andrew Carnegie conseguiu, quase sozinho, reduzir o preço dos trilhos de aço de US$160/ton, em meados dos anos 1870, para US$17/ton no final dos anos 1890. Levando em conta a importância do aço para uma economia moderna, essa incrível redução no preço gerou, ainda mais, riqueza e um padrão de vida melhor para todos. Carnegie era, na verdade, tão eficiente que as quatro mil pessoas que trabalhavam para ele em sua indústria *Homestead*, em Pittsburgh, produziam mais aço do que os 15 mil trabalhadores da metalúrgica *Krupp*, na Alemanha, a instalação mais moderna e renomada da Europa.

Da mesma forma, John D. Rockefeller conseguiu reduzir o preço do querosene de um dólar por galão para dez centavos por galão. As pessoas, finalmente, podiam iluminar suas casas. Rockefeller, também, desenvolveu 300 produtos com o resíduo do petróleo refinado. As afirmações de que Rockefeller era um concorrente "desleal" (seja lá o que for isso), reclamação comum daqueles que não conseguem fazer um produto com preços agradáveis ao consumidor, foram enterradas, meio século atrás, no estudo de John S. McGee para o *Journal of Law and Economics*. (John S. McGee, "*Predatory Price Cutting: The Standard Oil (N.J.) Case*", *Journal of Law and Economics* 1 [Outubro 1958]: 137-69.)

Podemos, ainda, mencionar James J. Hill, que cresceu pobre, mas cuja habilidade como empreendedor ajudou a transformar a *Great Northern Railroad*, que ia de St. Paul a Seattle, num grande sucesso sem quaisquer subsídios governamentais. Em 1893, quando as ferrovias subsidiadas faliram, a linha de Hill conseguiu baixar os preços e ter lucro.

Ainda outros dos supostos "barões da borracha" era Cornelius Vanderbilt. Em 1798, o governo de Nova York deu a Robert Livingston e a Robert Fulton o monopólio do tráfico de navios a vapor por trinta anos. Vanderbilt foi contratado para administrar uma linha entre Nova Jersey e Manhattan desafiando o monopólio. Vanderbilt evitava a prisão e, ao mesmo tempo, conseguia cobrar apenas um quarto da passagem dos detentores do monopólio.

Depois que o caso *Gibbons vs. Ogden* (1824) refutou o monopólio dos navios a vapor de Nova York, a passagem por uma viagem de Nova York a Albany caiu de sete para três dólares. A viagem de Nova York a Filadélfia, que era de três dólares, caiu para um dólar. Os viajantes, indo de New Brunswick para Manhattan, agora, pagavam apenas seis centavos e comiam de graça. Quando transferiu as operações para o rio Hudson, Vanderbilt cobrou uma passagem de dez centavos, e não os três dólares antes cobrados. Mais tarde, ele deixou de cobrar passagem, tendo lucro apenas com as concessões a bordo do navio.

Mesmo quando seus concorrentes tinham passagens injustas, Vanderbilt saiu por cima. Edward Collins recebeu um subsídio governamental por seu serviço de transporte a vapor a fim de entregar correspondências no Atlântico — ao custo de US$858 mil por ano na década de 1850. Quando Vanderbilt entrou no ramo, em 1855, ele superou Collins no transporte de passageiros e de correspondências sem qualquer subsídio. O Congresso revogou os subsídios de Collins em 1858 e pouco depois ele faliu.

Enquanto isso, Vanderbilt também estava saindo-se melhor do que duas linhas subsidiadas de transporte a vapor que levavam passageiros e correspondências à Califórnia. Eles cobravam Us$600 por passageiro. Vanderbilt, sem subsídio, cobrava US$150 por passageiro e nada para transportar a correspondência.

Perdoe-me, mas devo temer e desprezar esses benfeitores da Humanidade por quê?

Esses homens conseguiram conquistar parte substancial de seus mercados porque produziam produtos bons a preços baixos. Quando deixaram de inovar, perderam fatia do mercado. Deixando para lá a versão caricatural dos acontecimentos, a concorrência era dura. Somente depois que esforços voluntários — fusões, acordos secretos e coisas do gênero — não conseguiram estabilizar o ambiente altamente competitivo é que algumas empresas começaram a recorrer ao governo federal e ao seu aparato regulatório como uma forma de reduzir a concorrência coercivamente. "Ironicamente, e ao contrário do consenso dos historiadores", reconhece o historiador Gabriel Kolko, "não foi a existência do monopólio que fez o governo intervir na economia, e sim a falta dele".

Sobre a situação da Standard Oil, Kolko escreve:

> *Em 1899, havia 67 refinarias de petróleo nos Estados Unidos, mas só uma importante. Na década seguinte, esse número aumentou, rapidamente, para 147 refinarias. Até 1900, a única concorrente relevante da* Standard *era a* Pure Oil Company, *criada, em 1895, por produtores da Pensilvânia com um capital de US$10 milhões. [...] Em 1906, ela desafiava o controle da* Standard *sobre os oleodutos construindo seus próprios equipamentos. E, em 1901, a* Associated Oil of Califórnia *foi criada com um capital de US$40 milhões; em 1902, a* Texas Company *foi criada com um capital de US$30 milhões e, em 1907, a* Gulf Oil *foi criada com um capital de US$60 milhões. Em 1911, o investimento total da* Texas Company, *da* Gulf Oil, *da* Tide Water-Associated Oil, *da* Union Oil of Califórnia *e da* Pure Oil *era de US$221 milhões. De 1911 a 1926, o investimento da* Texas Company *aumentou 572 por cento, o da* Gulf Oil, *1022 por cento, da* Tide Water-Associated *205 por cento, da* Union Oil, *159 por cento e da* Pure Oil, *1534 por cento.*

O declínio da *Standard Oil* foi anterior à decisão antitruste contra ela, em 1911, e foi "culpa da empresa — responsabilidade de sua administração conservadora e falta de iniciativa". Quando o governo envolveu-se para quebrar a *Standard Oil*, o funcionamento normal do livre-mercado já tinha reduzido sua fatia de 80 para 25 por cento.

Na verdade, era muito difícil para as grandes empresas manter suas posições em vários ramos nos Estados Unidos do século XIX. Isso servia para ramos diversos, como petróleo, aço, ferro, carros, máquinas agrícolas, cobre, abatedouros e serviços telefônicos. A competição era extremamente ferrenha.

Claro que havia impedimentos, como sempre há na história. Durante um tempo, Carnegie apoiou os preços do aço. Como ele reduziu, entretanto, substancialmente, os preços dos trilhos de aço, essa posição política não prejudicou o consumidor. Outros críticos citarão as fundações Carnegie e Rockefeller e as causas duvidosas que essas instituições apoiam. A objeção deles é irrelevante para a questão se esses homens, em suas funções de empreendedores, melhoraram o padrão de vida dos americanos. Essa questão não é nem mesmo debatida.

A economia tradicional identifica monopolistas por seu comportamento: eles têm lucros extras restringindo a produção e aumentando os preços. Esse comportamento era evidente nos ramos nos quais frequentemente se aposta um monopólio? O economista Thomas DiLorenzo, num importante artigo na *International Review of Law and Economics*, realmente, deu-se ao trabalho de investigar a questão. Durante os anos 1880, o PIB real cresceu 24 por cento, a produção dos ramos supostamente monopolizados com dados disponíveis cresceu 175 por cento em termos reais. Os preços nessas indústrias, enquanto isso, geralmente, caíram e muito mais do que a queda de 7 por cento na economia como um todo. Já discutimos o caso dos trilhos de aço, que caíram de US$68 para US$32/ton durante a década de 1880; podemos, ainda, notar o preço do zinco, que caiu de US$5,51 para $4,40/libra (uma queda de 20 por cento) e do açúcar refinado, que caiu de 9 para 7 centavos por libra (22 por cento). Na verdade, esse padrão é comum em todos os ramos supostamente monopolizados, com exceção do óleo de castor e dos fósforos.

Em outras palavras, a história que achávamos que tínhamos aprendido nas aulas era mentira.

Além do apelo a exemplos específicos na história, os críticos do mercado propõem cenários, aparentemente, plausíveis nos quais empresas parecem capaz de prejudicar o bem-estar do consumidor. Grandes empresas podem baixar seus preços até abaixo do preço de custo para forçar a falência de seus concorrentes menores, reza um argumento muito usado. Uma vez que se consegue isso, as grandes empresas aumentam o preço e aproveitam-se dos consumidores que não têm mais escolha a não ser comprar delas. Essa estratégia, por parte das grandes empresas, é chamada de "precificação predatória".

Dominick Armentano, professor emérito de economia da *University of Hartford*, analisou os números de importantes casos antitruste e não conseguiu encontrar um único exemplo de precificação predatória. O economista de Chicago George Stigler disse que a teoria caiu em descrédito nos círculos profissionais: "Hoje, seria constrangedor encontrar esse argumento num ambiente profissional".

Há um motivo para esse descrédito. A estratégia é suicida.

Antes de mais nada, uma grande empresa que tente a estratégia da precificação predatória tem de suportar perdas proporcionais ao seu tamanho. Em outras palavras, uma empresa que tenha, digamos, 90 por cento do mercado e que esteja competindo com uma empresa que detenha os outros 10 por cento sofre perdas em sua fatia de 90 por cento do mercado. O economista George Reisman, corretamente, pergunta-se sobre o que haveria de tão brilhante e irresistível numa estratégia que envolve uma empresa — se bem que uma empresa com nove vezes a riqueza e nove vezes maior — perder dinheiro a uma taxa nove vezes maior do que as perdas sofridas pela concorrência.

A empresa dominante, se, de algum modo, tiver sucesso em tirar toda a concorrência do mercado, tem de, agora, elevar os preços, a fim de gozar da vitória, sem, ao mesmo tempo, encorajar o surgimento de novos concorrentes (que se sentirão atraídos pelo prospecto de cobrar os mesmos preços altos) no mercado. Daí a estratégia de precificação predatória teria de recomeçar, adiando, ainda mais, o momento em que o lucro extra aconteceria. Os novos concorrentes no mercado terão uma grande vantagem, já que podem adquirir os bens das empresas anteriores a preços módicos durante o processo de falência.

Durante o período de preços abaixo do custo, enquanto isso, os consumidores tendem a estocam os bens repentinamente baratos. Isso quer dizer que demorará ainda mais para a empresa dominante recuperar as perdas que sofreu com a precificação predatória.

Uma variação "encadeada" do modelo da precificação predatória é mais ou menos assim: cadeias de lojas usam os lucros que ganham em outros mercados para mantê-las enquanto sofrem perdas num novo mercado em que estão tentando eliminar a concorrência por meio de preços predatórios.

Mas imagine uma cadeia nacional de mercados, que vamos chamar de *MegaMart*. Vamos dizer que o *MegaMart* tem mil filiais no país e US$1 bilhão de capital investido. Isso significa US$1 milhão por loja. Aqueles que nos alertam dos perigos do "monopólio" dizem que o *MegaMart* pode usar toda a sua fortuna para tirar os concorrentes de um mercado específico no qual quer expandir-se.

Agora, para o bem da argumentação, vamos deixar de lado os problemas empíricos e teóricos da precificação predatória que já expusemos. Vamos supor que o *MegaMart*, realmente, possa usar seus recursos nacionais para tirar todos os concorrentes de um novo mercado e que possa manter todos os concorrentes em potencial, permanentemente, fora do mercado só pelo medo de serem esmagados pelo *MegaMart*.

Mesmo que tudo isso fosse verdade, ainda assim, não faz sentido, do ponto de vista da estratégia empresarial e da economia, que o *MegaMart* adotasse a estratégia da precificação predatória. Sim: por um tempo, ele teria lucros extremamente altos e, realmente, o prospecto desses lucros explicaria por que o *MegaMart* cogitaria adotar tal abordagem. Os lucros extras, no entanto, seriam altos o bastante para que toda a empreitada fosse benéfica para a empresa?

George Reisman insiste, corretamente, que não. "Um lucro extra desses é certamente bem limitado — talvez US$100 mil a mais por ano, talvez até US$500 mil a mais por ano, mas, certamente, nada remotamente parecido com o lucro exigido para justificar o comprometimento dos recursos financeiros totais da empresa".

Vamos supor que o lucro extra a ser obtido pelo *MegaMart* depois de acabar com a concorrência seja de US$300 mil, média daqueles dois números. Vamos supor, ainda, que a taxa média de retorno na economia seja de 10 por cento. Isso significa que o *MegaMart* pode dar-se ao luxo de perder US$3 milhões — o valor capitalizado de US$300 mil por ano — a fim de ficar com o mercado só para si. Gastar mais do que isso seria um péssimo investimento, já que a empresa teria uma taxa de retorno menor do que a média (isto é, inferior a 10 por cento). Por isso, o capital de US$1 bilhão do *MegaMart* é, simplesmente, irrelevante.

O que acontece, a partir daí, de acordo com Reisman, é que

> *qualquer um que pense em investir no ramo do varejo com adicionais US$5 milhões ou até mesmo apenas US$1 milhão tem a mesma chance [do* MegaMart*] de tentar alcançar tais lucros [extras] porque o mercado, simplesmente, não paga adicional sobre o investimento para além dessas somas. Em outras palavras, o jogo dos preços predatórios, se pudesse, realmente, ser jogado nessas circunstâncias, estaria aberto a uma quantidade relevante de jogadores — não apenas a empresas enormes e muito ricas, e sim a todos que tivessem um capital disponível igual ao valor capitalizado limitado aos "ganhos do monopólio" que fossem gerados a partir de uma filial específica.*

Voltando ao argumento mais amplo da "precificação predatória", um último argumento enterra-o para sempre. O economista Don Boudreaux convida-nos a imaginar o que aconteceria se o *Walmart* adotasse a estratégia dos preços predatórios e desse início a uma guerra de preços com os produtos farmacêuticos, com o objetivo de tirar outras farmácias do mercado. Quem seria prejudicado por isso? Consumidores, claro, assim como fornecedores de medicamentos rivais.

Há, entretanto, vítimas menos óbvias e são elas que detêm a solução para o suposto problema. Empresas distribuidoras de medicamentos para o *Walmart* também sairiam perdendo. Por quê? Porque se o *Walmart* tira os concorrentes do ramo e, depois, aumenta o preço dos medicamentos, que é o objetivo final da precificação predatória, então, menos medicamentos serão vendidos. É, simplesmente, a lei da oferta e da procura: quanto maior o preço de um bem, menor a demanda. Isso significa que uma empresa como a *Merck*, que distribui vários medicamentos para o *Walmart*, venderá menos produtos.

A *Merck* vai aceitar isso passivamente? Claro que não. Como uma estratégia de preços predatórios bem-sucedida do *Walmart* significaria vendas menores para a *Merck*, a distribuidora teria um incentivo para impedir que o *Walmart* aumentasse os preços. E ela pode fazer isso por meio de contratos de preços de revenda mínimos e máximos. Um contrato de preço de revenda mínimo estabelece um preço mínimo para o varejista revender o produto da empresa. Esse mínimo impossibilitaria que o *Walmart* envolvesse-se na precificação predatória: eles teriam de vender o produto ao preço mínimo contratado e não poderiam baixá-lo mais. Contratos de preços de revenda máximos permitiriam que uma empresa, depois de uma bem-sucedida estratégia de preços predatórios — e, novamente para o bem do argumento, deixamos de lado todas as explicações já dadas de por que a precificação predatória não funciona —, limitasse a extensão do dano. Eles proibiriam o varejista de vender o produto acima de determinado preço. Os supostos "lucros de monopólio" do *Walmart* não poderiam ir além do previsto em tal contrato.

Em outras palavras, os lucros de toda a cadeia de produção são ameaçados quando uma etapa, seja ela o varejo ou outra, tenta ficar com todos os lucros do monopólio. Pode apostar que empresas ameaçadas com uma redução de seus lucros ficarão alertas às várias formas pelas quais podem prevenir a criação de monopólios.

E quanto ao cartel do diamante de *DeBeers*? Claro que este é um exemplo de "monopólio" de livre-mercado que desafia as certezas dos economistas de que carteis num livre-mercado tendem a ser instáveis e a ter vida curta. Na verdade, não há livre-mercado no ramo dos diamantes. O governo sul-africano nacionalizou todas as minas de diamantes, mesmo aquelas que ainda não foram descobertas. Assim, o proprietário de terras que descobre diamantes em sua propriedade tem sua escritura, imediatamente, transferida para o governo. Os operadores das minas, por sua vez, que arrendam as operações, precisam conseguir licença do governo. Por uma estranha coincidência, as licenças acabam sempre dadas à *DeBeers* ou para operadores dispostos a distribuir seus diamantes por meio da *DeBeers Central Selling Organization*. Os mineiros que tentam distribuir diamantes desafiando as restrições governamentais enfrentam multas altas.

Em resumo, os oponentes do *laissez-faire* assustam a opinião pública com uma combinação de narrativa ruim e de teoria pior ainda. As pessoas comuns, apesar de terem poucos fatos que dão apoio ao seu incômodo em relação ao *laissez-faire*, ainda assim, têm certeza de que o cenário é assustador e deve ser evitado e que nossas altruístas autoridades públicas devem proteger-nos do comportamento antissocial dos incorrigíveis predadores da iniciativa privada.

1º DE NOVEMBRO DE 2012

PARTE III

LIBERTARIANISMO SOB ATAQUE E MINHAS RESPOSTAS

13

PROGRESSISTAS: DEVEMOS TUDO AO GOVERNO

Vários leitores do meu blogue no endereço TomWoods.com alertaram-me para um artigo no *New York Times* em novembro de 2011, escrito por um tal de Gail Collins, tirando sarro de Ron Paul por não acreditar na necessidade das várias agências governamentais. Um leitor, em particular, mandou-me os comentários que acompanhavam o artigo. Eram comentários, em sua ampla maioria, do tipo que reflete a baixa autoestima das pessoas: somos burros demais para entender como organizar a sociedade sem vocês com armas apontadas para todos os lados, então, Ron Paul é um tolo e ingênuo por acreditar na liberdade.

Desse modo: "É improvável que Ron Paul estaria aqui hoje se tivesse crescido no mundo onde quer que vivamos. Há um motivo para termos deixado de viver como nômades autossuficientes e para termos construído civilizações capazes de prover alimentos, educação, saúde, defesa e comércio a uma população grande e diversa".

Vamos deixar de lado o fato de a Inglaterra ter alcançado a educação praticamente universal muito antes da criação de escolas "gratuitas" ou de que todas as coisas que essa pessoa insiste em dizer que somos burros e impotentes demais para prover sem a ajuda de pessoas armadas pode ser provida e, na verdade, já o foi.

Vamos ater-nos ao comércio.

A pessoa acima citada acha que a oposição ao poder governamental significa oposição ao comércio e um retrocesso à autossuficiência. Nem sei o que dizer. Uma das críticas fundamentais do liberalismo (libertarianismo) clássico ao governo é que ele atrapalha a atividade comercial e prejudica a divisão internacional do trabalho.

Pior do que esse erro elementar é a suposição causal, compartilhada por pessoas de todo espectro ideológico, de que devemos as grandes realizações da humanidade, incluindo o próprio comércio, aos caras com as armas.

Antes de mais nada, o mais impressionante na divisão internacional do trabalho é que ela ocorre sem direção central de qualquer tipo. Veja o que aconteceu quando o designer Thomas Thwaites tentou construir uma torradeira do zero, completamente sozinho. Como ele explicou em sua palestra TED, isso se revelou como uma coisa incrivelmente difícil que consumiu quase um ano e muito dinheiro e a torradeira acabou funcionando por apenas dez segundos.

Ainda assim, o processo de produção pelo qual vários componentes usados na fabricação da torradeira são produzidos, transportados e montados na quantia exata, sem excesso ou escassez, ocorre, diariamente, sem qualquer Central de Planejamento Global de Produção de Torradeiras. E não é apenas uma questão de juntar algumas peças. Não é nem mesmo uma questão de entender de mineração ou de fiação. Cada estágio envolve um conhecimento técnico de domínio de poucos e exige um gasto de capital e a alocação de fatores de produção para torná-lo realidade. A produção de uma torradeira exige a participação do fabricante de borracha para fazer os pneus que os caminhões usarão para transportar as peças da torradeira. Assim, quanto mais analisamos isso, mais extraordinariamente complexo o processo todo se torna. Isso ocorre todos os dias e praticamente ninguém nota ou admira isso.

A extensão do comércio, na verdade, envolveu a derrubada das barreiras impostas pelo Estado até a interação livre entre indivíduos. É um tanto prepotente por parte do Estado tentar levar o crédito por isso.

O crítico mais sofisticado pode argumentar que a infraestrutura legal necessária para que o comércio funcione originou-se com o Estado. Errado de novo. As leis mercantis desenvolveram-se na Europa medieval sem o envolvimento do Estado. Isso é notável, levando em conta que o sistema buscava solucionar disputas e estabelecer padrões legais por um grande território que incluía povos que falavam idiomas diferentes e tinham costumes diferentes. Você pode ler uma boa discussão sobre isso na obra clássica de Bruce Benson, The Enterprise of Law: Justice Without the State.

Apesar de todo o comprometimento com a paz e com a não violência que, supostamente, definiria o progressismo, há uma admiração um tanto quanto excessiva daquilo que podemos chamar de modelo militar de organização social. A suposição de que todas as coisas boas surgiram por causa de uma organização, em larga escala, supervisionada por um líder latindo ordens fala muito da compreensão que essas pessoas têm de como a sociedade realmente funciona.

Em tal contexto, pode ser interessante notar o zelo com que os progressistas (com um punhado de exceções, e aí está o mito do progressista pacifista) estimularam a entrada dos EUA na Primeira Guerra Mundial. Sim, a Alemanha tinha de ser destruída, diziam eles, mas a economia americana também precisava de regras e da organização central que as pressões da guerra certamente exigiriam. Depois que as pessoas acostumassem-se ao controle governamental da economia, estariam mais preparadas, em tempos de paz, para abandonar ou, ao menos, mudar de ideia quanto à inviolabilidade da propriedade privada e tudo o mais.

Concluo com estas palavras de Samuel Huntington, de Harvard, um homem do Governo como nunca houve:

> *Na discrição militar [...], há uma serenidade ordeira. As partes não existem sozinhas e aceitam a subordinação ao todo. Beleza e utilidade fundem-se numa zona cinzenta. [...] O quartel está cheio da harmonia e do ritmo que surgem quando o desejo coletivo supera o capricho individual. [...] O comportamento dos homens é governado por um código. [...] A unidade da comunidade leva o homem a não ser nada além do que é. Na ordem, encontram-se a paz, a disciplina, a realização; na comunidade, a segurança. [...]*
>
> *É possível negar que os valores militares — lealdade, dever, modéstia, dedicação — são os valores de que os Estados Unidos mais precisam hoje em dia? (...) Os Estados Unidos têm mais a aprender com* West Point *do que* West Point *tem a aprender com os Estados Unidos. [...] Se os civis permitem que os soldados sigam o padrão militar, as nações acabam por encontrar redenção e segurança tomando para si o mesmo padrão.*

Em resumo: cale-se e obedeça, cidadão. É esse princípio, e não sua exaltada "interação social voluntária" o que faz o mundo girar.

28 DE NOVEMBRO DE 2011

14

A PERGUNTA QUE OS LIBERTÁRIOS, SIMPLESMENTE, NÃO PODEM RESPONDER

Por algum motivo, os autoritários da *Salon* acham que nos pegaram com essa pergunta: "Se a visão de mundo de vocês é tão boa, por que nenhum país do mundo a pôs em prática?"

Então, *essa* é a pergunta sem resposta? Qual a dificuldade em responder isso? Noventa por cento do que os libertários escrevem reponde isso, nem que seja implicitamente.

Vamos refazer a pergunta de várias formas a fim de respondê-la. Você notará que, quando a formulamos corretamente, a pergunta está, implicitamente, respondida.

(1) "Se a visão de mundo de vocês é tão boa, por que a polícia não quer abdicar do dinheiro, suprimentos e do autoritarismo que acompanha a guerra às drogas?".

(2) "Se a visão de mundo de vocês é tão boa, por que as grandes empresas financeiras não preferem ter sucesso ou fracassar de acordo com seus próprios méritos em vez de serem socorridas?".

(3) "Se a visão de mundo de vocês é tão boa, por que as pessoas preferem ganhar a vida graças a privilégios em vez de a ganhar trabalhando honestamente?".

(4) "Se a visão de mundo de vocês é tão boa, por que o complexo militar-industrial prefere seus acordos cíclicos e sua estratégia atual de roubar os contribuintes à estratégia de planejamento e de engenharia política?".

(5) "Se a visão de mundo de vocês é tão boa, por que empresários, em geral, preferem subsídios e privilégios?".

(6) "Se a visão de mundo de vocês é tão boa, por que alguns povos preferem alcançar seus fins por meio da guerra?".

(7) "Se a visão de mundo de vocês é tão boa, por que a classe política prefere viver do trabalho de outros e exerce um poder imenso sobre os demais?".

(8) "Interesses especiais merecem benefícios especiais porque esses benefícios são concentrados e importantes. Os custos, divididos pelo público, em geral, são tão insignificantes para o indivíduo que o público não tem nenhum interesse em organizar-se contra isso. Um custo extra de 25 centavos por galão de suco de laranja não vale a contrariedade dedicada de alguém, mas US$100 milhões a mais por ano para as empresas envolvidas, certamente, merecem o tempo gasto para opor-se a elas.

"Se a visão de mundo de vocês é tão boa, por que isso acontece?".

(9) "Se a visão de mundo de vocês é tão boa, por que as pessoas não a experimentam, depois de ouvirem falar dela, sem parar, por 17 anos?" (Todo o ensino médio e fundamental e depois quatro anos de faculdade).

4 DE JUNHO DE 2013

15

A PERGUNTA QUE OS LIBERTÁRIOS, SIMPLESMENTE, NÃO PODEM RESPONDER PARTE 2

Agora, E.J. Dionne, inspirado por Michael Lind (veja o capítulo 14), aparece para lembrar a todos por que precisamos de líderes supremos. Ele acha que a pergunta de Lind é extraordinária também. Terei muito a dizer se me detiver a este único parágrafo de Dionne:

> *Tínhamos algo parecido com o Estado mínimo da utopia libertária, no fim do século XIX, e concluímos que não dava certo. Percebemos que muitas pessoas seriam incapazes de economizar para a aposentadoria e, mais tarde, que a maioria não conseguiria pagar os custos médicos na velhice. Um governo menor significava muitos pobres e muitos monopólios formados facilmente. E, quando a Depressão assolou-nos, o governo estava impotente, em parte, algemado por essa ideologia antigovernamental, até que Franklin Roosevelt surgisse.*

Todos os aspectos deste parágrafo são falsos.

No século XIX não existia nada parecido com uma "aposentadoria", então, ninguém diria: "Neste sistema, as pessoas não serão capazes de economizar o bastante para se aposentar!" Somente a acumulação contínua de capital, o que ocorre quando as empresas podem reinvestir seus lucros na compra de bens de capital sem serem expropriadas pelo governo, possibilitou que a economia tornasse-se, fisicamente, produtiva para que algo como uma "aposentadoria" fosse concebido. Mesmo depois da criação da Seguridade Social, a idade para a aposentadoria era mais alta do que a expectativa média de vida, o que significava que a maioria das pessoas morreria antes que conseguisse seu dinheiro de volta.

Quanto ao seguro-saúde para idosos, isso também é camuflado pelos fatos. "A maior parte dos pagamentos médicos governamentais, em nome dos pobres, compensava médicos e hospitais por serviços, antes, realizados de graça ou a preços reduzidos", escreve o historiador Allen Matusow. "O sistema público de saúde, pois, transferia renda do contribuinte de classe média para os profissionais de saúde da classe média".

E o que tornou o sistema de saúde tão caro? Não foi o "livre-mercado", algo que o próprio Dionne admitira que nunca chegou a oferecer saúde universal para alguém. Vijay Boyapati, ex-funcionário do Google, responde em parte.

Dionne, então, diz: "Um governo menor significava muitos pobres". Isso é, simplesmente, uma idiotice. Os maiores ganhos contra a pobreza nos Estados Unidos ocorreram quando o governo estava menos envolvido. Em 1900, a taxa de pobreza, pelos padrões atuais, era de 95 por cento. Quando o governo federal passou a envolver-se no fim da pobreza de uma forma não trivial, no fim dos anos 1960, essa taxa já tinha caído para algo entre 12 e 14 por cento, taxa que permanece hoje em dia. Há uma boa discussão a respeito disso em *Back on the Road to Serfdom*, coletânea de ensaios que editei para o *Intercollegiate Studies Institute*.

Depois que o governo envolveu-se no assunto, a taxa de pobreza estagnou-se. Trilhões de dólares gastos, e os números não mudaram.

Então, a verdade é *exatamente o oposto* do que afirma Dionne. O governo tem feito um trabalho burro ao tentar diminuir a pobreza. O funcionamento natural do mercado é o que chegou mais perto de uma instituição conseguir diminuir isso.

Na mesma frase, Dionne diz: "Um governo menor significava [...] muitos monopólios formados facilmente". Dionne está, aqui, recorrendo mais às suas lembranças da oitava série do que a estudos e dados reais. Para a verdade sobre esta questão, leia o capítulo 12 deste livro.

Por fim, lemos isso: "E, quando a Depressão assolou-nos, o governo estava impotente, em parte, algemado por essa ideologia antigovernamental, até que Franklin Roosevelt surgisse".

Então, Dionne repete o mito de que "Hoover acreditava no *laissez-faire*", o que os historiadores rejeitaram há algumas décadas. No caso de E.J. não acreditar em mim, eis aqui um estudioso entrevistado pelo site pbs.org: "Historiadores, hoje, reconhecem as inclinações progressivas de Hoover, o seu comprometimento com o planejamento anticíclico e a sua crença de que o país precisava ter uma reserva de grandes projetos no estágio de planejamento que pudessem ser executados na hora certa. Programas que tiveram início durante o governo de Hoover, como o *Reconstruction Finance Corporation*, foram os precursores do New Deal e, anos mais tarde, Rexford Tugwell reconheceu — por mais que ninguém admitisse na época — que 'praticamente todo o New Deal foi inspirado em programas criados por Hoover'".

Hoover disse, expressamente, que o *laissez-faire* era coisa do passado. Ele disse isso ao longo de toda a década de 1920. Ele lançou projetos de obras públicas, aumentou impostos, ampliou empréstimos de emergência para empresas em dificuldades, amarrou o comércio internacional e emprestou dinheiro aos estados para programas de ajuda. Ele tentou aumentar os impostos quando os preços estavam caindo. Seus déficits em relação ao PIB eram semelhantes aos de FDR.

Dionne, evidentemente, acha que há muito o que o governo pode fazer para resolver depressões se não estiver "algemado" pela ideologia. Isso é errado, como já expliquei em várias ocasiões. O governo americano, entretanto, não estava algemado quando governado por Hoover ou por FDR e, mesmo assim, a Grande Depressão persistiu mais do que quaisquer outras recessões na história americana.

Naturalmente, Dionne fala da Depressão como se ela "tivesse surgido do nada", mas ela teve sim uma causa: as intervenções do *Federal Reserve* na economia ao longo dos anos 1920. Murray Rothbard conta essa história em *America's Great Depression*.

Quanto ao Estado de bem-estar social que Dionne parece admirar, em todos os lugares, é a mesma coisa: a taxa de natalidade diminui (por causa dos incentivos dos programas) e a população mais jovem torna-se incapaz de sustentar os programas de transferência de renda aos mais velhos. Isso está acontecendo em todo o mundo.

Em resumo, Dionne, que tem uma enorme plateia do seu púlpito no *Washington Post*, repetiu meia dúzia de mitos pró-governo *em apenas um parágrafo*. Depois, pergunta por que as pessoas não se identificam mais com o libertarianismo, como se fosse uma espécie de quebra-cabeça. Se isso é um quebra-cabeça, então, E.J. Dionne e seus amigos são peças chaves.

11 DE JUNHO DE 2013

16

CRESÇAM, LIBERTÁRIOS

É isso o que Michael Lind está dizendo agora.

Veja bem: não somos "experimentais" como ele. Ele está disposto a abdicar de várias coisas: da liberdade, da semiliberdade, fazendo uso de coerção. E nós permanecemos fieis à coisa toda da liberdade e ao nosso ponto de vista de que o mesmo código moral tem de governar todos os indivíduos, pertençam eles à coisa mística chamada "Estado" ou não.

Para o caso de você ter perdido, acho que vai gostar da minha primeira resposta a Lind (que aparece neste livro no capítulo 14) e, depois, da minha resposta ao pobre E. J. Dionne do *Washington Post*, que tentou ajudar o pobre e inculto Lind (veja o capítulo 15).

Eis aqui uma passagem do mais recente texto de Lind:

E no quê, exatamente, o movimento libertário contribui para o debate dos EUA contemporâneo? Eis aqui algumas ideias que nós, de centro-Direita e de centro--Esquerda, deveríamos tratar com uma atenção respeitosa: pedidos para a volta do padrão ouro, fim do Federal Reserve; *abolição da Receita Federal e substituição de todos os impostos por uma única alíquota regressiva que afetará os trabalhadores de baixa renda enquanto diminuirá os impostos sobre os ricos.*

Meu crítico na *Economist*, Will Wilkinson, escreve:

"O ideal do experimentalismo antiteórico leva-me a preferir políticas que promovam um tipo de pluralismo cosmopolita no qual a síntese cultural e a inventividade prosperam. Isso me leva a defender a autoridade descentralizada em vez de uma administração central gigantesca. Isso me leva a suspeitar que seria melhor se os Estados Unidos fossem doze países separados ou tivessem 200 estados. Isso me leva a pensar que territórios marítimos são uma ótima ideia".

Ron Paul, que apenas quer acabar com o Federal Reserve, *parece um centrista se comparado a Will Wilkinson, que acha que talvez valha a pena acabar com os Estados Unidos, subdividindo-o em doze países distintos. (Meus ancestrais sulistas que apoiaram a Confederação concordariam com as duas ideias).*

Will Wilkinson, por sua vez, parece um centrista entediado se comparado a mim, mas deixarei Wilkinson fora dessa.

Então, vamos analisar as opiniões que são juvenis ou irracionais demais para pedirmos que os outros as cogitem. De acordo com Lind:

(1) *Não podemos voltar ao padrão ouro.* É preferível que a criação de dinheiro esteja atrelada a qualquer coisa além da vontade política. Não há nenhuma possibilidade de tal sistema prejudicar o poder de compra da moeda, interferir no cálculo econômico, provocar a aplicação equivocada de recursos, ser usado para salvar empresas influentes etc. . Além disso, a criação de dinheiro pode tirar-nos de recessões — as quais, claro, não são causadas por aplicações erradas ou por erros empresariais provocados pelo próprio dinheiro sem lastro.

(2) *Não podemos acabar com o Federal Reserve.* Ora, precisamos dos especialistas responsáveis por nossos suprimentos de dinheiro! Claro: eles nos deram a Grande Depressão, a estagflação dos anos 1970 e o desastre atual, mas ninguém é perfeito! Precisamos do monopólio da mídia de troca e precisamos que o governo dê privilégios ao Fed como fornecedor da mídia de troca. O Fed tem sido super incrível: ele nos dá depressões menos frequentes e menores do que tínhamos antes!

(3) *Não podemos acabar com a Receita Federal.* Verdade. É impensável que possamos viver como a maior parte da Humanidade viveu por 99 por cento da história e como americanos viviam há meros 100 anos. É fundamental que o governo federal seja capaz de decidir com que porcentagem dos frutos do trabalho de alguém eles podem ficar e que porcentagem será tirada por meio da violência. Libertários são infantis e tolos por pensarem que a civilização poderia sobreviver sem a expropriação institucionalizada.

(4) *Não podemos substituir os impostos por uma alíquota única.* Nisso, os libertários concordam. Não faz muito sentido substituir um tipo de expropriação institucionalizada por outra.

(5) *Os Estados Unidos não podem ser um centímetro quadrado menor.* É inconcebível para Lind imaginar a divisão dos Estados Unidos em 12 ou mais unidades políticas. Os Estados Unidos, como existem hoje, ocupam o mesmo território — isto é, nove milhões, oitocentos e cinquenta e sete mil quilômetros quadrados — que Deus ou o destino exigiu que ocupasse.

Os EUA, para Lind, não são um acordo prático a ser reavaliado de acordo com um critério objetivo, é uma entidade mística que se autojustifica. É, metafisicamente, impossível que ele possa ter crescido tanto a ponto de tornar-se impraticável. Outros países podem dividir-se em unidades menores por consentimento mútuo, mas, como a melhor das melhores, nossa unidade política não está sujeita a tais considerações. Devemos tratá-la com reverência e com devoção.

(Por sinal, não há nada de seita em tratar uma unidade política como algo sagrado e inviolável. Só os libertários é que são como uma seita).

Claro: se os EUA fossem 12 unidades menores, talvez, todas as 12 não seriam tão extremistas quanto nosso feudo gigantesco é hoje e, provavelmente, nem todas as 12 envolver-se-iam na contraproducente política externa do século passado, o que gerou, no público americano, nada além de luto. Mas esqueci, cidadão! Estava falando dos Estados Unidos como se seu desmembramento fosse concebível! Esses libertários nos levam quase a cometer uma blasfêmia.

Sei que Michael Lind é uma pessoa séria cujo tempo deve ser gasto contemplando várias formas de provocar o público americano, mas acho que ele talvez ignore demais as opiniões que não se encaixam no cartãozinho da opinião pré-aprovada do qual ele insiste em tirar suas palavras. Eis como respondo às objeções dele.

(1) Uma volta ao padrão ouro ainda é uma solução estatista — a separação completa entre o dinheiro e o Estado seria o melhor —, mas é melhor do que nada e, eminentemente, defensável. (Para entender como a separação entre dinheiro e Estado funcionaria, leia TomWoods.com/money.)

E quanto ao pânico que tínhamos quando o padrão ouro existia? Falo sobre isso em TomWoods.com/panics.

Mas não há ouro o bastante! O ouro causa deflação! Para respostas às objeções ao padrão ouro, vá à minha página de referências sobre moedas estáveis: LibertyClassroom.com/soundmoney.

(2) O fim do Fed seria um grande avanço. Para uma resposta às afirmações pró-Fed de sempre, leia, para começar, o capítulo 31 deste livro, assim como *The Fed at One Hundred: A Critical View on the Federal Reserve System*, eds. David Howden e Joseph T. Salerno (New York: Springer, 2014).

(3) e (4). Sim: podemos viver sem a expropriação institucionalizada. E.J. Dionne, em seu esforço para ajudar Lind, citou várias coisas para as quais precisamos da intervenção governamental: senão, teríamos pobreza, monopólio, nenhum estímulo para ajudar-nos em caso de recessão etc. . Eu o respondi no capítulo 15. E, sim, há a questão moral também.

(5) Por que a descentralização e a secessão são impensáveis? A referência religiosa de Lind ao tamanho atual e à formação dos Estados Unidos, algo que é apenas uma convenção humana, é um tanto quanto assustadora. O século XX mostrou-nos o que o nacionalismo e os megaestados podem fazer, e não foi nada divertido.

13 DE JUNHO DE 2013

17

OBRIGADO POR CONFIRMAR NOSSO PONTO DE VISTA

Pouco depois da morte da ex-primeira ministra britânica Margaret Thatcher, um *meme* apareceu nas redes sociais, e nele se lia:

> *Na quarta-feira, 17 de abril de 2015, seremos gentis.*
>
> *Eu darei dinheiro para a caridade e meu tempo para alguém que precisa da minha ajuda.*
>
> *Vou sorrir para estranhos (não assustadoramente) e abrir a porta para os outros.*
>
> *Farei uma doação para o banco de alimentos local.*
>
> *Doarei sangue.*
>
> *Vou até perdoar os motoristas que me fecharem.*
>
> *Farei isso porque acredito na sociedade e não consigo pensar num jeito melhor de sobrepujar o legado de um líder que não o fez.*
>
> *Convido-o a juntar-se a mim. (Sim: deveríamos ser gentis todos os dias, mas vamos esforçar-nos mais nesta quarta-feira).*
>
> *Porque o melhor protesto contra o funeral de Margaret Thatcher é provar que ela estava errada.*

Essa é a reação à frase de Thatcher de que "não existe essa coisa de sociedade". Então esses progressistas mostrarão a ela!

Claro que eles interpretam a afirmação perfeitamente defensável dela da forma menos solidária e idiota possível. Ora, vamos mostrar a ela que, realmente, existe uma sociedade ajudando nossos companheiros!

Mas era exatamente isso o que ela queria dizer. Não existe essa coisa abstrata e incorpórea chamada "sociedade". Tudo o que existe são indivíduos e cabe a esses indivíduos — não à "sociedade" — realizar grandes obras de caridade e de civilização.

Nas palavras dela: "Não existe essa coisa de sociedade. O que existe é uma tapeçaria viva de homens e de mulheres e de pessoas e a beleza dessa tapeçaria e a qualidade das nossas vidas dependerão do quanto estamos preparados para assumir a responsabilidade por nós mesmos e preparados para ajudar, com nosso trabalho, os menos afortunados".

Agora, volte e leia as afirmações juvenis acima. *Todas estão em perfeita consonância com o que Thatcher realmente disse*, mas os progressistas que as escreveram acham mesmo que a venceram. Eles, aparentemente, acham que Thatcher opunha-se à ajuda aos pobres ou à doação de sangue ou à ideia de sorrir para as pessoas. Por experiência própria, tudo isso é típico dos progressistas: eles não perdem tempo tentando entender as pessoas às quais se opõem. Eles, realmente, parecem pensar que Thatcher estava querendo dizer algo como "Cada homem por si mesmo! Não ajudem ninguém!!! GUARDEM AS COISAS PARA SI MESMOS!!!!"

Sob a superfície aqui, e fonte de tantas confusões "progressistas", está a incapacidade de fazer a distinção entre sociedade (um termo para os indivíduos para os quais a política é feita) e Estado. Não, não achamos que as pessoas deveriam ser exploradas por caras armados, mesmo que dez por cento da exploração seja, risivelmente, destinada para a ajuda aos pobres. Isso não significa que sejamos "indivíduos atomistas" que desprezam a humanidade. Apoiamos a sociedade e é justamente por isso que nos opomos ao Estado.

10 DE MAIO DE 2013

18

ALGUNS AMERICANOS NÃO CONFIAM NA AUTORIDADE

De acordo com o editor-chefe da *Slate*, Jacob Weisberg (in "*The Right's New Left: The Tea Party Movement Has Two Defining Traits: Status Anxiety and Anarchism*", setembro de 2010), um fantasma ronda os Estados Unidos: o fantasma do anarquismo. Não o anarquismo real — isso é apenas a hipocondria emocional de Weisberg em ação —, mas apenas o crescente ceticismo quanto à autoridade.

Não é verdade. Americanos nasceram para serem governados pelas pessoas e pelas ideias que Jacob Weisberg aprova e eles deveriam gostar disso ou, ao menos, calarem--se. Se for para reclamar, suas reclamações e suas formas de resistência devem ficar dentro de limites aprovados pela *Slate*, uma divisão da *Washington Post Company*.

Em outras palavras, se esses desagradáveis peões fossem fieis às ideias e às estratégias escolhidas por seus inimigos, seria mais fácil tolerá-los.

Vamos ouvir o próprio Weisberg falando. "O movimento *Tea Party* tem duas características principais: o medo de perder seu prestígio e o anarquismo. [...] É um movimento, predominantemente, de homens de classe média e de meia idade, brancos, furiosos com a expansão do governo e hostis quanto à mudança social". Gosto da resposta de Lew Rockwell: "Weisberg, preciso mencioná-lo, é um homem branco, de classe média e de meia idade com raiva de qualquer oposição à expansão do governo e hostil às mudanças sociais não direcionadas à elite. Ah, e nenhum intelectual importante para a situação atual está ansioso quanto a perder seu prestígio".

A designação "*Tea Party*" refere-se a um grupo diverso e Weisberg exagera quanto às suas características antiautoritárias. Alguns membros do *Tea Party* falam em "recuperar nosso país" ao mesmo tempo em que dão apoio a Mitt Romney em 2012. Pense, ainda, em Sarah Palin: um nada completo que se tornou uma "guerreira" apesar de estar nas mãos de Bill Kristol. Esse ramo do *Tea Party* não ameaça em nada qualquer interesse atual e, na verdade, reforça o regime direcionando, equivocadamente, a raiva justificável, depositando-a em canais, oficialmente, aprovados.

Há, no entanto, um quê de rebelião verdadeira a ser encontrada aqui e ali no *Tea Party*, e é isso o que Weisberg acha tão horrível e assustador. "O que há de novo e tão diferente no *Tea Party*", escreve ele, "é um sinal de anarquismo — seu antagonismo a qualquer autoridade, seu estilo beligerante de autoexpressão e sua falta de um programa coerente ou de alternativas às políticas que eles condenam". Talvez o pior de tudo, reclama Weisberg, é que os peões não confiam nos especialistas, uma designação que insistem em mencionar com o adjetivo "autoproclamado"!

Eles *não confiam nos especialistas*? Não imagino por quê. Seria porque os especialistas disseram-nos que a economia estava bem em 2006? (James Galbraith admite isso: somente uma dúzia de economistas previu a crise financeira, de acordo com ele, ainda que — claro — ele finja que economistas da Escola Austríaca não existem). Ou talvez porque o economista Paul Krugman disse, em 2001, que a economia precisava de juros mais baixos para estimular o mercado imobiliário — justamente o que deu origem à bolha. Ou talvez porque Ben Bernanke negou a existência de uma bolha no mercado imobiliário, disse que os critérios para os empréstimos eram sólidos, negou que o problema dos *subprime* contaminaria o restante da economia — não há motivo para continuar, já que um desses estúpidos anarquistas reuniram estes e outros depoimentos num daqueles vídeos antiautoridade no *YouTube* que estão destruindo os Estados Unidos. (Veja bit.ly/BenIsWrong).

Não resisto a mais um exemplo: só dois meses antes que Fannie e Freddie[10] entrassem em colapso e fossem apropriadas pelo governo, o então secretário do Tesouro Hank Paulson disse que os repórteres não precisam se preocupar porque as empresas estavam adequadamente capitalizadas. Quando lhe perguntaram sobre isso, dois meses mais tarde, Paulson negou ter enganado alguém: "*Nunca disse* que a empresa estava bem capitalizada. O que eu disse foi que *a agência regulatória disse* que elas estavam, adequadamente, capitalizadas". Está vendo, Jake, as pessoas não confiam nesse tipo de gente.

E as massas estão perdendo a confiança nos especialistas. Imagine só.

Sabe o que mais pode afastar as pessoas, Jake? A implicação é que elas podem adotar apenas opiniões que lhes foram sugeridas, antecipadamente, por outras pessoas que as desprezam e que devem ser umas perdedoras incorrigíveis se optam por não tirar proveito desse tipo de favor que lhes é feito.

Acontece que sou autor de *Nullification*, livro que analisa histórica e moralmente a invalidação de leis federais inconstitucionais e defende que tal estratégia seria ressuscitada como uma opção válida, levando em conta o fracasso completo de outros esforços para limitar o governo federal. Weisberg considerará tudo isso uma loucura, claro. Ninguém o consultou antes de defender isso e, como nenhum de

10 Referência a Fannie Mae e Freddie Mac, empresas ligadas ao escândalo financeiro/imobiliário que provocou a crise de 2008. (N. do. T.)

seus amigos da *Newsweek* ou do *New York Times* aprovam a estratégia de invalidação como um ponto de vista, oficialmente, permitido, estamos todos quebrando o código de cavalheiros ao falar sobre esse assunto.

De qualquer forma, diz Weisberg, todos sabemos que a invalidação foi "acordada" em 1819, com o caso *McCulloch v. Maryland*. *McCulloch*, que determinou que, quando o governo federal exerce seu poder constitucional, os estados não podem interferir. Isso, claro, só atiça, e não resolve a questão, já que a invalidação prevê, justamente, que o governo federal *não está* exercendo um poder constitucional. No mundo de Weisberg, entretanto, todos, na época, correram para aceitar a ridícula e insuportavelmente nacionalista versão da história americana de John Marshall, uma versão completamente contrária ao que as pessoas aprenderam sobre a natureza da União nas convenções estaduais e na verdade contrária a muitos fatos óbvios da história americana.

Neste planeta, por outro lado, os estados continuaram a resistir à ideia de um banco nacional, a despeito da "lei acordada" em contrário, até que o cenário prescrevesse nos anos 1830s. Spencer Roane, presidente da Suprema Corte da Virginia, desmantelou completamente Marshall e seu raciocínio numa série de críticas. James Madison disse que a Virginia jamais teria ratificado a Constituição se alguém soubesse que os poderes do governo federal seriam tão amplos quanto John Marshall propunha, uma vez que a ideia oposta de governo era prometida ao povo na convenção ratificadora de Richmond (onde o próprio Marshall ficou mudo em vez de corrigir essa ideia). Thomas Jefferson escreveu no ano seguinte: "O judiciário dos Estados Unidos é um grupo sutil de sapadores e de mineiros, constantemente, trabalhando para destruir as fundações da nossa república confederada. Eles estão interpretando nossa Constituição, transformando um governo geral e um coordenador num governo geral supremo".

E acho que alguém se esqueceu de dizer a Wisconsin que o estado estava violando a "lei acordada" quando declarou a Lei dos Escravos Fugitivos de 1850 inconstitucional em 1859, agindo de acordo.

Para a *Slate*, um tema "acordado" não deve ser mais discutido. Pessoas normais consideram um tema "acordado" depois que os argumentos dos dois lados foram, exaustivamente, ouvidos e depois que, racionalmente, arbitrado, um dos lados emerge vitorioso. Isso não ocorreu nesse caso. Contrariamente à crença popular, Daniel Webster foi considerado o perdedor do debate Webster-Hayne na época. Littleton Waller Tazewell destruiu a proclamação convoluta de Andrew Jackson sobre a invalidação, como digo no meu livro, mas ninguém ouve ou sabe nada sobre essa polêmica hoje em dia. O nacionalismo é a melhor forma de organizar a sociedade humana, ensina-se aos alunos, e fica por isso mesmo. Qualquer pessoa que pense o contrário é perversa demais e não vale ser mencionada.

"Os chapéus de três pontas e os *porta-pólvoras* das pessoas que reencenam a Revolução", continua Weisberg", apontam para a visão libertária mais extremada:

um fundamentalismo constitucional que limitaria o governo federal ao exercício de poderes limitados". Isso não chega nem perto de uma "visão libertária mais extremada", claro, não que Weisberg realmente saiba alguma coisa sobre libertarianismo, mas isso é o que uma convenção ratificadora após outra ouviu dizer que seria a norma da interpretação constitucional. Agora, isso é loucura, uma vez que a opinião da moda na *Slate* suplantou as convenções ratificadoras estaduais como árbitra de questões constitucionais. Isso, também, faria de Thomas Jefferson um "lunático", mas Weisberg prefere (surpresa!) não mencionar Jefferson.

Eu me diverti um bocado à custa de Weisberg no meu livro *Meltdown*, no qual cito sua impaciente lição de moral aos libertários — como é que esses idiotas não percebem que seu comprometimento estúpido com o livre-mercado foi o que nos meteu nessa confusão? Libertários deveriam, simplesmente, calar-se e deixar que os adultos resolvam as coisas. Nenhuma palavra sobre o Banco Central e o papel dúbio que ele exerceu na implosão financeira. Ele não precisa dignar-se a reconhecer essa linha argumentativa. As críticas ao Banco Central não estão no cartãozinho no qual Weisberg escreveu todas as opiniões que ele tem permissão de expressar, então, esse ponto de vista, na verdade, nem sequer existe.

O que torna a invalidação tão divertida é que (1) os que se opõem à ideia, invariavelmente, não sabem nada de história, então, resumem-se a bater o pé e a gritar ou a tentar ganhar os debates com calúnias burras e (2) o horror dos políticos e da mídia quando confrontados por pessoas que se recusam a aceitar entre as duas alternativas que a Slate e o restante da elite governante querem que eles escolham.

Weisberg, então, especula que pessoas cujas opiniões políticas não estão dentro do espectro limitado que vai de Hillary Clinton a Mitch McConnell talvez sejam, intelectualmente, deficientes — as opiniões dessas pessoas são "dementes". O principal problema com as pessoas que Weisberg identifica, no entanto, é que elas se recusam a pensar o que lhes mandam e elas desprezam veículos de comunicação que as insultam. Elas não estão interessadas em debater o que a *Slate* quer que debatam — por exemplo, se a alíquota mais alta do imposto de renda deve ser de 39 ou de 39,8 por cento. Elas querem discutir temas mais relevantes do que isso. Elas se recusam a ler o roteiro que a *Slate* insiste em tentar impor-lhes. Isso é o que as transforma em encrenqueiras.

Claro que as pessoas que Weisberg tem em mente não leem a *Slate*, então, elas nem viram seu artigo engraçado. Pior: como você insulta pessoas que não se importam com o que as autoridades dizem sobre elas? Isso basta para deixar um partidário louco.

Weisberg acha que o problema do *Tea Party* é que ele é imprevisível demais. Esse, claro, não é o problema de Weisberg: o primeiro livro dele se chama *In Defense of Government* [Em defesa do governo].

24 DE SETEMBRO DE 2010

19

CONHEÇA UM AGENTE DA OPINIÃO APROVADA

Ser atacado por um Gore Vidal ou por um H. L. Mencken, um dos grandes artífices da crítica americana, apesar de desagradável, devia ser, estranhamente, estimulante para a pobre alma criticada. Eu, por outro lado, tenho o mais dúbio e prosaico "prazer" de ser um alvo costumeiro de Ian Millhiser.

Então, você nunca ouviu falar de Ian Millhiser. Nunca o viu. Mas você só acha que não. Você o conhece sim.

Já conheceu alguém à beira da morte que precisa dizer a você e a todos que detém todas as opiniões pré-aprovadas do mundo? Então, você conheceu Ian Millhiser.

Em todas as reações histéricas às vozes dissidentes — isto é, vozes que (uau!) discordam tanto de Barack Obama quanto de Mitt Romney! —, você o viu.

Você viu Ian em todo alpinista social que morreria mil vezes antes de cogitar uma reflexão heterodoxa.

Na literatura e na televisão, temos o personagem estereotipado: o professor com a cabeça nas nuvens, a líder de torcida enganada, o caipirão. Millhiser, também, é um estereótipo. Ele é o controlador do pensamento: impaciente diante da diversidade, previsível, elitista, banal, sem humor.

Millhiser, geralmente, insinua que pessoas que discordam, veementemente, dele, como eu, provavelmente, são indiferentes ou até apoiam, em segredo, a escravidão. *Escravidão.* Mas pense nisto: partidos políticos abolicionistas tinham sorte se recebessem dois por cento dos votos. Qual a possibilidade de alguém desesperado para expor opiniões pré-aprovadas e simpáticas à elite ser — veja só! — um abolicionista?

Ian não tem realizações acadêmicas que eu possa mencionar — nenhum artigo revisado por seus pares, nenhum livro de uma grande editora acadêmica, na verdade, nenhum livro por nenhuma editora. Isso, em si, não faz de Ian um cara ruim, claro, mas é engraçado que todo o conjunto de artigos assustados de Millhiser sobre o domínio dos Estados Unidos por analfabetos seja escrito por alguém sem qualquer distinção no meio acadêmico.

Uma ou duas vezes por ano, respondo um dos textos de Ian. São todos parecidos: análises limitadas, censuras a dissidentes, aquela prosa fria sem elegância ou nuance. Ele é uma autoparódia, símbolo do autômato medroso politicamente correto.

Millhiser finge que minhas respostas a ele não existem. Ele continua a fazer as mesmas argumentações tolas, completamente confiante — aliás, uma confiança justificada — de que sua audiência limitada não leu minhas refutações. Na verdade, ele se recusa a citar qualquer coisa que eu tenha escrito nos últimos 15 anos.

É isso o que se espera do *ThinkProgress* e de outros sites esquerdistas controladores do pensamento que monitoram e censuram raciocínios sem aprovação prévia.

Meu FAQ sobre a nulificação (republicado aqui no capítulo 40) foi, em boa parte, inspirado por Millhiser, que recorre aos mesmos argumentos já destruídos repetidas vezes, por mais que eu os refute. Finalmente, achei melhor escrever um FAQ e deixar por isso mesmo. Você não vai surpreender-se se eu lhes disser que Millhiser finge que o FAQ não existe.

Escrevi todo um livro sobre a invalidação de leis federais inconstitucionais. Millhiser ataca-me e calunia-me, há anos, sem nunca citar meu livro nem nada que escrevi sobre o assunto. No meu livro, incluí várias fontes primárias, em parte, para que leitores não tenham de aceitar o que digo e, em parte, para que seja difícil para Millhiser apagá-las da história.

A mais recente obra dele é uma entrevista no *AlterNet* com o editor Joshua Holland, chamada "A Direita americana não é mais conservadora — eles são extremistas". Aaah! Bom, não podemos aceitar isso!

Extremista é uma das palavras preferidas do comissariado. Nada irrita mais os controladores do pensamento do que um peão idiota que acha que pode existir mais na filosofia política do que John Kerry e Mitch McConnell. Aceitem o debate que permitimos, cidadãos! Qualquer opinião que uma pessoa razoável possa ter pode ser encontrada nessa lacuna estreita que separa esses dois homens. Você tem uma opinião diferente daquela dos dois? Ora, você é um *extremista!*

Millhiser e Holland estão impressionados com a falta de respeito dos conservadores pelo "precedente imperioso" e pela "venerável tradição". (Isso seria uma ótima censura a Sócrates e a Copernicus, noto de passagem).

Mentiras e abusos, temos de acreditar, tornam-se verdades e virtudes se perpetrados por muito tempo. E, pelo amor de Deus, *venerável tradição?* É isso o que o *AlterNet*, que defende uma política social de horrorizar até mesmo os esquerdistas-liberais de duas gerações atrás, agora, finge querer proteger?

Claro que Millhiser não se importa com os "precedentes" e com a "tradição": do contrário, estaria escrevendo artigos sobre a risível jurisprudência do New Deal e sobre o claro afastamento disso em relação aos precedentes imperiosos. Millhiser importa-se é com o nacionalismo e com o poder governamental, exatamente como os neoconservadores aos quais finge opor-se. A faculdade de direito ensinou-lhe a teoria nacionalista da União e ele vai defender essa ideia até a morte.

Então, na entrevista, somos presenteados com a seguinte análise: alguns grupos do *Tea Party* estão tentando resistir ao poder governamental de formas não aprovadas. Alguns até pensam que os estados podem anular leis inconstitucionais. Isso os torna *reacionários*. Se fossem conservadores de verdade, rolariam e fingir-se-iam de mortos como aqueles bons esquerdistas-liberais perdedores esperam.

De acordo com Millhiser, esses conservadores têm uma compreensão equivocada da Décima Emenda:

> *Há cerca de quatro anos, você começou a ouvir ruídos sobre como as coisas violam a 10ª Emenda, e não apenas a* Affordable Care Act[11] *— foi aí que eles repetiram esse argumento —, mas havia, também, pessoas dizendo que o* Medicare[12] *viola a 10ª Emenda. A previdência social viola a 10ª Emenda, e o que comecei a ouvir de mais preocupante nesses eventos do* Tea Party *foram palestrantes dizendo coisas que se pareciam muito com a desacreditada teoria constitucional que existia há cem anos. Na época, isso levou à revogação das leis de antitrabalho infantil, permitiu a abolição de, praticamente, todas as leis que protegiam os sindicatos, o que acabou com a lei do salário-mínimo — todas aquelas proteções trabalhistas essenciais eram abolidas... E, enquanto dormimos no ponto, eles estavam escrevendo livros e educando os partidários sobre como seria maravilhoso se essa teoria maluca da 10ª Emenda vingasse, e, então, acho que não teríamos mais de obedecer a essas horríveis leis contra o trabalho infantil.*

Como sempre, em Millhiser, para ele, basta apontar as opiniões de seus oponentes; ele não precisa dar-se ao trabalho de refutá-las[13]. Então, nunca entendemos

11 Conhecida mais como Obamacare, a lei que propôs a criação de uma espécie de sistema único de saúde nos EUA. (N. do T.)

12 Sistema de seguro-saúde estatal que pretende garantir saúde a idosos nos EUA. (N. do T.)

13 Para a verdadeira história do trabalho infantil — que não foi uma questão de cruzados altruístas em busca de justiça, heroicamente, resgatando crianças opressas de fábricas e de minas, ao contrário do que Millhiser aprendeu na terceira série — leia Bill Kauffman, "*The Child Labor Amendment Debate of the 1920s*", *Journal of Libertarian Studies* 10 (outuno de 1992): 139-169. Para saber mais sobre a economia do trabalho infantil, leia Thomas E. Woods, Jr., *The Church and the Market: A Catholic Defense of the Free Economy* (Lanham, MD: Rowman & Littlefield, 2005), 66-67.

Sobre as condições de trabalho no livre-mercado, a melhor análise está em George Reisman, "*The Free Market and Job Safety*", https://mises.org/daily/1143/The-Free-Market-and-Job-Safety (20 de janeiro de 2003). Sobre salários — e contrário à opinião de Millhiser de que salários são arbitrários e podem ser aumentados pela autoridade política — leia Woods, *The Church and the Market*, 59-63.

Sobre sindicatos, a lei americana sempre os protegeu, desde que eles não usassem a coação. O ataque à lei trabalhista a que Millhiser refere-se existe apenas em sua imaginação. Com poucas exceções (e essas

direito por que essas pessoas estão erradas ao ler a 10ª Emenda como leem, exceto que essa leitura deixa Millhiser triste. A leitura que elas fazem é uma "teoria constitucional desacreditada". Desacreditava por quem? Por alguém relevante?

O consenso moderno dos juristas, aos quais Millhiser, sem dúvida, recorreria, não conta. Não há espaço na teoria republicana para isso. As convenções ratificadoras, de acordo com James Madison, é ao que recorremos para compreender a Constituição. Antes mesmo de a 10ª Emenda codificar o princípio, encontramos várias convenções ratificadoras dizendo que o governo federal só teria os poderes a ele "expressamente delegados". Essa foi a base para a ratificação da Constituição. Na convenção ratificadora da Virginia, céticos da Constituição ouviram que, se o governo desse um passo além dos poderes expressamente delegados a fim de impor quaisquer "condições suplementares" sobre os estados, a Virginia seria "exonerada".

Então, quer dizer que os reacionários malucos que Millhiser esforça-se tanto para demonizar têm bons argumentos do seu lado. Eu nunca — nenhuma vez — vi Millhiser reconhecer isso nem dar qualquer sinal de que talvez compreenda ou conheça tais argumentos.

Então, o entrevistador de Millhiser diz:

Reacionários, realmente, cogitam essa ideia de que os estados podem, simplesmente, invalidar qualquer lei federal da qual não gostem com base na 10ª Emenda.

Hmmm, não concordamos com isso depois da Guerra Civil?

A doutrina da invalidação lida com leis inconstitucionais, não com "qualquer lei da qual [os estados] não gostem", embora não veja nada de errado com essa ideia também. Mas adoro o "Hmmm" que dá início à frase seguinte, você não? Como se dissesse: "Esses ignorantes são tão estúpidos, não acredito que vou ter de dizer a eles que estamos em 2013!" (Para uma resposta ao, moralmente, grotesco argumento do "não concordamos com isso depois da Guerra Civil", leia o capítulo 40).

Para minha surpresa, porém, Millhiser faz a seguinte concessão — uma concessão bem ruim, mas um grande passo para um controlador do pensamento:

Então, há um grupo de xerifes que dizem que vão atrapalhar a aplicação da lei federal [em temas relacionados a armas]. Então, se o agente do FBI aparecer

---

exceções reforçaram, e não enfraqueceram, os sindicatos), os mesmos princípios legais regeram o trabalho desde *People v. Fisher* (1835) até os anos 1920. Conto a história toda na pergunta 30 do meu livro *33 Questions About American History You're Not Supposed to Ask* (New York: Random House/Crown Forum, 2007).

A previdência social e o *Medicare* são uma história longa, mas é interessante notar que Millhiser não acha válido mencionar que o déficit desses programas — em outras palavras, o investimento necessário hoje para que todos recebam o que lhes é devido — é de mais de US$200 trilhões. (N. do A.)

tentando impor a lei federal, eles vão colocar-se no caminho dele e tentar impedir que ele imponha a lei federal, e isso é inconstitucional. Isso é uma forma de Invalidação.

Há outros xerifes que dizem que vão abdicar de impor a lei federal, mas, se um agente aparecer, não vão impedir, e isso também é errado porque, em muitos casos, as leis são boas. E, no caso do Colorado, embora seja uma lei estadual, eles, provavelmente, têm a obrigação de impor a lei estadual, e acho que é um erro se você diz a seus xerifes que eles podem decidir, sozinhos, que leis estaduais devem seguir.

Mas, sabe, acho que há um princípio mais amplo, sabe, a respeito desses xerifes que estão só dizendo: "Sabe, se os agentes federais quiserem vir e impor a lei federal, ótimo. Simplesmente, não vamos o ajudar". Não concordo com a decisão deles, mas acho que é menos confusa e acho que, em parte, penso isso porque há uma batalha semelhante quanto às leis envolvendo a maconha — em estados como Washington e como o Colorado, a maconha é legal. Não quero ver autoridades estatais impondo as leis federais sobre a maconha. Se o governo federal quer enviar agentes do Departamento de Narcóticos para impor tais leis, eles têm o direito de fazer isso. Mas, sabe, ao menos, em questão constitucional, nessa área, os governos estadual e federal estão separados.

Você entende isso? "Não concordo com a decisão deles", diz Millhiser sobre os xerifes que não ajudarão agentes federais na imposição de leis novas sobre armas. Mas, então, ele diz: "Não quero ver autoridades estaduais impondo as leis estaduais sobre a maconha". E, então, ele diz que o governo federal tem o direito de mandar agentes do Departamento de Narcóticos ao Colorado e a Washington para impor as leis federais antidrogas.

E ele acha que a *invalidação* é um princípio incoerente?

Sim, tenho certeza de que ele pode explicar-se. Ele gosta das leis sobre armas, mas não das leis sobre drogas; então, acho que a nova regra seria a de que as autoridades estatais deveriam impor apenas as leis federais de que Ian Millhiser gosta, apesar de que todas essas leis — justas ou injustas, constitucionais ou não — podem, de acordo com Millhiser, serem impostas por agentes federais que "têm o direito de fazer isso". Até que nosso grande árbitro final, a gloriosa Suprema Corte dos Estados Unidos, diga o contrário, devemos sentar e esperar.

Bom, não fique esperando. Podemos escrever artigos sobre como seria bom se agentes federais deixassem de impor leis ruins e, nesses mesmos artigos, podemos deixar claro que eles têm todo o direito de impor essas leis ruins. Enquanto isso, podemos demonizar pessoas que podem não querer esperar 200 anos para ver os resultados.

Estou convencido.

23 DE ABRIL DE 2013

20

YGLESIAS DESTRUÍDO

Irritei o respeitável blogueiro Matt Yglesias mais de uma vez com minha estúpida natureza do tipo posso-pensar-para-além-do-espectro-Biden-Romney. Ele se irritou comigo pela primeira vez em 2008:

> *Entendiado com os trabalhos na Convenção Nacional Republicana, em St. Paul, certo dia, em 2008, decidi tentar divertir-me em Minneapolis, onde Ron Paul e seus colegas dissidentes conservadores e libertários estavam organizando uma contraconvenção no* Target Center. *Em certo momento, um palestrante disse que Barack Obama e John McCain "têm os dois muito a aprender sobre a teoria do ciclo econômico da Escola Austríaca". A multidão delirou com gritos e, em pouco tempo, coros de "fim ao Fed" ecoaram pela arena.*

Ele está referindo-se à minha fala, que aparece neste livro no capítulo 32. Ele não captou a frase direito: certamente, jamais teria dito algo tão grosseiro quanto "têm os dois muito a aprender com a teoria do ciclo econômico da Escola Austríaca". O que eu disse, pego de surpresa pelos gritos em defesa da teoria do ciclo econômico da Escola Austríaca, era que seria interessante perguntar a John McCain o que ele sabia sobre o tema. Disse que era bem provável que ele achasse que estávamos falando chinês.

Yglesias incomoda-se tanto com o pensamento sem aprovação prévia que nem nota ou importa-se com o ataque que eu estava fazendo contra McCain. Yglesias, como os progressistas falsos que o seguem, preferirão McCain a Ron Paul sempre. (O restante do seu artigo é dedicado a uma defesa "progressista" do *Federal Reserve*, uma instituição que todos sabemos estar, profundamente, comprometida com o bem-estar do homem comum).

Em vez de impressionar-se com o fato de milhares de pessoas serem, economicamente, educadas o bastante para saberem algo sobre a teoria Mises-Hayek dos ciclos econômicos, que lhes rendeu o Prêmio Nobel de 1974, Yglesias está impressionado é com o fato de tanta gente adotar uma visão que nem ele e nem seus amigos pré-aprovaram. Ele, evidentemente, prefere as multidões das convenções Democrata e Republicana, que — o que quer que digam sobre eles —, provavelmente, não eram compostas por pessoas capazes de dizer algo sobre a teoria do ciclo econômico.

Eis aqui como Yglesias descreve sua reação à cena:

> *Foi engraçado na época. Um bando de malucos falando sobre suas teorias monetárias malucas e defendendo uma solução maluca.*
>
> *Hoje, Paul é presidente do Subcomitê da Câmara para Políticas Monetárias.*

Ron Paul é tão assustador que Yglesias recorre a um parágrafo de uma frase só para mostrar-nos o quão assustador ele é. Hoje, Paul é presidente do Subcomitê da Câmara para Políticas Monetárias. A Terra pode até parar de girar!

Como a teoria do ciclo econômico da Escola Austríaca não é discutida por ninguém no eixo Biden/Romney da opinião pré-aprovada, para Yglesias, isso é uma loucura por definição. Porque quem, além de um lunático incorrigível, procuraria por verdades econômicas fora do glorioso reservatório que é a elite política americana? (A vasta maioria dos economistas estava completamente cega durante a crise recente, mas Yglesias ainda acha que é um golpe contra os austríacos o fato de eles serem favoráveis à situação econômica atual).

A Escola Austríaca argumenta que taxas de juros não são coisas arbitrárias e que interferir nelas leva a economia por um caminho insustentável que não corresponde à disponibilidade de recursos ou ao padrão da demanda real. Há vários bons motivos, tanto teóricos quanto empíricos, para acatar essa teoria eminentemente sensata. Ela serviu de base para *Meltdown*, meu best-seller de 2009, e você pode aprender tudo sobre isso *online* no endereço LearnAustrianEconomics.com.

A visão não excêntrica, evidentemente, diz que as taxas de juros não realizam nenhuma função coordenadora essencial e podem ser contestadas por sábios planejadores que sabem mais do que todos os milhões de atores econômicos que elevam as taxas dos mercados de juros, o que deveriam fazer. E, se querem prosperidade, ora, basta que baixemos os juros à força. Porque nenhuma lei econômica é párea para a força de vontade de nossos grandes líderes!

Yglesias, se pudesse, imporia isso sobre nós, como presidente do Subcomitê de Política Monetária, outra bobagem comprometida com a ideia de que não há nada de errado com nosso sistema monetário que não possa ser arrumado com uma mudança de um por cento, para mais ou para menos. A recente sessão de Ron Paul, tendo por testemunhas James Grant, Lew Lehrman e Joseph Salerno, estaria fora de questão. A opinião dissidente seria, cuidadosamente, ignorada, o ex-slogan progressista "questione a autoridade" há muito abandonado. Não questione seus senhores, cidadão! Aceite o novo slogan progressista: cale-se e obedeça!

Por acaso, James Grant escreve cem vezes melhor, tem cem vezes mais humor e dez mil vezes mais conhecimento do que Yglesias. De acordo com o pronunciamento *ex cathedra* de Matt, Grant — cuja publicação *Grant's Interest Rate Observer* é consultada no mundo todo e, por isso mesmo, é tão cara —, deve ser um excêntrico, já que ele questiona o sistema atual. Vá em frente e leia Grant (exatamente o que Yglesias está, obviamente, desestimulando ao chamar de "loucas" pessoas mais inteligentes do que ele) e conclua quem domina, realmente, a situação e quem finge dominá-la.

Yglesias, num gesto, tipicamente, orwelliano, refere-se a um sistema anterior e que deu ao mundo uma prosperidade e estabilidade incríveis, como uma ideia "excêntrica". Como já demonstrei, as crises e pânicos do século XIX tiveram, precisamente, nada a ver com o padrão ouro e ocorreram, mais ou menos, proporcionalmente ao desvio do padrão ouro. Já, na década de 1920, o chamado padrão ouro era apenas uma imitação do que tinha sido transformado, na verdade, num simples comércio de ouro em boa parte do mundo e em um sistema de reservas mínimo nos Estados Unidos, mas isso não impede que gente como Yglesias, evidentemente, incapaz de compreender essas diretrizes, culpe o ouro pela Grande Depressão.

Poderíamos perguntar a Yglesias sobre preferência temporal, a heterogeneidade do capital ou o triângulo hayekiano — todos conceitos fundamentais para o entendimento da Escola Austríaca — e estaríamos muito bem lhe pedindo para explicar a interpretação de Copenhagen da física quântica. Ele não sabe de nada disso. Ele só sabe que, se a teoria da Escola Austríaca estiver correta, seus queridos líderes fazem parte do problema, não da solução. Seres humanos podem resolver seus problemas sem a intervenção violenta do Estado? Esse é um mundo que nosso blogueiro recusa-se a considerar.

Agora, quem é Matt Yglesias para pensar que pode opinar sobre uma teoria que seus ídolos — Paul Krugman, o mais famoso deles — não conseguem nem descrever corretamente? Ele tem um diploma em filosofia de Harvard, depois trabalhou em algumas revistas e, agora, é um blogueiro. E eu aqui pensando que talvez ele não soubesse do que fala.

O desprezo de Yglesias por uma teoria que ele só conhece como caricatura, bem como por todas as pessoas que a defendem, todos considerados "excêntricos", evoca uma das minhas colunas preferidas escrita por Glenn Greenwald. Greenwald — ao contrário de Yglesias, um verdadeiro progressista de quem Robert La Follette teria orgulho — nota como termos como "excêntrico" ou "louco" são usados como armas na nossa cultura política e como pessoas como Yglesias usam-nos seletivamente.

Aqueles que apoiam incontáveis políticas insanas e/ou apoiam políticos em seu partido que amam — do Iraque à guerra contra as drogas, da espionagem sem mandado e negação de *habeas corpus* aos assassinatos presidenciais e à guerra interminável no mundo islâmico — usam o rótulo de "louco" em todos os que fogem à norma bipartidária.

Esse comportamento é, parcialmente, motivado por uma versão adolescente/escolar de autoritarismo (todos os que se desviam das ideias populares — democratas e republicanos — são perdedores marginais que devem ser castigados por aqueles que querem ser vistos como seres normais), e isso é, em parte, motivado pelo desejo de preservar o poder dos dois partidos políticos de monopolizar todo o debate político e de definir os conceitos de sanidade e aceitabilidade da norma. Entretanto, independentemente do que motiva esse comportamento, ele é irracional e sem sentido ao extremo.

Há anos, escrevo sobre essa dinâmica destrutiva, por meio da qual pessoas que apoiam ideias, claramente, loucas e políticos loucos consideram-se árbitros da sanidade, simplesmente, porque são democratas e republicanos normais e porque seus objetos de desprezo não são. Para mim, o assunto não tem nada a ver com Ron Paul, e tudo a ver com como o termo "louco" é definido e aplicado como arma na nossa cultura política. Talvez, o exemplo mais claro e prejudicial disso foi a forma como as opiniões antibelicistas acabaram marginalizadas e até supressas quando do ataque ao Iraque porque as lideranças dos dois partidos apoiavam a guerra e as posições antibelicistas; portanto, era algo exclusivo do território dos loucos. É o que acontece a quaisquer opiniões que não têm o endosso dos dois partidos.

Greenwald, então, cita Conor Friedersdorf:

Obrigado a escolher a política "mais louca" defendida por políticos americanos, diria que é a multibilionária guerra às drogas, que ninguém acha que pode ser vencida. Se me perguntassem qual a ideia mais "extremada", citaria a invasão ao Iraque, uma guerra inútil que custou bilhões de dólares e incontáveis vidas inocentes. A política "mais tola" é, possivelmente, a dos subsídios agrícolas ao milho, açúcar e tabaco — produtos que pessoas tentam consumir menos, não mais [...].

Se voltar ao padrão ouro é impensável, isso não é tão grave que o presidente Obama tenha um poder absoluto de assassinar, sem o devido processo legal, qualquer americano vivendo no exterior que ele considere um combatente inimigo? Ou que Joe Lieberman queira tirar a cidadania dos americanos não quando sejam condenados de atividades terroristas, e sim depois de serem acusados ou considerados combatentes inimigos?

[...] Essas descrições ultrajantes nunca são usadas contra as políticas estabelecidas dos Estados Unidos, nem mesmo quando elas se provam como, ruidosamente, equivocadas, enquanto políticos que não se encaixam na norma democrata ou republicana, como os libertários, são zombados quase que por reflexo com esses termos, isso quando são notados.

Acontece que meu livro de 2011, *Rollback*, contém um capítulo sobre o Fed que reduz a cinzas praticamente tudo o que Yglesias escreveu sobre um sistema financeiro centralizado. Por exemplo, a afirmação de que o Fed tornou, no fim das contas, a economia mais estável e deu-nos recessões mais curtas e amenas é dita como se isso fosse tão óbvio que somente um ideólogo cego — ou um "excêntrico" — pudesse discordar. A verdade, entretanto, é que tal afirmação baseia-se em estatísticas que foram contestadas nas últimas duas décadas. Até Christina Romer, ex-presidente do Conselho de Políticas Econômicas de Barack Obama, notou que esses números equivocados exageram na instabilidade existente antes do Fed e subestimam a instabilidade existente desde então. A instabilidade produtiva que existia antes do Fed devia-se, principalmente, a uma instabilidade natural de produção, aqui um problema na colheita, ali uma praga numa sociedade agrícola, enquanto a instabilidade que vemos, desde a criação do Fed, é creditada à política monetária em si.

Podemos dizer, com segurança, acho, que Matt Yglesias não sabe, absolutamente, nada sobre os pânicos bancários do século XIX, sobre os ciclos econômicos pré-Fed ou sobre as revisões acadêmicas a serem encontradas em várias publicações profissionais, nem sobre as estatísticas, previamente, aceitas, antes, usadas para provar o sucesso relativo do Fed. Nesse sentido, tampouco, sabem-no aqueles que nos condenam como excêntricos por pensarmos que, talvez, haja algo de perigoso e de desestabilizador numa agência de planejamento central mexendo nas taxas de juros e exercitando o monopólio monetário. Eles abrem caminho por meio de *posts* de blogues sabendo que jamais terão de debater com um oponente reconhecido cara a cara. Basta, pensam eles, chamarem-nos de excêntricos e deixar por isso mesmo. Nós, que insistimos em rejeitar o espectro Biden/Romney, não merecemos nada melhor.

Enquanto isso, no entanto, hordas de brilhantes jovens estão estudando e criando algo a partir do pensamento austríaco. O fato de um blogueiro sem credenciais com nenhuma contribuição acadêmica a, absolutamente, nenhum campo de estudo desejar dar-lhes lição de moral por adotar algo além do paradigma dominante na economia — de onde eles tiraram a ideia de que podem questionar a autoridade? — é algo que, improvavelmente, deixará de existir.

Isso é uma má notícia para o pobre Matt Yglesias, que é o pior tipo de progressista — o sócio à esquerda do regime. Nós não só não vamos embora como, na verdade, estamos tornando-nos mais fortes e numerosos. A geração ascendente dos austríacos, posso testemunhar, está cheia de gênios — posso mencionar, rapidamente, David Howden, Philipp Bagus, Mateusz Machaj, G.P. Manish, Malavika Nair, Per Bylund, Xavier Méra, Matt McCaffrey e muito mais — que dominam não só as teorias estabelecidas diante das quais Yglesias ajoelha-se como, também, a alternativa austríaca, sobre a qual ele conhece apenas a versão das caricaturas que ele encontra no *New York Times*.

Boa sorte, cara. Você vai precisar.

8 DE MARÇO DE 2011

21

CONTENTE-SE COM O SEU REPOLHO E COM O SEU FEIJÃO BRANCO, CIDADÃO

Uma citação de Benjamin Franklin está sendo divulgada por esquerdistas nos últimos tempos:

> *Toda Propriedade necessária a um homem para a conservação do indivíduo e para a propagação da espécie é seu direito natural e ninguém pode, justamente, privá-lo dela. Toda propriedade supérflua a tais propósitos, entretanto, é propriedade do público que, pela lei, criou-a e que, por meio de outras leis, pode dela dispor sempre que o bem-estar público assim demandar. Se ele não gosta da sociedade civil nesses termos, que se exile e viva com os selvagens.*

Isso deveria calar-me porque se trata de Ben Franklin falando. Mas por quê? Franklin era um mero mortal e seus argumentos só são fortes se, neles, houver lógica.

(Uma breve digressão: minha anedota preferida de Franklin é de 1729, quando houve um debate na Pensilvânia sobre se o governo colonial deveria ou não imprimir mais dinheiro e gerar inflação. Franklin apareceu para ajudar os inflacionistas escrevendo *A Modest Inquiry into the Nature and Necessity of a Paper Currency* [Uma modesta investigação sobre o caráter e necessidade do papel-moeda], que ajudou a política inflacionária a ser aprovada pela Assembleia. Por outro lado, adivinhe qual editora conseguiu o contrato para imprimir o dinheiro? Franklin disse que seus "amigos" na Assembleia, "que me consideraram útil, acharam, de bom tom, recompensar-me contratando-me para imprimir o dinheiro, um trabalho bastante lucrativo").

Há alguns problemas com a argumentação de Franklin — que, na verdade, é mais uma afirmação do que um argumento —, mas um elemento fundamental é a distinção entre a propriedade "necessária a um homem, para a conservação do indivíduo e para a propagação da espécie", por um lado, e a propriedade que é, meramente, "supérflua" do outro. Como Franklin propõe fazer tal distinção?

O economista George Stigler notou, há décadas, que, a fim de alcançar os padrões nutricionais estabelecidos pelo governo dos EUA em 1943 com um custo menor, um homem de 70 quilos consumia, num ano, 150 quilos de farinha de trigo, 57 latas de leite, 50 quilos de repolho, 10 quilos de espinafre e 140 quilos de feijão branco.

Era isso tudo o que nos cabia de acordo com os planos de Franklin? Em termos estritos, tudo o mais é "supérfluo". Mesmo assim, nem mesmo Franklin deixou registros de ter sido tão abstêmio assim.

E quanto a ingressos para o teatro? São "supérfluos"? Se não, quantos ingressos Ben Franklin consideraria essenciais para uma vida satisfatória?

Dá para ver o quão arbitrário e inútil é isso.

E quem decidirá que parte da minha propriedade é necessária (e, portanto, meu direito de guardá-la) e que parte é "supérflua"? O governo, claro — a própria instituição que será capaz de ficar com a parte, supostamente, supérflua para si. Parece-me que a instituição encarregada de tomar a decisão sobre minha propriedade pode — *pode*, digo — ter um interesse oculto no resultado.

14 DE AGOSTO DE 2012

22

Esquerda e Direita: farinha do mesmo saco

Sejam quais forem os problemas que os conservadores comuns têm, hoje em dia, o maior deles é o que podemos chamar de tendência à histeria.

A saber: só lance uma ofensiva militar, justificando-a como quiser — em nome da segurança nacional, da libertação de um povo opresso, da vingança simples ou sabe-se em nome do mais o quê — e eles, imediatamente, irão defendê-la. Todos os que apoiam a missão serão grandes patriotas, enquanto os que se opõem a ela deveriam ser censurados, presos ou até executados. (Essas pessoas estão, provavelmente, ligadas aos terroristas mesmo). Qualquer um que acredite em alternativas à violência, em larga escala, será desprezado como um idealista tolo a quem falta o realismo que nosso mundo perigoso exige. Muitos conservadores vão acreditar, prontamente, e defender a propaganda mais estúpida e cruel e lançar ataques furiosos às pessoas dizendo o que mais tarde (e inevitavelmente) irá revelar-se como a verdade.

E os chamados progressistas não são tão melhores. Exceto que, com eles, você, simplesmente, precisa dizer que algo é de interesse público e que isso ajuda a conter todos os vilões que, de outra forma, aproveitar-se-ão do povo. Todos os que apoiam a missão regulatória do governo serão bons cidadãos — imbuídos de sentimentos civis, responsáveis, altruístas. Qualquer pessoa que não aceite a propaganda oficial será marginalizada e ignorada. (Essas pessoas estão, provavelmente, envolvidas com as grandes empresas mesmo). Qualquer um que acredite em alternativas à violência em larga escala — afinal, o Estado consegue o que quer graças à ameaça de prisão e de expropriação — será desprezado como um idealista tolo a quem falta o realismo que nosso mundo perigoso exige. Eles vão acreditar, prontamente, no slogan mais tolo sobre o setor público e todas as suas supostas contribuições ao nosso padrão de vida.

O que eles acham que sabem, já que aprenderam isso na escola, é que a vida era, insuportavelmente, horrível antes dos orçamentos federais *trilhonários*. As pessoas eram pobres, trabalhavam demais e tinham muito menos espaço para viver do que hoje. "Monopólios" dominavam a economia e exploravam os trabalhadores e consumidores. Sem o aparato regulatório moderno, tudo era inseguro e prejudicial. Você não precisa que eu continue, já que isso é tudo o que aprendemos na escola.

O fato de as pessoas, talvez, terem empobrecido porque nenhum outro resultado era técnica ou até logicamente possível numa economia carente de capital não é nem mesmo considerado, se é que é algo compreensível. O fato de um grupo incomum de "monopólios" ter derrubado os preços muito mais rápido do que em outros ramos da economia é algo desconhecido e, portanto, não se menciona isso. O fato de a alternativa privada às 80 mil páginas da regulação governamental, talvez, ser outra coisa que não a lógica do "o risco é do comprador" e do "cada homem por si mesmo", simplesmente, não é nem cogitado.

O Estado só quer que seus cidadãos sejam servis. Ao fazer suas apologias em nome do Estado, os chamados progressistas — o mau uso do termo irrita-me — estão exercendo, justamente, o papel que o Estado quer deles: legitimando o comportamento estatal junto ao público. A falta de curiosidade deles quanto a soluções não estatistas — eles demonstram pouco interesse em descobrir como as pessoas resolviam seus problemas antes do New Deal, por exemplo — é um extra. Mais fácil retratar o passado como insuportável e o Estado como um ente salvador.

Claro. A história americana não nos dá exemplos de cidadãos pré-New Deal passando por cima de cadáveres de crianças e velhos a caminho do trabalho, então, supostamente, algo estava sendo feito pelo povo, mas parece haver, relativamente, pouco interesse em saber-se como era a vida. (David Beito explora essa pergunta em seu importante livro *From Mutual Aid to the Welfare State*.)

Ora, o que é o Estado mesmo? Esqueça todas aquelas bobagens sem sentido sobre teorias do contrato social, o consentimento do povo, sei lá. O que é essa *instituição?* Eis aqui Murray Rothbard:

> *O Estado é um grupo de pessoas que conseguiu um monopólio virtual do uso da violência em determinado território. Em particular, ele conquistou um monopólio da violência agressiva, já que o Estado, geralmente, reconhece o direito de indivíduos do uso da violência (mas não contra o Estado, claro) em autodefesa. O Estado, então, usa esse monopólio para exercer poder sobre os habitantes da região e gozar dos frutos materiais de tal poder. O Estado, pois, é a única organização na sociedade que regular e abertamente obtém renda por meio do uso da violência* agressiva; *todos os outros indivíduos e organizações (exceto se esse direito for delegado pelo Estado) podem adquirir riqueza somente por meio da produção pacífica e pela troca voluntária de seus respectivos produtos. Esse uso da violência para obter renda (chamada de "taxação") é a base do poder estatal. Sobre essa base, o Estado erige uma estrutura de poder sobre os indivíduos em seu território, regulando-os, punindo críticos, subsidiando favorecidos etc. . O Estado, também, dá a si mesmo o monopólio com-*

pulsório de vários serviços fundamentais necessários à sociedade, mantendo, assim, a dependência das pessoas em relação a esses serviços estatais, controlando cargos de comando essenciais na sociedade e, também, criando, entre o povo, o mito de que apenas o Estado pode suprir esses bens e serviços. Assim, o Estado toma o cuidado de monopolizar a polícia e o serviço judicial, a propriedade das estradas e ruas, o suprimento de dinheiro e o serviço postal, e de monopolizar, efetivamente, ou controlar a educação, as utilidades públicas, o transporte, o rádio e a televisão.

Esse único parágrafo faz mais do que toda uma vida de estudos de sociologia para esclarecer o verdadeiro caráter do Estado e suas atividades. Eis seu grande veículo para o progresso reduzido à essência.

Albert Jay Nock, como notado no capítulo 11, discutia a tendência humana de buscar riqueza com o menor esforço possível. Por isso é que usar o Estado em benefício próprio é tão tentador a muitas pessoas. Franz Oppenheimer descreveu duas formas de adquirir riqueza: os meios econômicos e os meios políticos. Os meios econômicos envolvem a produção de um bem ou de um serviço que, depois, é vendido a compradores voluntários que querem melhorar seu bem-estar. As duas partes beneficiam-se. Os meios políticos, por outro lado, envolvem o uso da força para enriquecer um grupo à custa de outro — seja para adquirir a riqueza de outrem, diretamente, ou para dar a alguém uma vantagem injusta sobre seus competidores por meio do uso ou da ameaça de coação. Essa é uma forma muito mais fácil de enriquecer e, como as pessoas tendem a preferir o caminho mais fácil para a riqueza, uma sociedade que espera estimular a justiça e a prosperidade precisa desencorajar a aquisição de riqueza por meios políticos e encorajá-la por meios econômicos.

Os progressistas, contudo, acreditam que, quando a poeira baixa, o efeito em cadeia de toda essa pilhagem, todas essas trocas coercivas e o aumento incrível do poder estatal que elas geram será para o bem dos menos favorecidos entre nós, embora estes sejam, justamente, aqueles com menos tempo livre para envolver-se em lobby político, que têm menos recursos para usar em propina e corrupção e que têm menos relações com autoridades.

Então, eis aqui o que temos: uma torcida de Direita criando justificativas para o comportamento do Estado no exterior e uma torcida de Esquerda defendendo a violência e a pilhagem internas. (O "centro" político torce pela violência externa e interna, claro, como prova de sua sábia moderação). Os dois grupos aceitam, debilmente, e defendem as motivações das autoridades estatais e demonizam todos que ousam mostrar-se céticos quanto à pureza de suas intenções ou quanto à eficiência de suas ações. Enquanto isso, os políticos que controlam o show divertem-se e riem da incrível chantagem que podem levar a cabo e dos robôs ingênuos que têm a sorte de governar.

8 DE MAIO DE 2007

23

Meu livro subversivo

Quase dois anos depois do lançamento, continuo recebendo e-mails a respeito, elogiosos ou não, do meu livro *Politically Incorrect Guide to American History*. Apesar de o livro ter recebido várias boas críticas de ótimas pessoas — o melhor foi ter sido chamado de pensador mais original do ano por Pat Buchanan no último programa do ano do antigo noticiário da PBS *The McLaughlin Group* —, vale a pena dizer algumas palavras sobre as críticas negativas.

A mais importante apareceu na página de opinião do *New York Times* e, em boa parte, consistia em mencionar as coisas proibitivas que disse sem se dar ao trabalho de informar por que eram equívocos. Ora, essas coisas não deveriam ser ditas: basta! Provavelmente, não é necessário dizer que as vendas aumentaram muito depois da condenação do *Times*.

Por acaso, pouco depois do artigo de sucesso do *New York Times* (que acredito estar disponível *online* mediante pagamento; minha resposta está na página Artigos do site TomWoods.com, sob a rubrica "*Replies to Critics*"), o *Times*, na verdade, deixou-me expor minha parte na história na forma de um perfil favorável escrito por Natalie Canavor, que me entrevistou no meu escritório por 90 minutos. Juntamente com uma foto minha sorrindo à minha mesa, o artigo resultante, "*Revisionist History? A Professor Hopes So*", era favorável à mesma pessoa que eles haviam condenado como inimigo da sociedade um mês antes.

A editora colaboradora da revista *Reason*, Cathy Young, usou as páginas do *Boston Globe* para retratar-me — atenção! — como um "neoconfederado" com motivações infames. Ela é libertária e tudo, garantia ao mundo, mas eu estava levando a coisa do libertarianismo longe demais: será que não sei que algumas das guerras americanas tinham de ser travadas e que só algum tipo de extremista discordaria do retrato oficial de Abraham Lincoln? Pouco depois de 11 de setembro, por sinal, Young ensinou aos libertários que "uma sociedade livre não é um pacto suicida" e explicou que teríamos apenas de aceitar as novas formas de vigilância governamental. Não é de se admirar que ela não tenha gostado do meu livro.

Cerca de dez dias antes da publicação do artigo dela, Young escreveu fazendo algumas perguntas sobre meu "histórico". Dei respostas extensas e detalhas a todas as perguntas. Essas perguntas, entretanto, criaram um problema para ela, já que me fizeram parecer inteligente e sensato. Além disso, construí as sentenças de modo que ela não fosse capaz de tirar palavras do contexto; a frase toda teria de ser citada a fim de que minhas palavras fizessem sentido. Isso não daria certo para Cathy Young, que resolveu o problema abstendo-se de citar uma só palavra do que lhe escrevi.

O nefasto Tom Woods, no entanto, tem amigos e aliados em todos os lugares — até mesmo nos altos escalões da *Reason*. Um desses aliados deixou claro a todos que o ataque de Young era inaceitável e que eu deveria ser deixado em paz. Eles nunca disseram nada a meu respeito novamente.

O que mais me impressiona é a longevidade da crítica de Max Boot, publicada no site da *Weekly Standard*. Boot personifica todos os traços nacionalistas horripilantes do que, jocosamente, chamamos de conservadorismo hoje. Boot ficou famoso ao observar, no fim de 2001, que os Estados Unidos não sofreram baixas suficientes na sua Guerra ao Terror e mais tarde convocou uma "Legião da Liberdade" de soldados estrangeiros que serviriam naquela guerra. Com o exército americano cada vez mais dilapidado, explicou Boot, precisamos perceber que há "uma enorme fonte de força humana que não foi usada: todos no planeta que não são cidadãos americanos e nem residem, permanentemente, nos EUA". Isso é uma boa ideia, de acordo com Boot, porque (entre outras coisas) os congressistas teriam menos escrúpulos para mandar não americanos para a batalha do que teriam em mandar seus eleitores.

Eis o que o historiador Juan Cole tem a dizer sobre Boot:

> *Não há guerra que Boot não ame, conquista com a qual ele não se entusiasme, território ocupado que ele ache que não pode controlar. Ele escreveu um artigo opinativo no* New York Times *no qual ele, monstruosamente, expressava aprovação à forma como os EUA matou 200 mil filipinos para manter a ocupação das Filipinas. NYT, 6 de julho de 2003: "Os Estados Unidos acabaram vencendo, mas foi uma guerra longa, dura e sangrenta que custou a vida de mais de 4200 soltados americanos, 16 mil rebeldes e cerca de 200 mil civis. Mesmo depois do fim formal das hostilidades, em 4 de julho de 1902, a resistência esporádica prolongou-se por anos. Não há motivo para pensar que a guerra atual no Iraque será, remotamente, tão difícil, mas a guerra das Filipinas serve para lembrar que os americanos têm uma longa história lutando contra guerrilhas — geralmente, vencendo, embora não rápida nem facilmente.*

Ainda assim, blogueiros esquerdistas ficam felizes em divulgar a crítica furiosa de Boot a meu livro — eles conseguem ignorar toda aquela coisa de usar imigrantes como bucha de canhão a fim de perseguirem um historiador iconoclasta que se afasta da opinião corrente. Da mesma forma, todo neoconservador que não gosta de mim faz referências solenes à crítica de Boot. (A edição impressa da *Weekly Standard* publicou uma crítica, surpreendentemente, favorável, que meus críticos neoconservadores leem em silêncio). A crítica de Boot, contudo, é, provavelmente, a mais tola de todas.

Por exemplo, Boot despreza minha crítica a Harry Truman — o democrata preferido dos neoconservadores, depois de Woodrow Wilson — por entrar em guerra contra a Coreia sem uma declaração de guerra do Congresso e eu não sei que "presidentes anteriores enviaram tropas americanas para guerras cem vezes sem qualquer declaração de guerra"? Essa jocosa referência às cem vezes teve origem numa peça de propaganda oficial durante as guerras da Coreia e do Vietnã. Para a verdade, consulte TomWoods.com/warpowers.

Novamente, à moda dos neoconservadores, Boot transforma perguntas importantes em slogans fáceis, sem conseguir endossar a posição do governo dos EUA indicando "simpatia" pelo outro lado. Assim, minha "simpatia estende-se não só aos rebeldes donos de escravos, mas também aos militaristas alemães". Sim, esse é um resumo justo e razoável das minhas ideias: sou a favor da propriedade privada, dos direitos individuais e da paz — exceto quando donos de escravos e militaristas alemães violam essas coisas; nestes casos, abandono meus princípios, levanto-me e grito.

Simpatizo com militaristas alemães, sabe, porque acho que foi uma má ideia de Woodrow Wilson enviar navios mercantes armados, com ordens de atacar submarinos, a zonas de guerra, numa época em que o país era, majoritariamente, a favor da paz. Também tenho essa opinião louca de que a fome imposta pela Grã-Bretanha a 750 mil alemães — 150 vezes mais vítimas do que os alemães teriam matado na Bélgica — foi um tanto ruim.

A discussão de Boot a respeito da minha posição quanto à 14ª Emenda — ele, aparentemente, nunca ouviu a opinião, recentemente, defendida por Forrest McDonald de que ela não foi, constitucionalmente, ratificada — tira uma única frase de contexto a fim de fazer parecer que eu me opunha à Emenda porque ela impedia que ex-Confederados assumissem cargos públicos. (Como se a questão de quem pode concorrer a cargos públicos fosse deixar-me acordado durante a noite toda). Eu, na verdade, argumentei, corretamente, que esse era um dos motivos para *os sulistas do século XIX* oporem-se à Emenda.

O real motivo para preocupar-me com a Emenda — não que alguém que tenha lido a crítica de Boot vá saber disso — é a utilização do governo federal como uma forma de intromissão em problemas locais, um fenômeno bem documentado por Gene Healy do *Cato Institute*. Boot, um nacionalista ao extremo, está mais interessado em recrutar nativos do Togo no Exército dos EUA do que nas implicações centralizadoras da 14ª Emenda, mas, mesmo assim ele deveria mencionar isso.

As objeções de Boot ao meu livro eram, praticamente, as mesmas feitas pelo *New York Times*, o que é um sinal do que é o neoconservadorismo. Os neoconservadores, por experiência própria, não entram em conflito com a narrativa padrão da história dos EUA. Os conservadores da velha *National Review*, certamente, entravam, mas, quando se trata dos grandes episódios do passado americano, não vejo em que ponto os neoconservadores realmente discordam disso. Na verdade, depois de ler o ataque de Boot à moda do *Times*, Pat Buchanan escreveu-me para dizer que Boot "pega a narrativa tradicional da história americana — a que a velha *National Review* rejeitava — e bebe-a de um só gole".

Ronald Radosh, neo-esquedista converso em neoconservador, em sua própria crítica, fez referência àquilo que chamou de "ataque preciso e duro de Boot". Até hoje, balanço a cabeça ao ler isso. Radosh, um historiador profissional, é tão comprometido com o neoconservadorismo que ele é capaz de endossar essa bobagem? A discussão que Boot faz dos poderes militares da presidência é "precisa", Professor Radosh? O resumo que ele faz dos Princípios de 1798[14] são "precisos"? A entrada dos EUA na Primeira Guerra Mundial é uma estratégia tão genial que a criticar é, necessariamente, perverso?

A crítica do esquerdista ocasional refletia o puro horror à minha ousadia de destruir ícones como Lincoln, FDR e o restante dos "grandes presidentes", diante dos quais deveríamos queimar incenso e meditar por causa da nossa pequenez. Muitos dos primeiros resenhistas na Amazon chamaram o livro de "nacionalista". Será que eles o leram mesmo? O que tem de "nacionalista" em um livro que não celebra nenhum conflito americano além da Guerra da Independência? Na Era Bush, você poderia pensar que a Esquerda, apesar de não necessariamente montar um fã clube do Tom Woods, poderia, ao menos, ficar contente por um best-seller lido por muitos conservadores denunciar os poderes militares atuais do presidente sem glorificar qualquer guerra americana — e, portanto, sem alimentar os piores e mais desprezíveis aspectos do conservadorismo moderno.

Em vez disso, professores de direito esquerdistas fizeram referência à crítica de Max Boot, indicando que, em vez de ficarem alheios à disputa — ou pior, ficarem do meu lado —, eles preferiam direcionar seus leitores a alguém que 1) acredita que o presidente pode mandar quantas tropas quiser para onde quiser sem a aprovação de ninguém; 2) quer recrutar estrangeiros no exército dos EUA porque congressistas estariam mais dispostos a enviá-los para o perigo do que se fossem mandar americanos nativos e 3) acha que a repressão do governo dos EUA aos nacionalistas filipinos foi a coisa certa a ser feita. Adoraria saber por que essas explicações são melhores do

14 Referência à ideia de que os estados podem julgar a constitucionalidade das leis e dos decretos federais e recusar-se a seguir leis que consideram inconstitucionais. (N. do T.)

que as conclusões do meu livro ou por que eu, um estatista antibelicista, sou mais perigoso do que Boot.

Você talvez entenda, por acaso, por que sou cético quando colegas libertários dizem-me para "fazer contato com a Esquerda". Não há motivo para esquerdistas tratarem-me como trataram-me, principalmente se são, de fato, contra a guerra, algo do que agora duvido. Tive muito mais sucesso convertendo conservadores em antibelicistas do que tive fazendo ao tentar que esquerdistas lessem, ao menos, uma frase do que escrevi, apesar de ter obtido um pouco de sucesso nisso sem muito esforço. (Depois de ter minha mão mordida por todos os supostos esquerdistas antibelicistas que reagiram ao meu livro, acho que seria educado de minha parte dar-lhes a outra mão escrevendo o livro *We Who Dared to Say No to War* com meu amigo esquerdista Murray Polner).

De vez em quando, ouço um libertário criticar os argumentos do livro sobre a Constituição — i.e., as afirmações de que este ou aquele governo violaram a Carta Magna. Quem se importa com a Constituição, perguntam esses críticos, já que o que importa são os direitos naturais, e não a lei positiva — e Lysander Spooner já provou que a Constituição não é confiável mesmo?

Apesar de seus méritos, contudo, esses argumentos fogem ao ponto. Observar que o governo federal tem, sistematicamente, denegrido, ignorado ou interpretado a Constituição de uma forma tendenciosa não é torná-la um fetiche. Um argumento proselitista bom, parece-me, envolve chamar a atenção para o desprezo do governo federal pela Constituição, justamente as regras que ele concordou em obedecer. Conheço várias pessoas que abandonaram seu conservadorismo convencional ao, finalmente, perceberem que uma "volta à Constituição" seria instável e frágil mesmo que possível, já que um pedaço de papel que o governo interpreta sozinho, dificilmente, garantirá a fiscalização desse mesmo governo.

9 DE OUTUBRO DE 2006

PARTE IV

RON PAUL E AS VERDADES PROIBIDAS

24

RON PAUL E OS REMANESCENTES

Poucas pessoas na vida pública tiveram coragem de distanciar-se dos limites restritos da opinião pré-aprovada. Nas raras ocasiões em que isso ocorre, dá-se início a um ritual macabro de esclarecimentos, de retratações e de pedidos de desculpas — uma verdadeira liturgia de expiação. Perdoe-me porque contradisse as sagradas autoridades. Jamais voltarei a desviar-me do espectro Biden/Romney.

O mundo mudou em 15 de maio de 2007. Alguém se desviou da opinião consagrada e depois não apenas não se penitenciou como, também, manteve-se firme e recusou-se a ser intimidado pelo silêncio.

Naquele dia, durante um debate presidencial republicano, Ron Paul disse coisas que os americanos não deveriam ouvir sobre a política externa do governo. Quando o ex-prefeito de Nova York, Rudy Giuliani, exigiu dele uma retratação, o dr. Paul não lhe deu essa satisfação. Ao contrário, ele argumentou com mais ênfase ainda.

Jon Arden, um americano comum que estava assistindo ao debate, converteu-se, imediatamente, à causa de Paul: "Ron Paul, sem nenhum amigo no mundo, nada além de hostilidade vinda de todas as direções, manteve-se firme e não recuou. Só reiterou seus argumentos com mais ênfase. Fiquei impressionado. Senti, naquele momento, que o mundo mudou para sempre, que houve essa grande mudança na realidade e no que pode acontecer".

Não seria a última vez. Num debate do Partido Republicano na Flórida — onde mais? — Ron Paul disse que o governo dos EUA deveria normalizar relações comerciais com Cuba. Num debate na Carolina do Sul, ele voltou sua artilharia contra a guerra às drogas. Numa reunião da associação árabe-americana, perguntaram se ele tinha um discurso especial para o grupo. Não, disse ele. Seria o mesmo discurso que ele faria em outro lugar.

Esse é Ron Paul.

Por que ele faz essas coisas? Por que ele não pegou o caminho de menor resistência repetindo slogans e sem correr riscos políticos? Um motivo é óbvio: ele é um homem honesto.

Outro motivo pode não ser tão óbvio: ele estava tentando atingir os remanescentes.

De vez em quando, ouvimos Ron Paul falar dos remanescentes — como ele tenta encontrá-los, falar-lhes, conquistá-los. O que ele quer dizer com isso?

Ele se refere ao texto "O Trabalho de Isaías", famoso ensaio de Albert Jay Nock. Nesse ensaio, Nock usou o exemplo do profeta Isaías para descrever a função do homem honesto na vida pública. (Acho que o exemplo de Elias está um pouco mais próximo do que Nock tinha em mente, mas esse não é o ponto).

Veja Nock adaptando as instruções do Senhor a Isaías para o vernáculo moderno:

"Diga-lhes o que está errado e o que vai acontecer se eles não mudarem o coração e endireitarem-se. Não meça as palavras. Deixe claro que eles têm uma última chance. Fale com ênfase, diretamente, e continue assim. Talvez Eu deva dizer-lhe", acrescentou o Senhor, "que não será nada fácil. A elite e sua intelligentsia empinarão os narizes para você e as massas não o ouvirão. Todos continuarão agindo como sempre até que acabem por destruir tudo e você, provavelmente, terá sorte se conseguir sair vivo".

Isaías não relutou em aceitar a missão divina, mas, quando ela lhe foi dita dessa forma, pareceu-lhe um trabalho realmente inútil. Qual o sentido de embarcar numa missão destinada ao fracasso?

"Ah", disse o Senhor, "você não entendeu. Existem remanescentes que você desconhece completamente. Eles são obscuros, desorganizados, pouco articulados, cada qual se arrastando o melhor que pode. Eles precisam ser encorajados e unidos porque, quando tudo tiver sido lançado aos cães, serão eles que voltarão e construirão uma nova sociedade; enquanto isso, suas pregações irão tranquilizá-los e irão mantê-los firmes. Seu trabalho é cuidar dos remanescentes; então, vá e faça".

E é isso o que o dr. Paul tem feito. Ele tem procurado pelos outrora invisíveis remanescentes, dando-lhes consolo, fazendo-os reconhecerem-se, motivando-os. Curvar-se à respeitabilidade da norma seria, completamente, contra seu objetivo. Essas abordagens repelem os remanescentes, disse Nock. Por outro lado, os homens sinceros que atraem os remanescentes irão encontrá-los.

Para deixar claro, Ron Paul quis tornar sua mensagem a mais atraente possível para as pessoas. Ele nunca ignorou, gratuitamente, alguém. Ele consegue isso, entretanto, não pelo método comum, que é adaptar a mensagem de acordo com os resultados das pesquisas. Ele, simplesmente, fala a verdade com ousadia e sem recuar.

E o mesmo faz Nock:

[Isaías] pregou para as massas só no sentido de que falava publicamente. Todos os que queriam podiam ouvi-lo; todos os que queriam podiam ignorá-lo. Ele sabia que os remanescentes iriam ouvi-lo e, também, sabendo que não podia es-

perar nada das massas, em nenhuma circunstância, ele não lhes pedia nada específico, não ajustava a mensagem a seus ouvidos e não ligava se eles prestavam atenção ou não nela. Como um editor moderno diria, ele não estava preocupado com a tiragem ou com os anúncios. Assim, desprovido de quaisquer obsessões, ele estava na posição de fazer seu melhor, sem medo ou lisonjas, e respondendo apenas a seu Senhor".

Muitas pessoas, possivelmente até a maioria, não querem que sua visão de mundo seja questionada. Elas querem intermináveis concessões. Querem cheques nominais a elas. Querem ser cortejadas. Como disse antes, querem "Vocês são os mais incríveis dos incríveis, e é por isso que seu governo é odiado ao redor do mundo: porque vocês são incríveis".

Alguém com esse nível de desenvolvimento moral e intelectual não vai compreender Ron Paul, muito menos o apoiar.

É frustrante e inútil tentar atrair tais pessoas, diz Nock.

Elas lhe pedem que você dê o que elas querem, elas são insistentes e não aceitarão outra coisa e ceder a seus caprichos, às suas mudanças irracionais de gosto, a seus altos e baixos, é algo entediante, sem falar que o que elas querem interessa pouco à profecia. Os remanescentes, por outro lado, só querem o seu melhor, o que quer que ele seja. Dê-lhes isso e eles se satisfarão. Você não tem com o que se preocupar".

Ron Paul fez tanto sucesso arrecadando fundos porque os remanescentes nunca tinham sido procurados por um candidato à presidência antes. Aqui, estava um homem inteligente que desafiava as convenções políticas, falava ao público sobre coisas em que as pessoas nem sabiam que tinham interesse e podia vangloriar-se de uma coerência que impressionava até o mais duro dos cínicos. Isso chamou a atenção das pessoas.

Nock entendeu bem, mas eu corrigiria um pouco a apresentação dele. Ele parecia falar como se os remanescentes fossem um grupo limitado. Eles podem ser raros, mas não são finitos. Dr. Paul mostra que o número de remanescentes pode ser aumentado, que não basta encontrá-los e inspirá-los. O compromisso do dr. Paul com a verdade, mesmo quando isso só parece render-lhe dor, chama a atenção de muitos americanos apáticos, fazendo-os juntarem-se aos remanescentes.

Nock descreve, ainda, o trabalho de encontrar um remanescente como uma tarefa ingrata, um trabalho de resultados intangíveis.

Em qualquer sociedade, a quantidade de remanescentes é sempre desconhecida [...]. Você não sabe nem jamais saberá quem são os remanescentes, nem o que fa-

zem ou farão. Você sabe apenas duas coisas, e nada mais: primeiro, eles, realmente, existem; depois, eles o encontrarão. Exceto por essas duas certezas, trabalhar pelos remanescentes significa trabalhar em total escuridão.

Nock viveu antes da Internet. Ron Paul, agora, sabe quem são os remanescentes. Ele tem noção da quantidade. Ele sabe um pouco do que eles estão fazendo. Ele sabe que causou um impacto. Nock não acha que isso fosse possível. Na época dele não era mesmo.

Hoje, vivemos um momento de oportunidade que jamais imaginávamos há uma geração. Uma revolução na transmissão das informações está em curso. Todos podem expressar suas ideias diante do mundo. De repente, ideias, livros e pessoas exclusas do espectro Biden/Romney podem ter uma audiência mundial. Em comparação a isso, Gutenberg parece um preguiçoso.

Ron Paul fez seu trabalho. Ele encontrou e uniu os remanescentes. E é daí, e não da aprovação fugaz de uma lei, que emergirá a verdadeira e duradoura mudança.

22 DE JUNHO DE 2012

25

RON PAUL NÃO TEM UM "CULTO" DE SEGUIDORES

Ouvimos isso o tempo todo: Ron Paul tem um "culto" de seguidores. Acho que, como as pessoas dedicam-se a ele, correndo para as urnas, enquanto os militantes de outros candidatos não se dão ao trabalho de levantar do sofá para votar neles, as pessoas supõem que há alguma espécie de culto à personalidade. Em vez de perguntar o que há de errado com os outros candidatos que despertam tão pouco entusiasmo, os críticos preferem atacar os eleitores de Paul.

O movimento de Paul, no entanto, como deveria ser óbvio, é o contrário de um culto. Primeiramente, o líder, raramente, usa a palavra "eu". Depois, eles têm motivos substanciais para darem-lhe apoio. Fale com um militante de Ron Paul e você encontrará alguém que sabe mais do que o eleitor médio sobre temas como políticas monetária, Constituição, história americana e outras coisas. Essa pessoa pode dar-lhe vários motivos sólidos para apoiar Ron Paul, desde que você esteja disposto a ouvir.

Compare isso com o que, geralmente, vemos nos apoiadores de outros candidatos. Eles gostam dessas pessoas porque o candidato "parece presidente", "parece um líder" (isso não é uma espécie de seita?), era empresário, fala bem e assim por diante. Em outras palavras, os motivos tendem a voltar-se para outra pessoa, não às ideias que essa pessoa defende.

Não estou tentando usar o mesmo argumento para dizem que quem apoia outro candidato é que faz parte de uma seita, embora você possa perceber que a carapuça serve, mas o apoio dessas pessoas a seus candidatos é instável demais, como deixam claro as pesquisas, para que o termo "culto" funcione.

Entretanto, pelo amor de Deus, que motivo há para apoiar um empresário como Herman Cain? É a posição dele quanto a certos temas? As pessoas do *Tea Party* que lhe dão apoio, supostamente, são contra a ajuda aos bancos, algo que Cain defende. Eles deveriam ser contra Mitt Romney, a quem Cain deu apoio. Eles deveriam preocupar-se com a dívida pública, e Cain critica Ron Paul por exagerar ao querer equilibrar o orçamento em três anos! Eles deveriam importar-se com a economia, mas Cain disse que a economia estava, plenamente, saudável em 1º. de setembro de 2008, às vésperas do colapso.

Então, Cain *desafia*, diretamente, os princípios que seus apoiadores defendem, mas eles o apoiam mesmo assim. E as pessoas dizem que os fãs de Ron Paul é que são uma seita?

Os números de Cain, nas pesquisas, começaram a cair graças às acusações de infidelidade, tema que os mesmos eleitores tendem a ignorar em Newt Gingrich, cujos números estão em ascensão. O que não conseguiu fazer Cain cair nas pesquisas, estranhamente, foi sua posição em temas com os quais seus apoiadores fingem importar-se. Cain deveria ter caído nas pesquisas, meses antes, por conta de suas opiniões se as pessoas importassem-se mais com seus princípios e menos com o faro de o cara posicionar-se ereto, falar bem ou administrar um negócio.

Newt Gingrich, que está em ascensão nas pesquisas, é outro candidato, perfeitamente, adequado ao que o eleitor médio do Partido Republicano parece querer: um candidato da norma estabelecida propondo mudanças insignificantes.

Uma pesquisa da Suffolk University com republicanos da Flórida, em outubro de 2011, anunciou um apoio de 25 por cento a Mitt Romney e de 24 por cento a Herman Cain. Em outras palavras, esses eleitores acreditam que o país está 4 por certo no caminho errado, mas tudo bem. Apesar de falarem tanto o quão ruim Obama é, aparentemente, as coisas não estão *tão* ruins se pretendem substituí-lo por um homem tradicional como Romney ou como Cain (ex-presidente do *Kansas City Federal Reserve*).

Com Romney, é óbvio que nada vai mudar. Com Cain, é só um pouco menos óbvio. Sua maior proposta é uma mudança tributária que não alterará a arrecadação. Ele não planeja cortar nada. Ele apoiou Romney em 2008. Ele apoiou o TARP[15] — ele *não tinha ideia* de que isso seria usado para "escolher vencedores e perdedores"! — o que significa que, no principal assunto econômico da nossa época, o que o diretor do orçamento de Reagan, David Stockman, chama de "a maior abominação da política econômica desde os anos 1930, ou, talvez, desde sempre", Cain preferiu o governo ao povo. Ele dá lições aos "puristas do livre-mercado" por oporem-se a isso.

Dá para imaginar quanta "mudança" podemos esperar de alguém assim — toda a ordem estabelecida de um lado (o *New York Times*, o *Washington Post*, os comentaristas da TV a cabo, John McCain, Barack Obama) e o povo americano do outro, e Cain prefere a ordem estabelecida. Ele, no entanto, vai ser um revolucionário da próxima vez que acontecer, não?

15 Programa de ajuda governamental ao banco por meio da compra de bens e de títulos das instituições. (N. do T.)

Sem mencionar que ele achava que não havia nada de errado com a economia em 1º de setembro de 2008. Era uma "recessão imaginária", disse ele, inventada por uma mídia hostil que odeia republicanos.

Nas duas semanas seguintes, (1) *Fannie Mae* e *Freddie Mac* foram tomadas pelo governo dos EUA; (2) *Merrill Lynch* foi vendida para o *Bank of America*; (3) *Lehman Brothers* declarou falência; (4) o Fed deu ajuda financeira à AIG; (5) *Washington Mutual* foi vendido para o *JP MorganChase*; (6) o secretário do Tesouro Hank Paulson disse que a economia estava tão ruim que US$700 bilhões precisavam ser gastos, imediatamente, em ajudas; senão, alertou Ben Bernanke, "talvez não tenhamos uma economia na segunda-feira".

Como Cain podia esperar resolver algo que não tinha nem percebido e, ainda, ridicularizar outras pessoas por apontarem o problema? Pior ainda: ele é tão café com leite com relação à economia que chama seu conselheiro econômico ao palco para responder até mesmo as perguntas mais simples.

Sua política externa é igual à de Hillary Clinton. Os dois aceitam o consenso bipartidário quanto à política externa que rendeu, aos americanos, um desperdício de dinheiro atrás do outro.

Enquanto isso, Ron Paul alertou, em 2001, que Alan Greenspan e o *Federal Reserve*, quando a bolha da NASDAQ tinha acabado de estourar, estavam criando uma bolha imobiliária. Ele fez afirmações proféticas, nos anos seguintes, enquanto todos os outros candidatos republicanos ficaram mudos quanto à economia ou até se empolgaram com ela. Assim, Joe Scarborough perguntou-lhe: "Como é possível que você soubesse disso no Comitê Bancário de 2003 enquanto todos os outros só ficaram sabendo com o colapso?".

Então, os eleitores da Flórida estão dizendo-nos isto: não queremos alguém sincero que, em 2001, explicou, precisamente, o que estava acontecendo à economia. Não queremos nada diferente da política externa bipartidária trilhonária, apesar de não apoiarmos nenhum outro programa bipartidário. Queremos alguém distraído e capaz de deixar as coisas mais ou menos como estão.

Estamos enfrentando um problema sério, duradouro e sistêmico, e tudo o que os Cains, Gingrichs, Romneys e Perrys conseguem sugerir é alguma mudança regulatória e reforma tributária. Isso é completamente irrelevante para o problema que enfrentamos agora. Precisamos de mudanças profundas e sistêmicas realizadas por alguém que, realmente, defenda o livre-mercado e que veja a situação como um todo, e não de mudanças pontuais de alguém vazio de ideias.

Sim, sei que não deveríamos gostar de Ron Paul por causa de sua política externa. Aqui, parece que a suposição é a de que qualquer pessoa que se afaste da política externa defendida por Hillary Clinton, Mitt Romney, Joe Biden, Mitch McConnell, pelo *New York Times* e pelo *Washington Post*, provavelmente, está louca. No final das contas, entretanto, talvez não seja assim algo tão conservador desperdiçar trilhões de dólares, supostamente, para lutar contra o radicalismo islâmico numa guerra em que um zé-ninguém governa um Iraque secular, enquanto nosso próprio país está endividado.

O Departamento de Defesa (cujo nome está errado porque, depois do 11.9, o governo federal criou um novo departamento, o *Homeland Security*, cujo objetivo era defender o país) é o programa governamental que os conservadores jamais questionam. Ele é administrado por anjos oniscientes que não precisam nem ser auditados. Ele não tem interesses velados que possa perseguir à custa do bem comum. Isso só serve para os subsídios agrícolas e para as burocracias do sistema de educação. Esse é o Departamento de Defesa, cidadão. Confie neles! EUA! EUA!

Será que os conservadores, um dia, perceberão que o slogan "governo limitado" significa governo limitado, não governo limitado *mais* uma presença militar extensiva que vai contra tudo o que os Fundadores da Pátria diziam da incompatibilidade entre uma guerra permanente e a saúde da república? Será que eles cogitarão a menor — *menor* — possibilidade de que o governo federal não só os está enganando quanto ao sistema de saúde, mas, também, quanto à política externa?

Podemos fazer isso por tempo o bastante para que Ron Paul, munido de mais conhecimento econômico que todos os outros republicanos combinados (e percebo que esse é um elogio minúsculo), coloque o país de volta na direção certa?

14 DE NOVEMBRO DE 2011

26

26 COISAS QUE NÃO ELEITORES DE RON PAUL ESTÃO DIZENDO

Durante as campanhas presidenciais de 2008 e de 2012, Ron Paul disse verdades proibidas, não mediu todas as palavras de acordo com os conselhos de consultores políticos, manteve-se fiel a seus princípios e recusou-se a falar ao público americano por meio de slogans. Ainda assim, milhões de eleitores republicanos insistiram em ser calados por homens de plástico escolhidos por uma agência centralizada.

No que eles podiam estar pensando? Cheguei a estas 26 possibilidades:

(1) A norma política americana tem feito um ótimo trabalho mantendo nosso país próspero e nossas liberdades protegidas; então, tenho certeza de que qualquer candidato que eles sugiram é bom.

(2) Nosso país está, basicamente, falido. As responsabilidades sem receitas previstas superam os US$200 trilhões. Portanto, é uma boa ideia votar em alguém que não propõe cortes de gastos de quaisquer tipos.

(3) Promessas vagas de cortes de custos não bastam para mim, por mais que elas sempre tenham resultado em mais gastos no passado.

(4) Prefiro um candidato que brinca com a multidão em vez de um que tenha a coragem de dizer à plateia coisas que ela talvez não queria ouvir.

(5) Preocupo-me muito com os gastos. Portanto, gostaria de votar em alguém que apoiou o *Medicare Part D*[16], assim, acrescentando US$7 trilhões aos custos sem receitas do *Medicare*.

(6) Sou contra as ajudas financeiras a grandes empresas. Portanto, vou votar num candidato que apoie o TARP.

(7) O governo federal está envolvido demais na educação, área em que não tem função constitucional. Portanto, vou votar num candidato que apoiou a ampliação do Departamento de Educação e defendeu a Lei *No Child Left Behind*.

16 Programa do governo americano que subsidia remédios para os beneficiários do Medicare. (N. do T.)

(8) Apesar de praticamente todos terem sido pegos de surpresa pela crise financeira de 2008, da qual ainda estamos recuperando-nos, é uma boa ideia não votar no único político que previu, exatamente, o que estava prestes a acontecer, ainda em 2001.

(9) Não me impressiono com um candidato que inspira as pessoas, principalmente os jovens, a ler os grandes economistas e filósofos políticos.

(10) Preocupo-me com os impostos. Portanto, não votarei no único candidato que jamais apoiou o aumento de impostos.

(11) Acredito ser um gesto conservador apoiar a imposição do Iluminismo no Afeganistão por meio da intervenção militar.

(12) Apesar de perder metade da minha aposentadoria quando a economia saiu da fase maníaca na qual os juros artificialmente altos do *Federal* colocaram-na, gostaria de votar em alguém que não se interessa pelo *Federal Reserve*.

(13) Apesar de os 50 anos de embargo não terem feito nada para derrubar Fidel Castro e, na verdade, deram-lhe a justificativa perfeita para todos os fracassos do socialismo, defendo a continuidade dessa política.

(14) Se alguém tem problemas com drogas, o estupro na prisão é a melhor solução na qual consigo pensar.

(15) Apesar de a Constituição ter de receber uma emenda para permitir a proibição do álcool e apesar de eu dizer que me importo com a Constituição, não me importo que não haja autorização constitucional na guerra às drogas e vou punir nas urnas todos os que defendam a solução constitucional de devolver a causa aos estados.

(16) Acredito que apenas um "liberal" pensaria que era cruel manter o embargo ao Iraque nos anos 1990, apesar de uma das primeiras pessoas a reclamar dessa política ter sido Pat Buchanan.

(17) A *Brookings Institution* diz que o *Contract with America* de Newt Gingrich[17], de 1994, foi uma declaração insignificante. Defendo pessoas que apoiam declarações insignificantes desde que elas, às vezes, divirtam-me com um belo discurso.

(18) Preocupo-me com o Islã radical, então, era uma boa ideia depor o secular Saddam Hussein — que era tão desprezado pelos muçulmanos que o próprio Osama bin Laden ofereceu-se para lutar contra ele na Guerra do Golfo de 1991 — e substituí-lo por um regime xiita amigo do Irã, ao mesmo tempo, escrevendo uma constituição que decreta o Islã como religião estatal e veta qualquer lei que contradiga seus ensinamentos.

(19) A detenção indefinida de cidadãos americanos não é motivo de preocupação, principalmente, visto que nossa classe política é tão confiável e jamais abusaria de tal poder.

17 Documento que estabelecia os princípios segundo os quais o Partido Republicano governaria caso alcançasse a maioria do Congresso nas eleições legislativas. (N. do T.)

(20) Complementando a (19), acredito que Thomas Jefferson estava sendo só paranoico quando disse: “Em questões de poder, que não se fale mais na confiança do homem, mas que o proteja da injúria pelas correntes da Constituição”.

(21) Apesar de a guerra no Iraque basear-se em propaganda pura, da qual eu teria rido se a União Soviética usasse-a, e apesar de o resultado ter sido centenas de milhares de iraquianos mortos, quatro milhões de pessoas refugiadas, trilhões de dólares desperdiçados, dezenas de milhares de feridos entre soldados americanos e uma epidemia de suicídios em todo o exército, sem falar na ruína da reputação dos EUA no mundo, não vejo razão para desconfiar quando as mesmas pessoas que nos levaram a esse fiasco pedem-me que apoie outra guerra quando meu país está falido.

(22) Não fui explorado o suficiente ainda pela agradável relação entre grandes empresas financeiras e o governo dos EUA e gostaria que ela continuasse.

(23) Sei que a mídia vai caluniar ou marginalizar todos os que, realmente, querem consertar este país. Quando, entretanto, a mídia calunia ou marginaliza Ron Paul, não concluo nada disso.

(24) Quero ouvir coisas deste tipo: “Meus caros americanos, vocês são os mais incríveis entre os incríveis e a única razão para o mundo estar revoltado com nosso governo é o fato de vocês serem tão incríveis”.

(25) Acho que é uma boa ideia votar em Mitt Romney, cujos maiores doadores são Goldman Sachs, Credit Suisse e Morgan Stanley, e uma má ideia votar em Ron Paul, cujos maiores doadores foram o Exército a Marinha e a Força Aérea dos EUA.

(26) Não confio na Imprensa. Quando, entretanto, a imprensa diz-me para não apoiar Ron Paul, que diz coisas proibidas, vou acatá-la.

18 DE FEVEREIRO DE 2012

27

ALERTA: VERDADE PROIBIDA MENCIONADA

Ron Paul violou uma das regras mais obedecidas da vida política americana no debate do Partido Republicano na Carolina do Sul na noite passada: autoridades governamentais nunca devem ser honestas com o povo. As pessoas têm de ser, incessantemente, elogiadas, gostam de ouvir slogans simples e, em geral, preferem ser tratadas como crianças de sete aninhos.

O congressista Paul cruzou outro limite proibido ao contradizer uma das principais premissas de quase todos os analistas políticos americanos: estrangeiros nunca têm raiva da política externa dos EUA e jamais, por nenhum motivo, quererão vingar-se de nós. Você pode fazer de tudo para impedir que as instalações de tratamento de água sejam reparadas, você pode impor a fome e bombardear sem dó, pode causar meio milhão de mortes, e as pessoas aceitaram isso caladas. Na verdade, elas, provavelmente, passam todo o tempo repreendendo-se por não gostarem do governo dos EUA.

Homem de princípios e dono de um QI maior do que 80, Paul, naturalmente, recusou-se a continuar propagando isso. Ele explicou que a política externa tem consequências e que a interferência política e militar ao redor do mundo tende a fazer povos inteiros revoltarem-se contra nós. Se ignoramos esse fato simples e óbvio, é por nossa própria conta e risco. A conclusão implícita dele era a de que as estripulias do nosso governo transformaram-nos num povo odiado e mais vulnerável do que nunca. Em resumo, se você quer bancar o Império, não pode fingir que o fará sem um custo.

Para os robozinhos dos Estados Unidos de 2007, isso se chama "culpar a América pelo 11/9". Detetives deveriam ter isso em mente da próxima vez em que buscarem um motivo por trás de um assassinato. "Está procurando um *motivo?* Está dizendo que o morto pediu por isso"?

Relatórios de toda a comunidade dos órgãos de inteligência têm confirmado o argumento de Paul, como se precisássemos de confirmação expressa de algo que, em tempos normais, seria uma questão de senso comum. Michael Scheuer, da CIA, disse à CNN: "Estamos sendo atacados pelo que fazemos no mundo islâmico, não pelo que somos ou acreditamos ou como vivemos. E boa parte da culpa é do sr. Bush, do sr. Clinton, dos dois partidos por, simplesmente, mentirem ao povo americano".

Já posso até ouvir outra objeção: a história e a teologia islâmicas servem de pretexto para a violência da *jihad* a qualquer um que queira encontrar uma justificativa. Supondo que isso seja verdade, o que, exatamente, faz aquelas pessoas quererem encontrar tal justificativa? Devemos ignorar os incontáveis relatórios mostrando como a beligerância tola da administração atual aumentou as fileiras de radicais? E por que Osama bin Laden dá-se ao trabalho de produzir fitas de recrutamento detalhando atrocidades contra os muçulmanos se tudo o que ele precisava fazer era apontar para o Corão e enviar seus homens bombas para os Estados Unidos?

O restante do mundo, ao ouvir as opiniões de Paul, sem dúvida, sentir-se-á aliviado por saber que, ainda, há ao menos alguns americanos na vida política capazes de processar informações a um nível maior do que o de uma criança da sexta série e cuja compreensão dos temas internacionais não é ilusória ou caricata. Ser, contudo, um conservador hoje, claro, significa que, por princípio, você não se importa com o que o restante do mundo pensa — o que você é: uma espécie de comunista? Deus abençoe a América!

Felizmente, Russell Kirk não viveu para ver a caricatura de si mesmo em que o movimento conservador americano transformou-se. Kirk, um dos arquitetos de tal movimento, passou os últimos anos de sua vida opondo-se à aventura militar do governo dos EUA. O conservador mediano de hoje, por outro lado, que só sabe o que o governo e seus asseclas neoconservadores dizem-lhes, não estaria tão disposto a assumir a responsabilidade por isso.

(Na frente doméstica, uma breve observação: somente Ron Paul foi direto ao falar em conter a abrangência do governo federal. O pobre Tommy Thompson não conseguia pensar numa única coisa que quereria cortar — ah, exceto o parágrafo 17b, linha 32, de algum programa de saúde cujo objetivo levaria quinze minutos para descrever. Ele não estava sozinho: os demais candidatos falaram em cortar o desperdício e os maus usos — o que significa manter as coisas como estão. Como disse Lew Rockwell: "Os outros não conseguiam citar nenhuma máquina de escrever federal que venderiam". Não é de se admirar que eles odiassem ter Ron Paul por perto).

Ainda, há alguns americanos que não gostam de ser vítimas da propaganda oficial que seja condescendente com eles e de ser tratados como imbecis e são eles que admiram Ron Paul. Depois que os idiotas vaidosos deixarem o palco e forem esquecidos, Ron ainda será admirado.

17 DE MAIO DE 2007

28

POR QUE ELES NOS ODEIAM?

Dias depois do fatídico debate na Carolina do Sul no qual Ron Paul recusou-se a ser condescendente com o povo americano, explicando a eles o conceito de "tiro pela culatra" — que a intervenção estrangeira pode levar a consequências imprevistas e indesejáveis — o congressista texano convocou uma coletiva de imprensa especial com Michael Scheuer, ex-chefe da Unidade Bin Laden da CIA. (Scheuer, por acaso, é conservador e nunca votou num candidato não republicano).

O evento deveria ter atraído mais atenção — já que Scheuer ali estava para dizer que dr. Paul estava com a razão em seu debate com Rudy Giuliani:

> *Agora, temos dez candidatos republicanos na disputa e oito democratas. Dezessete deles não se preocupam com Osama bin Laden e o que ele representa [...] O dr. Paul apontou o único aliado indispensável à Al Qaeda, Osama bin Laden e seus aliados, isto é, a política externa americana.*
>
> *É um absurdo que parte da elite governante, nos Estados Unidos, acredite que a guerra em que estamos envolvidos, agora, tem a ver com nossa liberdade, nossa democracia, com a igualdade de gênero ou com o fato de eu beber minha* Budweiser *depois do trabalho. [...] Essa guerra tem a ver com nossa política externa e com seu impacto no mundo islâmico. Não tem nada a ver com o valor moral, monetário ou político de nossas escolhas. É, simplesmente, uma questão de entender o que motiva o inimigo.*

Scheuer seguiu falando do fracasso do aiatolá Khomeini, ao longo de uma década, de instigar uma *jihad* contra os Estados Unidos por causa da nossa boemia, nossa diversão, nossas mulheres trabalhando e coisas do tipo. Foi um fracasso completo. Ninguém explodiu a si mesmo por causa de filmes proibidos para menores.

O que tornou a mensagem de Osama bin Laden atraente, por outro lado, foi, precisamente, o fato de ser uma estratégia defensiva, atendo-se a problemas mais específicos que ecoavam entre a plateia muçulmana. Isso, e não uma guerra contra o Ocidente por conta de sua decadência, é o que atrai recrutas. Em outras palavras, talvez estejamos lidando não com vilões de histórias em quadrinhos, e sim com seres humanos de verdade.

"É muito comum ser difamado quando você diz algo assim", apressou-se Scheuer em acrescentar. "Você é um pacificador, um antiamericano. Acho que isso é uma vergonha, mas a elite governante quer proteger-se. Ela não quer discutir estes assuntos. [...] Acho que o dr. Paul fez um ótimo trabalho para o povo americano". É importante debater uma mudança na política externa dos EUA, disse ele. "Ao fim do debate, os americanos podem concluir que o *status quo* da política externa é o que eles querem. Se assim concluírem, entretanto, ao menos o farão de olhos abertos e saberão que estarão envolvidos em guerras por muito tempo, uma guerra sangrenta e muito cara".

Numa entrevista para a *Antiwar Radio*, dias antes da coletiva de imprensa, Scheuer disse: "Acho que o que o sr. Paul disse, na outra noite, estava certo. Esta guerra é perigosa aos Estados Unidos porque não se baseia na nossa igualdade de gênero, como sugeriu o sr. Giuliani, ou em qualquer outro tipo de liberdade, mas, simplesmente, no que fazemos no mundo islâmico — porque 'estamos lá', basicamente, como o sr. Paul disse no debate".

Para deixar claro, observou Scheuer, Maomé descreveu que o destino do Islã na Terra é um califado no qual todo o mundo é muçulmano, mas "a chance de isso acontecer num futuro próximo é a mesma de ver aplicada a Regra de Ouro, o "dê a outra face" ou o "ame o próximo" no mundo cristão. Sem chance. bin Laden é popular e sua mensagem ecoa porque é uma mensagem defensiva. É, praticamente, como se dissesse: "vão embora e nos deixem com nossos problemas".

Ele continuou:

Praticamente, a única coisa capaz de manter unida a frágil coalizão que Osama bin Laden formou é um ódio muçulmano comum em relação ao impacto da política externa dos EUA. [...] Todos concordam que odeiam a política externa dos EUA. A tal ponto que, se mudamos essa política em nome dos interesses americanos, eles se focam, mais e mais, em seus problemas locais: atacando o governo filipino, o governo saudita, o governo egípcio...

O sr. Paul não só disse a verdade como defendeu os interesses do povo americano, e fomos atacados pela Esquerda e pela Direita. Ao fim do dia, você admira a coragem do sr. Paul, mas teme pela segurança dos Estados Unidos porque as pessoas que atacaram o sr. Paul estão mais preocupadas em permanecer no poder do que em proteger a minha e a sua família.

Infelizmente, o que o sr. Paul está dizendo [...] vai ficar claro ao povo americano da próxima vez em que Osama atacar dentro dos Estados Unidos e tivermos um desastre maior do que o 11/9. Então, aquela história de "eles nos odeiam por causa das nossas eleições" e "eles nos odeiam por nossa igualdade de gênero" — tudo isso vai ser jogado fora e talvez possamos recuar, militarmente, depois que tivermos dezenas de milhares de americanos mortos.

Scott Horton, da *Antiwar Radio*, também, entrevistou o ex-agente de contraterrorismo da CIA Philip Giraldi, que, em boa parte, compartilha das opiniões de Scheuer:

> *Acho que qualquer um que saiba algo sobre o que aconteceu nos últimos dez anos perceberia a relação de causa e efeito aqui — que, em essência, a Al Qaeda tem uma diretriz que deixa bem claras suas reclamações. E as reclamações dela são, basicamente, que "estamos lá".*
>
> *Então, tudo o que Ron Paul estava, basicamente, dizendo era que — como a própria Comissão do 11/9 indicou em seu relatório — havia consequências em nossa presença no Oriente Médio e se queremos mesmo resolver o problema do terrorismo temos de pensar nisso com seriedade. Giuliani indicou que não só não é sério quanto a esse assunto como também parece ignorar tanto o relatório da Comissão do 11/9 e as realidades políticas do Oriente Médio.*

Ray McGovern, um veterano de 27 anos na CIA, disse, praticamente, a mesma coisa, dizendo a Horton: "Tenho orgulho de ver Ron Paul apresentando-se e dizendo o que acredita ser verdade. Se você acredita que eles nos odeiam por nossa democracia e por nossas liberdades, bom, eu sou dono de uma ponte no Brooklyn que quero vender-lhe a um preço justo. Eles nos odeiam por nossas políticas e era isso o que Ron Paul dizia [...] Giuliani, realmente, mostrou-se aqui como um demagogo".

Se você quer afagos e ouvir slogans, não faltam oportunidades nos Estados Unidos de hoje. Ron Paul, por outro lado, nisso e em tudo o mais, recusa-se a curvar-se aos outros e diz as verdades como ele as vê. (Ele, uma vez, disse a uma plateia de funcionários da NASA que vota, consistentemente, contra os programas da agência — um episódio comum e nada extraordinário para um homem honesto como Paul.) O tipo de candidato que apoiamos vai falar muito sobre o estado do nosso país.

19 DE JULHO DE 2007

29

RON PAUL NÃO PODE ESTAR AQUI

Este episódio da campanha de 2008 de Ron é simples, mas, para deixar registrado, quero reproduzir o que escrevi na época. É com esse tipo de canalhice que o pessoal de Ron Paul teve de lidar dia a dia. Por fim, Ron realizou um evento próprio ali perto e atraiu duas vezes mais pessoas do que o evento que trazia meia dúzia de candidatos. Foi a primeira vez em que as pessoas sentiram a força da revolução Ron Paul.

As organizações *Iowa Christian Alliance* e *Iowans for Tax Relief* estão *copatrocinando* um fórum de candidatos republicanos em 30 de junho [de 2007]. O evento trará Mitt Romney, Tommy Thompson, Sam Brownback, Jim Gilmore, Mike Huckabee e Tom Tancredo.

Ron Paul, contudo, está excluso.

Na verdade, foi, exatamente, isso o que a campanha de Ron Paul ouviu ao questioná-los. O gerente da campanha, Kent Snyder, conta a história:

> *Ouvimos falar desse fórum de vários eleitores em Iowa que perguntaram por que o dr. Paul não participaria. Os eleitores achavam que o dr. Paul tinha sido convidado.*
>
> *O comitê de campanha não tinha recebido nenhum convite, então, ligamos nesta manhã, achando que o convite tinha se perdido ou, simplesmente, sido esquecido. Lew Moore, nosso gerente de campanha, ligou para o sr. Edward Failor, executivo da Iowans for Tax Relief, a fim de perguntar-lhe sobre a ausência. Para nossa surpresa, o sr. Failor disse-nos que o dr. Paul não tinha sido convidado, que ele não seria convidado e que não teria permissão para participar do evento. Quando lhe perguntei por quê, o sr. Failor recusou-se a explicar. Ele desligou a ligação.*
>
> *Lew, então, ligou para o sr. Steve Scheffler, presidente da* Iowa Christian Alliance. *O sr. Scheffler não atendeu, então, Lew deixou-lhes uma mensagem. Ele ainda não respondeu.*

Depois de ler isso, eu mesmo liguei para Edward Failor. Disse-lhe que estava ligando sobre a exclusão de Ron Paul do fórum de candidatos, principalmente, levando-se em conta as opiniões de Ron Paul sobre os impostos.

— Você tem alguma pergunta que quer que eu responda? — perguntou uma voz irritada.

— Sim. Você está excluindo Ron Paul e, se sim, por quê?

Failor explicou que o evento tinha sido organizado há vários meses e que, na época, eles escolheram aqueles que consideravam os candidatos com mais "credibilidade".

Não entendi direito a resposta dele, apesar de, aparentemente, ser mais do que ele estava disposto a falar para a campanha de Paul. "Você achava que Tommy Thompson tinha mais credibilidade do que Ron Paul?", perguntei-lhe. (Você imagina as pessoas, alegremente, compartilhando vídeos do *Youtube* de Thompson e de seus amigos ou segurando cartazes com os dizeres "Revolução Tommy Thompson"?)

Failor recusou-se a responder esta e qualquer outra pergunta que lhe fiz e terminou com: "Esta é a única declaração que estou disposto a dar".

Essa explicação não é nada crível. Deixemos de lado o histórico dúbio da organização em se tratando de escolher candidatos "com credibilidade". Se fosse, ao menos, uma questão de logística, por que Failor não disse, logo, isso à campanha de Paul quando ele foi questionado sobre o assunto? (Não que fosse uma boa desculpa, mas seria alguma coisa). Uma pessoa não hostil, com bons modos, teria dito algo como: "Sentimos muito por como as coisas saíram-se, organizamos este evento há meses e claro que gostaríamos muito que sua campanha participasse se conseguíssemos colocar mais pessoas no palco".

A resposta que recebi, obviamente, foi inventada por Failor de improviso, já que ele não esperava que alguém lhe perguntasse sobre a decisão de excluir Paul.

A resposta que obtive, entretanto, também, é, obviamente, uma mentira. Eu rastreei a programação do evento a partir de um comunicado de imprensa do dia 8 de junho. Depois, encontrei uma nota mais recente. Esta última substituía Jim Gilmore por Duncan Hunter.

Eu me pergunto por que Hunter não foi avisado de que a organização foi feita com meses de antecedência, que ele não era considerado um candidato "com credibilidade" — a coisa toda.

Failor, você foi desmascarado.

Depois da nossa ligação, comecei a refletir sobre o caráter de Failor: que tipo de pessoa, à frente de uma organização contra impostos, excluiria um candidato à presidência com — e isso não é exagero —, possivelmente, o melhor histórico sobre o tema em toda a história americana, alguém que defende o fim do imposto de renda e uma redução drástica ou eliminação de quase todos os impostos federais? Será que o nome mais apropriado para a organização não seria Habitantes de Iowa por um Pouco Menos de Impostos, mas não Muito?

Perguntei aqui e ali e acontece que nosso querido Edward Failor era eleitor de... George Pataki. *George Pataki*! E eu aqui pensando que Failor tinha dificuldades para escolher candidatos com credibilidade.

Lembro-me de assistir a Pataki e Rudy Giuliani na abertura de um episódio de *Saturday Night Live* há alguns anos. Pataki lia tão mal suas falas que você tinha de, constrangido, mudar de canal. Ligeiramente menos inteligente do que George W. Bush: quem discordaria dessa descrição do candidato com credibilidade do sr. Failor?

O jornal *The New York Sun*, escrevendo sobre Pataki, observou em 2006: "O sr. Pataki pode ter dificuldades para atrair conservadores que defendem um governo menor, já que o aumento nos gastos de Nova York deve chegar a estimados US$75 bilhões no próximo ano fiscal, em comparação com os US$43 bilhões de 1995". Nenhum problema para Edward Failor. De acordo com o *Sun:* "O sr. Failor disse que os aumentos foram o resultado necessário depois de agressivos cortes nos impostos". Ah.

Talvez a organização seja Habitantes de Iowa que Estão só um Pouquinho Infelizes com o Status quo ou Habitantes de Iowa para Desonerações que Parecem Cortes nos Impostos. Talvez seja Habitantes de Iowa que Querem Garantias de que Nada Mudará.

Excluir Ron Paul de um fórum com candidatos sobre diminuição de impostos é como excluir o Batman de um fórum anti-Coringa. O mais engraçado é que essas duas organizações, ao proibirem a entrada de Paul, revelaram-se ainda piores do que a Imprensa que eles sempre criticam: no mesmo dia em que a campanha de Paul descobriu que tinha sido barrada no evento em Iowa, ela recebeu uma ligação da *ABC News* confirmando a participação de Ron Paul no debate de 5 de agosto em Des Moines, Iowa.

Não deveríamos ficar surpresos: esse tratamento é exatamente o que um candidato verdadeiramente de oposição espera num mundo de mentirosos e de vigaristas. Os aliados de Ron Paul, entretanto, são uma legião e estão aumentando o tempo todo. Até suspeito de que eles tenham algo a dizer sobre a exclusão do seu candidato.

Eis meu relatório:

Recebi e-mails de pessoas dizendo-me que o pessoal do *Iowa Christian Alliance* (ICA) insistia que não tinha nada a ver com a exclusão do dr. Paul e que a culpa é de Ed Failor, da *Iowans for Tax Relief*. (Ed não é muito popular hoje em dia, parece).

Agora, não tenho dúvida de que pode haver pessoas decentes na ICA e que eles podem, realmente, acreditar no que dizem. Essa organização, no entanto, não pode ser levada a sério quando diz, inocentemente, que não tem nada contra Ron Paul. A ICA tem uma página em seu site que lista todos os candidatos a presidente. Até ontem, quando mencionei isso no blogue de Lew Rockwell e constrangi-os um pouco, não havia menção a Ron Paul.

Já ouviu falar de Hugh Cort? De John Cox? De Mark Klein? As pessoas da ICA, evidentemente, já, uma vez que essas pessoas estão na lista. Elas, contudo, aparentemente, nunca ouviram falar de Ron Paul.

A verdade, porém, é que elas conhecem, sim, Ron Paul. Elas até costumavam citá-lo em sua lista, como revelam as páginas em cache, mas, depois, ele desapareceu.

Eles, também, tinham um link para o canal no *Youtube* de Paul, juntamente com links para os demais candidatos, no fim da página, mas isso, também, foi retirado. Então, se elas achavam que podiam dizer que deletar o link para o site da campanha de Paul foi um erro inocente, isso não vai funcionar.

Droga, eles até incluem uma lista de candidatos "em potencial". Essa lista menciona Al Sharpton.

Então, Al Sharpton merece ser mencionado, mas não Ron Paul. Eis a fé dos apóstolos, de acordo com a *Iowa Christian Alliance*.

Agora, voltemos à primeira outra organização preferida de Iowa, a *Iowans* (supostamente) *for Tax Relief*. Seu vice-presidente executivo, Ed Failor, não ficou nada feliz com minhas observações publicadas na quarta-feira. Nada feliz em absoluto.

Na verdade, ele me ligou, na quarta-feira, e insistiu que eu corrigisse algo que escrevi — que, ao substituir Jim Gilmore por Duncan Hunter no último minuto (fato que descobri comparando *releases* do começo do mês), a *Iowans for Tax Relief* acabou por revelar o motivo para excluir Ron Paul — que o evento tinha, supostamente, sido organizado há meses e que, agora, estava fechado — era uma mentira.

Eis aqui a mudança radical que Failor queria que eu fizesse: Hunter, disse ele, *tinha sido* um dos convidados iniciais — cara, esse pessoal é ótimo na escolha de candidatos com credibilidade, não? —, mas não tiveram resposta até o prazo final. Então, quando Gilmore desistiu, eles voltaram a convidar Hunter, que aceitou.

Se eles, entretanto, realmente, queriam candidatos "com credibilidade", por que fariam tal coisa? Neste momento, até os zumbis sabem que Ron Paul é muito mais crível como candidato do que Hunter. A comparação é quase risível. E, já que Hunter teve chance de participar, mas desistiu, por que não deram a oportunidade a Paul, levando em conta sua exclusão inicial — com a justificativa ridícula de que ele não era um candidato com credibilidade —, que acabou por se provar um terrível equívoco? Paul parece, especialmente, "crível" quando apareceu atrás de Fred Thompson numa pesquisa que a própria *Iowans for Tax Relief* co-organizou.

Enquanto isso, com Failor, tecnicamente, descontrolado, ele não teve absolutamente nada a dizer sobre 99 por cento do que escrevi: ele nunca negou apoiar o execrável George Pataki (que pessoa sã, alguma vez, deu apoio a Pataki para qualquer coisa, quanto mais para presidente!), seu apoio ao aumento de gastos de Pataki ou as suas doações para a campanha de McCain, da qual Failor é conselheiro sênior...

20 DE JUNHO DE 2007

30

OBRIGADO, RON

Nos dias e semanas que antecederam as primárias de Iowa no começo de 2012, parecia que Ron Paul iria ganhar, ou, pelo menos, chegar em segundo lugar. Ele chegou em terceiro com sólidos 22 por cento dos votos, resultado que seria empolgante, caso nossa expectativa não fosse tão alta. Eis o que escrevi na manhã seguinte.

Claro que é uma decepção. Ao mesmo tempo, 22 por cento num estado que, ideologicamente, não é território de Ron, com todo o ódio da Imprensa e com uma ridicularização intensa por duas semanas — e, caramba, com a oposição de Ron aos subsídios ao etanol — não é nada desprezível.

Muitas pessoas trabalharam duro em Iowa para esse resultado — principalmente A. J. Spiker, David Fischer e Drew Ivers, todos meus amigos — e devemos agradecer a elas.

Como um amigo respeitável explicou-me, em 2008, é extremamente difícil alcançar muitos eleitores tradicionais, que escolhem o candidato com base no quanto ele soa como um candidato típico do Partido Republicano. Então, eles procuram por um discurso que diga: “Adoro a América, os americanos são incríveis, precisamos de emprego, Obama é mau, guerra guerra guerra — e já disse que os americanos são o povo mais incrível de todos os tempos, no país mais maravilhoso, e que o único motivo para alguém não se empolgar com nosso governo é porque somos simplesmente incríveis?”

Ao mesmo tempo, a corrida ainda está no ar, no sentido de que os eleitores não escolheram seu candidato preferido anti-Romney. Esta manhã, sem querer, assistindo à FOX News, ouvi o apresentador dizer: “Não dá para ser mais anti-Mitt do que Rick Santorum”. Quer saber? Tenho certeza de que dá.

O que me animou, na noite passada, foi o discurso de Ron Paul. O homem foi o mais sincero possível, como sempre soubemos que seria, então, seu entusiasmo, na noite passada, não foi fingido. Ele estava entusiasmado porque temas, antes ignorados, estavam, agora, sendo discutidos em todos os lugares. Ele está feliz por ver jovens torcendo por algo que não os temas tradicionais republicanos desde

1983, que parecem satisfazer os mais velhos, teimosos demais para aceitar um discurso original. Ele atraiu todos com menos de 40 anos. Isso significa que suas ideias são o futuro.

Ele tem motivos para ter orgulho neste momento — de seus eleitores e de si mesmo.

Ninguém negaria a Ron Paul uma aposentadoria tranquila se ele tivesse optado por não concorrer neste ano. Ele já despertou mais americanos para a verdadeira tradição da liberdade, juntamente com a Escola Austríaca, do que qualquer ser vivo, e ele expressou desconfiança do Ministério da Informação e de seus políticos propagandistas de guerra com mais consistência do que qualquer pessoa em que eu possa pensar.

Ainda assim, ele optou por aceitar o terrível fardo físico e mental de uma rigorosa campanha presidencial. Ele se abriu para o interminável e maldoso ataque de pigmeus intelectuais e morais que sentem prazer em jogar o nome de um político honesto na lama.

Tenho certeza de que Ron poderia viver sem as viagens exaustivas, sem os ataques intermináveis da Esquerda e da Direita, sem tudo isso, mas ele suporta isso por nossa causa, porque — por mais piegas que soe — ele saber que essas ideias são o segredo de um mundo melhor.

4 DE JANEIRO DE 2012

PARTE V

O FIM DO FED

31

VIDA SEM O FED?

Já ouvimos a mesma objeção milhares de vezes: antes de termos o *Federal Reserve System* — que pode criar dinheiro do nada e que serve tanto como "financiador de últimos recursos" quanto, supostamente, como um estabilizador da economia americana — os Estados sofreram uma série regular de pânicos financeiros. Abolir o Fed é impensável, uma sugestão absurda, porque, sem a custódia do Banco Central, seríamos jogados de volta no terrível redemoinho financeiro. Deveríamos ser gratos a ele, e não desconfiar dele.

O argumento é, suficientemente, plausível, sim, mas está errado em todos os aspectos. Nós o ouvimos, várias vezes, na Imprensa financeira, há alguns meses, quando descobrimos que o congressista Ron Paul, conhecido oponente do Fed, presidiria o Subcomitê de Política Monetária Doméstica do Congresso. Os defensores do Fed ficaram loucos — um homem que rejeita a versão caricata da história do Fed vai assumir um cargo tão influente? Ele precisa ser motivo de zombaria e de escárnio.

Meu exemplo preferido vem do colunista Joseph N. DiStefano, cujo artigo sobre o assunto contraria tanto o registro histórico, discorda tanto de fatos, facilmente, comprovados, que achei que, por motivos pedagógicos, deveríamos fazer dele um exemplo.

DiStefano passa a maior parte do artigo falando da crise atual, mas, por ter escrito um pouco sobre isso já, prefiro gastar a maior parte do meu artigo dedicando-me à versão cartunesca da história bancária e monetária americana que parece dar base a cada resposta ultrajada daqueles que são favoráveis ao Fed aos seus críticos — esta não é nenhuma exceção. Elas são lidas como trabalhos escolares sobre livros da quarta série. Só que DiStefano nem chegou a ler o livro.

A premissa é bastante familiar. Sem um banco central ou seu primo mais novo, um banco nacional, teríamos apenas bolha, estouro da bolha e sofrimento — mas, desde a criação do *Federal Reserve System*, tudo tem sido como um dia ensolarado cheio de pirulitos. É simples assim. Pessoas que acreditam no livre-mercado, no sistema bancário, e não nesses arranjos de cartel, estão, evidentemente, desinformadas ou são tão cegas pela ideologia que nunca ouviram ou internalizaram esse resumo em uma frase da história monetária dos séculos XIX e XX.

Os ciclos de prosperidade e de recessão do século XIX que DiStefano menciona são atribuídos a uma expansão artificial do crédito, uma prática com a qual o governo foi ou conivente ou da qual participou, ativamente, dando vários privilégios à indústria bancária.

Primeiro, vamos considerar o século XIX de DiStefano. Devemos acreditar que bancos centrais são fontes indispensáveis de estabilidade, enquanto a falta deles gerou terríveis ciclos econômicos. Como DiStefano trata do Pânico de 1819, que pessoas da época atribuíram às políticas inflacionárias e contrainflacionárias do *Second Bank of the United States*, o grande estabilizador? Essa é fácil — ele deixa o caso de fora. (Da mesma forma, ele deixa de lado a Grande Depressão em sua discussão sobre o século XX, um episódio que contaria contra o Fed e que, mais uma vez, entrou em ação por causa da inflação causada pelo Banco Central; Benjamin Strong, que presidia o Fed de Nova York, disse a outros banqueiros, em 1927, que planejava "dar um golpe no mercado de ações"). O relato padrão está em *The Panic of 1819: Reactions and Policies* (*Columbia University Press*, 1962), de Murray Rothbard.

DiStefano menciona o Pânico de 1837 e, por esse episódio, somos levados a culpar o presidente Andrew Jackson por ter dissolvido o *Second Bank of the United States*. DiStefano não se dá ao trabalho de revelar o mecanismo causal. O que está implícito, com base no restante do seu artigo, é que precisamos de instituições com privilégios de monopólio para cuidar do nosso dinheiro e que, se elas forem obrigadas a fechar porque os idiotas não entendem quão indispensáveis são, a economia entrará em colapso. Isso não é, exatamente, uma explicação, mas é tudo o que DiStefano opta por compartilhar com a gente.

Engraçado: a economia não entrou em colapso quando o *First Bank of the United States* foi fechado duas décadas antes. Quando o contrato do *Bank of the United States* original expirou, em 1811, e a instituição cobrou os empréstimos e fechou as portas, os DiStefanos do mundo fizeram previsões loucas de falência e de colapso da economia. Nada do tipo aconteceu. Uma pessoa notou em 1816: "Muitas pessoas viram a dissolução do *Bank of the United States* como uma calamidade nacional; disse-se que uma falência generalizada seguir-se-ia. A verdade foi o contrário: todos os ramos da indústria seguiram sem percalços — nenhuma falha na comunidade mercantil foi atribuída àquela ocorrência".

DiStefano não consegue mencionar nenhuma relação causal entre o fechamento do *Second Bank* e o Pânico de 1837, então lhe darei uma. O argumento mais comum é este: sem um banco nacional para controlar os bancos estaduais, os bancos estaduais que receberam depósitos federais depois do fechamento do *Second Bank* deram início a um "banquete inflacionário" que culminou no Pânico de 1837 e em outra recessão em 1839. Esse diagnóstico é, em parte, austríaco, para a surpresa de muitos, no sentido de que culpa a expansão artificial do crédito por gerar bolhas insustentáveis que acabam por estourar. A suposta solução, entretanto, para esse problema, de acordo com os analistas modernos, é um robusto Banco Central com poderes regulatórios implícitos sobre instituições menores.

O senador William Wells, um federalista de Delaware, desde o começo, convenceu-se de que a melhor forma de encorajar práticas saudáveis entre bancos menores doentes era criar um gigantesco banco. "Essa lei", disse ele em 1816,

> *saiu das mãos da administração, ostensivamente, para resolver o problema recorrente do papel bancário, e, ainda assim, surgiu para infligir-nos o mesmo mal, sendo ele nada mais do que uma simples máquina de imprimir dinheiro, constituindo, nesse sentido, uma política tão inteligente, em questão de precaução, quanto a ideia de um dos heróis de Rabelais, que se escondeu na água por medo da chuva. A doença, diz-se, é a febre bancária nos estados e isso deve ser curado provocando-se uma febre bancária nos Estados Unidos inteiro.*

Outro senador rico, Samuel Tilden, de Nova York, perguntava-se: "Como seria possível que um banco enorme, constituído, essencialmente, dos mesmos princípios, regulasse, de modo benéfico, os bancos menores? Um poder maior estaria menos inclinado ao mau uso do que um poder limitado? O poder concentrado estaria menos inclinado ao mau uso do que o poder descentralizado?".

Uma solução bem melhor defendida por financistas, na época, é o que acabou conhecido como "Tesouro Independente", no qual os depósitos federais, em vez de distribuídos a bancos estatais privilegiados e usados como base para rodadas adicionais de criação de crédito, eram retidos pelo Tesouro e mantidos, completamente, fora do sistema bancário. Os financistas defensores disso acreditavam que o governo federal estava alavancando (e conferindo uma legitimidade artificial) um sistema inseguro de bancos estaduais fracionados ao (1) distribuir os depósitos federais a eles, (2) aceitando o papel-moeda deles como pagamento de impostos e (3) devolvendo-se os depósitos. Como diz William Gouge:

> *Se as operações do governo pudessem ser, completamente, separadas das operações bancárias, o sistema estaria livre de metade de seus problemas. Se o governo não depositasse os fundos públicos nos bancos nem emprestasse dinheiro dos bancos e se não recebessem títulos bancários nem pagassem usando tais títulos, os bancos seriam apenas instituições comerciais e seus créditos e poder seriam reduzidos a algo próximo do nível dos mercadores privados.*

DiStefano está convencido de que o movimento antibancário foi liderado por populistas antimercado e antipropriedade. "Da última vez que tivemos um banco central", escreve ele, "seus defensores eram empresários conservadores e ligados ao mercado financeiro e seus oponentes eram tomadores de empréstimo e emprestadores que convenceram o presidente Jackson de que o banco estava impedindo a prosperidade do país". Isso está muito errado, como veremos em breve. DiStefano parte desse erro até a conclusão falsa de que quem apoia a economia de mercado deveria apoiar o Banco Central.

Para deixar claro, os oponentes do *Second Bank of the United States* não eram tão unidos assim e, até hoje, o Banco Central é criticado pelos que condenam a impressão de dinheiro e, também, pelos que criticam sua avareza. Em geral, porém, a luta contra o *Second Bank* era uma campanha do livro-mercado contra um produtor de papel-moeda com privilégios governamentais. "O ataque ao banco", concluiu o professor Jeff Hummel, em sua análise da literatura sobre o assunto, "era inteiramente racional e um passo iluminado em direção à conquista de um sistema monetário baseado no *laissez-faire*".

Já citamos os senadores financistas contra o banco; no entanto, para DiStefano dizer que o movimento contra o *Second Bank* era algo de gente sem propriedade que não entendia o sistema bancário, ele, também, teria de desconhecer o mais importante teórico monetário do período: William Gouge (acima mencionado). Gouge era um campeão do dinheiro difícil que se opunha ao Banco; ele considerava essas duas posições, logicamente, coordenadas e, na verdade, inseparáveis.

"Por que a criatividade deveria dar-se ao trabalho de modificar o Banco Central?", perguntou ele. "A economia que prefere o dinheiro fictício ao real é, na melhor das hipóteses, como aquela que prefere um navio que faz água a um navio seguro". Ele garantiu aos americanos que "o sol continuaria a brilhar, os rios, a fluir e a Terra, a girar se o *Bank of the United States* não existisse". A conservadora *Bankers' Magazine*, quando da morte de Gouge, disse que o livro dele, *A Short History of Paper Money and Banking*, era "uma exposição hábil e clara dos princípios do sistema bancário e dos erros cometidos por nossas instituições bancárias".

DiStefano podia, também, estudar a obra de William Leggett, o influente editorialista jacksoniano de Nova York que ficou famoso por pedir a "separação entre Banco e Estado". O economista Larry White, que reuniu muitos dos mais importantes textos de Leggett, chama-o de "o líder intelectual da ala *laissez-faire* da democracia jacksoniana". Ele denunciou o banco central por suas repetidas expansões e contrações e pela confusão econômica que tal manipulação gerou.

O Pânico de 1819, também, deveu-se a tal comportamento por parte do Banco Central, disse Leggett, com o mesmo resultado em meados dos anos 1820. "Dois ou três anos antes das calamidades de 1819, o *United States Bank*, em vez de regular o papel-moeda, inundou tanto o mercado com dinheiro que o comércio e a especulação ocorreram de forma artificial", continua Leggett,

Para não me deter, entretanto, em eventos cuja lembrança começa a apagar--se de muitas mentes, vamos analisar como o United States Bank *regulou o papel-moeda, em 1830, quando, no curto período de doze meses, ele aumentou a impressão de quarenta para setenta milhões de dólares. Essa expansão enorme e, completamente, sem relação a nenhuma circunstância específica no cenário econômico do país foi seguida pelas invariáveis consequências de uma inflação monetária. Os bens e as ações aumentaram de preço, a especulação foi incentivada e muitos empreendimentos foram levados a cabo, canais escavados, ferrovias projetadas e toda a economia do país foi estimulada de uma forma artificial e insalubre.*

Talvez, no entanto, o século XIX mostre que precisamos de uma instituição capaz de estímulos monetários a fim de restaurar a saúde da economia depois de um colapso. Se sim, a evidência não é óbvia. O presidente James Buchanan esforçou-se para recuperar a economia depois da crise do mercado de ações e da fuga bancária que marcaram o pânico mais ou menos ameno de seis meses em 1857 — que DiStefano, que fica um pouco perdido quando se trata da história econômica do século XIX, chama de "assombrosa depressão". (Essa recessão amena, por acaso, é atribuída à impressão inflacionária de dinheiro, não ao padrão ouro, como disse Buchanan em sua primeira mensagem anual. "Está claro que nossos infortúnios atuais surgiram apenas de nossa extravagância e do sistema corrompido de papel-moeda e de crédito bancário").

Os conselhos modernos não existiam na época de Buchanan e isso fica claro. A economia recuperou-se em seis meses e, apesar disso, o suprimento de dinheiro diminuiu, os juros aumentaram, os gastos do governo não cresceram e os negócios e bancos não tiveram socorro. Buchanan, contudo, alertou os americanos de que "problemas periódicos que ocorreram no passado vão continuar a intervalos regulares enquanto nosso sistema descontrolado de créditos bancários vingar".

Buchanan imaginava uma lei federal de falências para bancos que, em vez de dar sanção legal para a suspensão dos pagamentos em espécie (isto é, a incapacidade de honrar a demanda de retirada de dinheiro dos clientes), na verdade, fechá-los-ia se não conseguissem honrar seus compromissos. "O instinto de autopreservação talvez gerasse uma precaução maior nos serviços bancários se eles soubessem, de antemão, que uma suspensão nos pagamentos em espécie, inevitavelmente, causaria a morte civil das instituições", disse Buchanan.

DiStefano menciona, especificamente, os anos 1870, o que, novamente, revela a superficialidade do conhecimento dele. Desconhecido para DiStefano, o consenso moderno diz que não houve uma "Longa Depressão" nos anos 1870. Até o *New York Times*, que não admite nada, admite isso:

Reconstruções recentes detalhadas dos dados do século XIX feitas por historiadores econômicos mostram que não houve depressão nos anos 1870: a despeito de uma curta recessão em 1873, na verdade, a década apresentou aquele que foi, possivelmente, o crescimento sustentado mais rápido da história americana. O emprego cresceu mais rápido do que a taxa de imigração, o consumo de alimentos e de outros bens aumentou muito. Em termos per capita, quase todos os índices de produção cresceram espetacularmente; ao fim da década, as pessoas tinham casas melhores, roupas melhores e viviam em fazendas maiores. As lojas de departamentos surgiam mesmo em cidades de porte médio. Os Estados Unidos estavam transformando-se na primeira sociedade de consumo de massa do mundo.

Talvez, DiStefano deva confessar, num momento de humildade, que aceitou, sem pensar, a caricatura do século XIX, mas ele sente que, ao menos, o Fed acabou com os pânicos financeiros. Não exatamente. Andrew Jalil, da *University of Califórnia*, Berkeley, concluiu, num estudo de 2009, que, "ao contrário da sabedoria convencional, não há evidência no declínio de pânicos durante os quinze primeiros anos de existência do *Federal Reserve*". Elmus Wicker, em *Banking Panics of the Gilded Age* (2000), observa que

não houve mais do que três grandes pânicos bancários entre 1873 e 1907 [inclusive], e dois pânicos insignificantes em 1884 e 1890. Doze anos separaram o pânico de 1861 e o pânico de 1873, vinte anos os pânicos de 1873 e de 1893 e catorze anos os de 1893 e de 1907: três pânicos bancários em meio século! E em apenas um dos três, o de 1893, a quantidade de dinheiro retirado foi semelhante ao da Grande Depressão.

Por comparação, houve cinco pânicos bancários nos primeiros três anos da Grande Depressão. (Para tais fontes, consulte o estudo "Has the Fed Been a Failure?", de George Selgin, William D. Lastrapes e Lawrence H. White, disponível *online* no site do *Cato Institute*).

Mesmo durante os pânicos pré-Fed, da Guerra Civil a 1907, a taxa de falência bancária era pequena, assim como as perdas sofridas pelos clientes. As perdas dos clientes chegaram a apenas 0,1 por cento do PIB, durante o Pânico de 1893, que foi o pior deles em se tratando de falências bancárias e de perdas para os clientes. Em comparação, apenas nos últimos 30 anos da era do Banco Central, o mundo testemunhou 20 crises bancárias que levaram a perdas superiores a 10 por cento do PIB. Metade delas tiveram perdas superiores a 20 por cento do PIB.

Mais do que isso, os pânicos pós-Guerra Civil, nos Estados Unidos, deveramse, em grande parte, à lei do banco único, em muitos estados, que proibia que bancos tivessem filiais de quaisquer tipos. Reduzido a um único escritório, os bancos eram, necessariamente, frágeis e nada diversificados. O Canadá não viveu nenhum desses pânicos apesar de só ter criado um Banco Central, a confiável panaceia de DiStefano, em 1934.

Com relação às flutuações do passado e do presente, DiStefano, implicitamente, dá-nos a clássica opinião pró-Fed: ciclos econômicos ocorrem, espontaneamente, e o Fed controla-os. Podemos chamar isso de o Fed como Espectador Inocente/Bom Samaritano (EI/BS). DiStefano não considera — nem mesmo para refutar, como um oponente honesto faria — o argumento austríaco de que a manipulação monetária e as taxas de juros do Fed são o que iniciam os ciclos econômicos. As medidas paliativas do Fed, por sua vez, juntam-se ao que causou o problema original. Esse era um dos argumentos do meu livro *Meltdown*, best-seller que o *New York Times* fingiu que não existiu, que ofereceu uma perspectiva de livre-mercado da crise econômica, contradizendo o DiStefanismo.

(Minha resposta já está maior do que eu preferia, então, para mais detalhes sobre a teoria austríaca dos ciclos econômicos, convido os leitores a consultarem minha página de fontes sobre a Escola Austríaca em LearnAustrianEconomics.com, sobre o argumento de que o "TARP foi uma ótima ideia" e a obra de David Stockman, principalmente, o livro *The Great Deformation: The Corruption of Capitalism in America*).

O que faríamos em tais situações sem o Fed? Sob um sistema monetário mais saudáveis, tais flutuações seriam muito menos violentas. E empresas frágeis faliriam, como o CEO da AIG mais tarde admitiu que seria o melhor. O mundo não acabaria. Se o mercado tivesse liberdade para reestabelecer os preços, fenômeno sobre o qual nos amedrontaram a ponto de não querermos que ocorresse, isso não muda a quantidade de coisas concretas existentes. Os bens, em si, talvez fossem redistribuídos para novos proprietários nos processos de falência, mas o mundo tem a mesma quantidade de bens que tinha antes. Títulos de propriedade serão transferidos e uma configuração mais enxuta, com uma liderança mais competente, faz a economia seguir adiante. Uma lição importante é aprendida para o futuro. Ou, então, podemos satisfazer-nos com a solução de DiStefano, que é manter *Wall Street* exatamente a mesma, sem essde salutar expurgo de lideranças e de capital e sem a mudança correspondente no caráter empreendedor que talvez criasse um modelo de negócios menos baseado no débito e mais na liquidez, gerando, assim, mais estabilidade no futuro.

O principal problema, entretanto, com a análise de DiStefano é o fato de ela não ser análise. Ela reduz a crise a um determinismo irredutível e, depois, dá início àquele argumento do EI/BS. A Escola Austríaca argumenta que a manipulação das taxas de juros leva ao descontrole em toda a estrutura de produção, que essa estrutura desfigurada é insustentável e que o resultado inevitável é um colapso. DiStefano não nos dá motivo para discordarmos e nem para termos certeza de que ele entende ou compreende a argumentação, argumentação esta que rendeu a F.A. Hayek o Prêmio Nobel de 1974.

Todos esses temas são tratados, em detalhes, no capítulo sobre o Fed do meu livro *Rollback*, que confronta as afirmações comuns não só quanto ao Fed, mas também quanto à vida que aprendemos que não poderia ser administrada sem a coerção institucionalizada.

Quanto ao Fed, o mesmo serve para estas outras coisas: os críticos do *status quo* são, instintivamente, condenados como loucos e as alternativas ao *status quo* são desprezadas como sendo algo impensável. Elas, entretanto, só são impensáveis porque permitimos que a opinião da moda impeça-nos de cogitá-las. Fomos obrigados a entrar numa caixinha que confirma nossas escolhas a várias formas de estatismo. O movimento para acabar com o Fed é um primeiro passo impressionante e bem-vindo rumo à fuga dessa caixinha.

5 DE ABRIL DE 2011

32

A VITALIDADE DO IMPÉRIO

Fiz estas observações no evento Rally for the Republic, de Ron Paul, em 3 de setembro de 2008. Defendi, com veemência, que o dr. Paul organizasse o evento — perto da Convenção Nacional Republicana e quase na mesma hora — e foi um dos melhores momentos da minha vida falar lá. Ele me pediu para relacionar o Fed à guerra, e eu aceitei.

Há cerca de quinze anos, um colunista conservador escreveu que os americanos tinham de fazer uma escolha entre o Partido Estúpido e o Partido do Mal. E que, de vez em quando, os dois partidos unem-se e fazem algo que é estúpido e mal, e isso se chama bipartidarismo.

Essa visão era otimista demais. Em vários assuntos importantes, bem podíamos ter um sistema monopartidário.

Algumas pessoas à Esquerda estão, finalmente, descobrindo, para sua decepção, que a chamada mudança que Barack Obama faria na política externa americana é só cosmética. O que elas esperavam? O corpo da política externa dele, o quem-é-quem da elite, inclui Madeleine Albright, ex-secretária de Estado que disse que "valeu a pena" quando lhe perguntaram no *60 Minutes* o que ela achava do fato de as sanções de Bush/Clinton ao Iraque terem provocado a morte de meio milhões de pessoas.

Estão esse é o candidato da "mudança". Ah, que alívio.

Sobre impostos, os democratas defendem a alíquota máxima de 39,5 por cento e os republicanos defendem a alíquota de 35 por cento. Bom, a democracia não é ótima?! Podemos debater sobre quatro e meio pontos percentuais.

Esqueça os gastos. Os democratas passam o tempo inventando novas formas de jogar fora o dinheiro que não temos. Quem sabe quantos bilhões a mais a belicosidade da política externa do indicado republicano irá custar-nos. *Ele*, contudo, defende o equilíbrio orçamentário sem aumento de impostos em 2013, ao mesmo tempo, valorizando o dólar e diminuindo a dívida de US$70 trilhões. E temos de acreditar nisso.

Já passei por isso.

E, por sinal, pedindo desculpas por dizer o óbvio, você não é um conservador em questões fiscais — e, na verdade, nenhum tipo de conservador — se acha que não há nada de mau em ficar no Iraque por mais cem anos[18].

O assunto de que trato aqui, contudo, é outro que encontra concordância entre os dois principais candidatos — vamos chamá-los de McBama —: dinheiro e o *Federal Reserve System*.

Desde que o Fed foi criado, em 1913, o dólar perdeu 95 por cento do seu valor. O Fed gerou inúmeras bolhas financeiras. Quando ele infla a disponibilidade de dinheiro, diminui o valor dos dólares dos americanos e prejudica os mais socialmente vulneráveis. Isso redistribui a riqueza da classe média e dos pobres para os que têm melhores conexões políticas, por meio do que os economistas chamam de distribuição ou de efeito Cantillon.

Mais importante: F.A. Hayek ganhou o Prêmio Nobel de economia por mostrar como bancos centrais, como o Fed, criam bolhas na nossa economia. Quando um banco central manipula taxas de juros, ele provoca uma enorme descoordenação. A taxa de juros deveria coordenar a produção em relação ao tempo, mas isso só é possível quando ela reflete um conjunto de escolhas voluntárias, não ao gosto do presidente do Fed. Empresários são, enganosamente, convencidos a fazerem investimentos que não fazem sentido à luz da atual disponibilidade de recursos. A intervenção do Fed cria uma bolha na economia que, inevitavelmente, acaba por um colapso.

Mais e mais analistas econômicos estão aceitando a visão de Hayek, conhecida como teoria austríaca do ciclo econômico, porque ela corresponde ao que acontece ao nosso redor. Vamos perguntar a John McCain o que ele sabe sobre a Escola Austríaca. Ele pode, muito bem, achar que estamos falando chinês.

Nos anos 1920, quando os chamados economistas consagrados garantiam-nos que a era da prosperidade perene tinha chegado, economistas do que é conhecido, hoje, como Escola Austríaca do pensamento econômico, da qual Ron Paul faz parte, ficaram isolados prevendo a Grande Depressão.

Apesar disso, não discutimos, seriamente, o sistema do Fed há quase 100 anos. Ele tem sido, incrivelmente, bem-sucedido em despolitizar-se. Nenhum político o menciona. E, apesar de ele ser humilde demais para reconhecer, um homem é responsável por, finalmente, expressar a pergunta proibida: Ron Paul.

Veja como os congressistas tratam o presidente do Fed quando ele aparece à sua frente. Ele só ouve perguntas inúteis e tolas. Os membros do Comitê Bancário, usando camisetas com dizeres "Eu Coração Bernanke", fazem mesuras diante dele.

18 John McCain, recentemente, disse que uma ocupação de cem anos estava de bom tamanho para ele. (N. do A.)

Ron Paul, por outro lado, olha-o nos olhos e diz: "Você está roubando os pobres!"

Os argumentos econômicos e históricos contra o dinheiro com lastro (isto é, dinheiro que o governo não pode, simplesmente, imprimir como quiser) são, supreendentemente, fracos — realmente, apenas uma sucessão de falácias. Por enquanto, eu lhes indico o site CampaignForLiberty.org para várias fontes em defesa do dinheiro com lastro[19].

Joseph Schumpeter, entretanto, um dos grandes economistas do século XX, disse que, mesmo se você aceitar todas as bobagens contra o ouro, ainda assim, faz sentido defendê-lo. Por quê? Porque é o único sistema compatível com a liberdade.

Se "responsabilidade fiscal" é o seu problema, você nunca vai chegar a lugar nenhum enquanto o governo puder criar dinheiro do nada. Se o governo federal é viciado, então, o *Federal Reserve* é seu traficante.

Ou suponha que você esteja preocupado com a guerra e com o que Ron Paul chama de "política externa do elefante numa loja de cristais". (Por sinal, essa é uma preocupação compartilhada pela Esquerda verdadeira — pessoas como Kirkpatrick Sale e Gore Vidal — e a Direita verdadeira, isto é, conservadores tradicionais como Russell Kirk e como Robert Taft, não o culto de morte dos neoconservadores de hoje). Bom, você, também, deveria preocupar-se com o Fed, já que o Banco Central é vital para o Império. Se você quer deter a máquina de guerra, terá de deter, antes, a máquina de imprimir dinheiro.

Como Lyndon Johnson se safou de seus gastos de guerra no Vietnã? Por meio de uma política deliberada de disfarçar o custo como inflação — um custo que o povo americano só percebeu, mais tarde, com a estagflação dos anos 1970. Só os custos adicionais de dois projetos do Pentágono consumiram mais do que o PIB do Vietnã do Norte e do Sul combinados. Ao roubar, em silêncio, a população americana, o governo conseguiu sair ileso gastando muito mais do que de outra forma seria possível.

E há, ainda, a desastrosa guerra no Iraque, cuja propaganda foi feita pelo *Pravda* dos Estados Unidos, o *New York Times*. Como ela foi financiada? Com empréstimos estrangeiros e criando-se dinheiro do nada.

Quanto à atual confusão econômica, McBama concorda com o presidente, que resumiu sua teoria do ciclo econômico assim: "Wall Street ficou bêbada". A solução deles? Para começar, centenas de bilhões de dólares em socorro a supostos bêbados. Socorros financeiros e apontar bodes expiatórios — tudo menos apontar o dedo na direção certa — é tudo no que McBama consegue pensar. Ao ouvi-los falando, você jamais ouvira algo sobre a impressão maluca de dinheiro pelo Fed e sobre as distorções econômicas resultantes que ocorreram.

E não, o livre-mercado não provoca bolhas imobiliárias e crises do mercado de hipoteca. O governo federal tem feito empréstimos sem lastro para bancos, há anos,

19 O site *Campaign for Liberty*, desde então, decidiu remover várias fontes de referência sobre política externa, economia, dinheiro com lastro e liberdades civis que constavam no site original. (N. do A.)

tanto por meio legislativo quanto pela política do *Federal Reserve* de inundar a economia com crédito barato. Esse dinheiro novo foi, em massa, para o mercado imobiliário, tendo por resultado a bolha que, agora, está estourando. *Fannie Mae* e *Freddie Mac* são empreendimentos com apoio governamental, com alíquotas e com uma regulação especiais e todos sabem que receberão socorro financeiro se for preciso. Então, não há nada para impedi-los de comprar hipotecas de risco dos bancos. E os bancos, por sua vez, têm mais probabilidade de fazer empréstimos de risco sabendo que *Fannie* e *Freddie* comprá-los-ão felizes.

Esse sistema louco é só um bolo em camadas de risco moral, não de livre-mercado, mas, como sempre, o livre-mercado está sendo culpado pela estupidez e pela irresponsabilidade dos idiotas que nos governam.

A cada quatro anos, somos sujeitos a dois políticos vazios cuja única disputa verdadeira é quanto a como e por que meios eles planejam pilhar a riqueza dos americanos. É o bastante para fazer a parcela da população que não está em coma desesperar-se. O que podemos fazer?

Para começar, você pode começar a fazer o que Ron Paul faz, que é começar o dia lendo o site LewRockwell.com. Você pode ir ao site TheAmericanConservative.com e ler e assinar a revista *The American Conservative*.

Mas acima de tudo, hoje, temos uma sugestão especial. Se você está cansado de ter de escolher entre duas asas da mesma ave de rapina, então, ajude-nos a mudar os Estados Unidos: vá ao site CampaignForLiberty.org e junte-se à Campanha pela Liberdade de Ron Paul[20]!

H.L. Mencken afirma assim: “O homem mais perigoso para qualquer governo é o que é capaz de pensar por si mesmo, sem respeito a superstições e a tabus. Quase que inevitavelmente, ele chega à conclusão de que o governo sob o qual ele vive é desonesto, louco e intolerável e, assim, se ele é um romântico, ele tenta mudar isso”.

A *Publishers Weekly* diz que o dr. Paul “dá vida nova a velhos debates”, mas sabe de uma coisa? Sem ele, não estaríamos debatendo isso.

Ron Paul lembra-nos de que nosso destino não está escrito e que se nós, como povo, escolhermos assim, não temos de viver nos Estados Unidos que os dois grandes partidos pregam para nós.

Obrigado a todos pelos sacrifícios que fizeram em nome dessa grande causa americana — e, acima de tudo, obrigado, Ron Paul.

3 DE SETEMBRO DE 2008

20 Ron me pediu para escrever a missão e os princípios da Campanha da Liberdade, o que fiz, e que ainda podem ser encontrados no site da organização. Ele, também, pediu-me que eu me mudasse para o Texas a fim de liderar a organização, mas, precisando de estabilidade familiar, tive de recusar. (N. do A)

33

Mate o Monstro

Este foi meu discurso de abertura, de cinco minutos, para um debate em Las Vegas (FreedomFest, 2009) sobre o Federal Reserve. Gene Epstein (da Barron's*) estava ao meu lado; debatemos com John Fund, do* Wall Street Journal, *e com o economista Warren Coates.*

Muitas pessoas parecem acreditar que, apesar de a economia de mercado ser um sistema bom, ela precisa do equivalente ao comissariado soviético para cuidar do dinheiro e das taxas de juros. Essa crença, também, é equivocada. O *Federal Reserve*, ou, simplesmente, "o Fed", é, ao mesmo tempo, prejudicial e desnecessário.

Desde que o Fed foi criado, em 1913, o dólar perdeu ao menos 95 por cento do seu valor. Se o maligno padrão ouro tivesse gerado tal resultado, jamais deixaríamos de ouvir falar disso, mas, no nosso sistema, o Fed está, por algum motivo, curiosamente, livre de críticas. Com o Fed, portanto, as pessoas perderam a opção que antes tinham: acumular economias em dinheiro. Com um padrão atrelado a uma commodity, as pessoas podiam economizar para o futuro, simplesmente, acumulando moedas de metais preciosos — que, na época em que funcionavam como dinheiro, mantinham ou até aumentavam de valor. Ninguém mais tem essa possibilidade. Em outras palavras, só um tolo tentaria economizar juntando uma pilha de dólares. Em vez disso, todos são obrigados a virar especuladores e a investir no mercado de ações sobre o qual pouco conhecem e que pode acabar com suas economias.

Ainda no século XVIII, Richard Cantillon identificou os efeitos distributivos como outra forma de a inflação fazer mal ao público em geral. O dinheiro recém-criado é injetado em pontos específicos. Quem o recebe primeiro — isto é, pessoas que têm boas conexões políticas — conseguem gastá-lo antes de os preços aumentarem, consideravelmente, e eles, felizardos, terão lucro. Quando o dinheiro chegar ao povo, por outro lado, a população terá sido obrigada a pagar preços mais altos gerados pelo dinheiro novo.

As dívidas pública e privada aumentaram com esse sistema, principalmente, depois do colapso de Bretton Woods em 1971[21]. Ninguém tem direito de ser surpreendido quando a dívida estoura com um sistema no qual o crédito pode ser criado do nada.

A própria existência do Banco Central institucionaliza o problema do risco moral. O risco moral envolve a disposição de um ator de comportar-se com um nível de tolerância ao risco, artificialmente, elevado porque acredita que as perdas que ele possa ter serão transferidas para outra pessoa. Como não há limite físico à criação do papel-moeda, os atores do mercado sabem que o produtor de papel-moeda pode ajudá-los se algo der, terrivelmente, errado. Essa crença foi comprovada várias vezes. Assim, eles serão mais irresponsáveis em seus investimentos e especulação do que seriam na falta de tal sistema.

Já nos falaram que os ciclos econômicos de bolhas eram coisa do passado porque, graças ao Fed, hoje, temos uma administração científica do suprimento de dinheiro. Se alguém acreditar nisso, ainda hoje, quero conhecê-lo. Taxas de juros, artificialmente, baixas criadas pelo Fed não nos rendem uma utopia cheia de sol e de gatinhos. Ao contrário, elas estimulam, artificialmente, a produção de bens de capital e o investimento de longo prazo. Eles, assim, deformam a estrutura da produção de uma forma que o padrão livremente expresso do público quanto à economia e consumo será incapaz de sustentar. Quando essa bolha, inevitavelmente, estoura, o "capitalismo" é que leva a culpa — quando, na verdade, o Fed, uma instituição não atrelada ao mercado, é que é o culpado.

Não tenho interesse nem nas promessas sentimentais nem nos detalhes técnicos da suposta superioridade de um sistema de monopólio de dinheiro sem lastro. O Fed é vital para o Império, o grande perpetrador da perversão da república original no maior e mais poderoso governo do mundo. Mesmo se o Banco Central conferir um benefício econômico em cadeia, algo que os economistas da Escola Austríaca F.A. Hayek e Ludwig von Mises negam com veemência (e Hayek até ganhou o Prêmio Nobel ao negar isso), o suposto benefício não compensa a destruição da alma americana.

O fato é que não temos de fazer essa escolha. Quando se trata de Fed, da justiça e da prosperidade econômica, os valores originais da república americana estão todos juntos.

O Fed, seus defensores acadêmicos e os infiltrados em nossa imprensa, supostamente, livre que demonizam toda discordância do *status quo* monetário provocaram danos suficientes à nossa economia. Para o bem da liberdade e da prosperidade americanas, já passou do tempo de, ao espírito de Andrew Jackson, matarmos o monstro.

10 DE JULHO DE 2009

21 Os Acordos de Bretton Woods, de 1944, regulavam o comércio internacional. Em 1971, os Estados Unidos romperam, unilateralmente, o acordo, transformando o dólar numa moeda fiduciária, o que levou o acordo ao colapso. (N. do T.)

34

O PRESIDENTE VAI PROTEGÊ-LO DAS BOLHAS

Para o caso de você imaginar como deve ter sido ler o *Pravda*, o tratamento da Imprensa americana a respeito da crise financeira e a administração dos nossos sábios líderes propicia-lhe uma incrível oportunidade. Por exemplo, veja este artigo de 2010, do site Politico: bit.ly/ObamaBubbles.

Se você não pode visitar o link, vou dar-lhe a mensagem: "Obama Regularia Novas 'Bolhas'".

Sim, você leu certo. "Bolhas" ocorrem espontaneamente. Elas não têm causa ou explicação. Só precisamos que o governo identifique-as e destrua-as.

Às vezes, quero que nossos senhores sejam sinceros. Primeiro, Alan Greenspan — que o *New York Times*, certa vez, descreveu, a seu modo tipicamente bajulador e totalitário, como "o maestro infalível do nosso sistema financeiro" — disse-nos que era impossível dizer se uma bolha existia. Agora, temos Barack Obama insistindo que não só *podemos* detectar bolhas como, também, podemos esvaziá-la a tempo de prevenir que elas causem distúrbios econômicos mais sérios.

Como nós, meros peões, podemos escolher entre as opiniões conflitantes do nosso *maestro infalível*, por um lado, e do homem que queria ser FDR por outro?

Não deveria ser tão cínico. Não nos cabe perguntar como nossos líderes pretendem distinguir entre o crescimento genuíno em determinado ramo, por um lado, e uma bolha de outro. Por segurança, eles, talvez, terão de conter todo crescimento rápido que houver. Talvez, eles possam cortar o crédito a todo um setor da economia ou cobrar taxações específicas. (Qualquer um que ache que esse tipo de atitude e de microgerenciamento pode ser exercido tendo-se motivações políticas em mente ou por outro motivo que não o bem comum é quase certo um bom candidato a vigilante da nossa comunidade progressista).

Em sua busca por libertar-nos da instabilidade política, nossos líderes podem achar necessário criar novas regras. É sua função aceitar essas novas regras com docilidade e com gratidão. Essas regras talvez sejam abrangentes, do tipo *ninguém pode fazer nada*. Em tempos liberais, isso talvez possa ser modificado para *ninguém pode fazer nada sem pedir permissão*. Sim: daí, podemos dar início a um debate demorado sobre se pedir permissão conta como fazer alguma coisa, de tal modo que precisaríamos pedir permissão para pedir permissão, num retrocesso infinito. Daí, então, voltaríamos ao *ninguém pode fazer nada* original, que talvez seja o mais seguro.

Ou talvez nossos governantes possam desligar a rede elétrica de vez em quando. Quero ver esses capitalistas ambiciosos inflarem uma bolha sem eletricidade!

Agora, a possibilidade de o governo poder ser o principal responsável na geração de bolhas claro que não é, simplesmente, rejeitada: essa ideia não pode nem ser cogitada. As grandes instituições progressistas do governo e o Banco Central são as causas, não a solução, para nossos problemas? Impossível!

Todos sabem que coisas ruins acontecem à economia por causa de malvados especuladores e de empresários ambiciosos. Se alguém perguntar se a impressão de US$8 bilhões pelo Fed, todas as semanas, em média, durante quatro anos, pode ter algo a ver com a bolha imobiliária, bom, temos de lembrar a tal cínico que o Fed foi criado a fim de dar-nos estabilidade macroeconômica. Nossa crise atual foi causada por "alavancamento" excessivo, veja bem — embora não vamos dar-nos ao trabalho de perguntar sobre como os grandes atores econômicos conseguiram todo esse crédito. Isso pode levar as pessoas a fazer perguntas difíceis sobre o Fed, novamente, e, como vimos, o Fed é nosso Incrível Amigo Estabilizador.

É verdade que Anna Schwartz, a famosa monetarista (e não economista da Esco la Austríaca), recentemente, observou que bolhas não são geradas sem uma política monetária deficiente de um Banco Central para financiá-las. "Se você investiga, individualmente, as manias de que o mercado foi vítima ao longo dos anos", diz ela, "em todos os casos, foi a política monetária expansionista que gerou a bolha. O alvo da bolha varia de um caso para outro, mas o fator propagador preponderante era a política monetária fácil demais e as taxas de juros baixas demais que levaram as pessoas comuns a dizer: bom, está muito barato adquirir qualquer que seja o objeto de desejo da bolha, e a seguir em frente e comprar esse objeto. E, então, claro, a política monetária contrai-se e a bolha estoura".

(Schwartz, também, rejeita a "tentativa de justificar-se" quanto à bolha imobiliária do ex-presidente do Fed, Alan Greenspan).

Schwartz está aqui ecoando o que o economista da Escola Austríaca Ludwig von Mises disse décadas antes. Um estímulo repentino a determinado investimento aumentará os preços de fatores complementares de produção, assim como a própria taxa de juros. A fim de que uma bolha persista, teria de haver um suprimento cada vez maior de crédito para financiá-la, já que os investimentos no setor tornar-se-iam, cada vez mais, custosos com o tempo. Isso não ocorreria na falta de uma expansão do crédito. As bolhas das empresas de tecnologia e do mercado imobiliário podem ser explicadas pela expansão artificial do crédito, dizem os economistas.

Se acreditarmos nesses economistas, a melhor forma de evitar bolhas futuras seria impedir o Fed de imprimir tanto dinheiro. Melhor ainda: deveríamos abolir, completamente, o Fed, já que, na opinião desses economistas, ele é, completamente, supérfluo para a economia de mercado.

Novamente, porém, temos que confiar nos governantes. Afinal, Austan Goolsbee, conselheiro econômico do presidente, garante-nos que Obama vai cuidar das bolhas e dos colapsos.

O presidente, diz Politico, está: "preparado para intervir a fim de garantir que esse tipo de crescimento desenfreado não ocorra. E ele está disposto a fazer isso criando regulação governamental, se necessária, a fim de prevenir que um setor da economia fique desiquilibrado — como aconteceu com a bolha das empresas de tecnologia, nos anos 1990, e com a bolha do mercado imobiliário há alguns anos".

Viu: essas coisas, *simplesmente acontecem!* Sem motivo. Elas, simplesmente, acontecem. E o governo vai proteger-nos delas.

Mark Zandi, ex-conselheiro econômico de John McCain, acrescenta que "os políticos sempre intervêm numa recessão. Então, é preciso que os políticos ajam em relação às bolhas. Você tem de ter políticas simétricas". O que precisamos, diz Zandi, é de um "regulador sistêmico" que decidirá se as bolhas existem e, então, agirá adequadamente.

Os pessimistas podem dizer que os próprios economistas do Fed negavam que havia uma bolha imobiliária e que, como observamos antes, o próprio Greenspan acredita ser impossível detectar bolhas, mas claro que mais um órgão regular, um órgão gigantesco e super incrível vai conseguir resolver as coisas.

Algumas pessoas dizem que o mercado é o melhor regulador. Afinal, dizem, o livre-mercado não injeta dinheiro e baixa as taxas de juros que geram bolhas insustentáveis. O livre-mercado pune irresponsáveis, diz essa linha de argumentação, enquanto o governo socorre-os (e, assim, encoraja-os a assumir riscos ainda maiores no futuro). Foi do Fed, não do livre-mercado, que surgiu a "Greenspan put" — promessa implícita de socorro às grandes empresas de *Wall Street*. O *Financial Times* alertou-nos de que essas garantias estavam encorajando investimentos arriscados demais. O livre-mercado não dá tais garantias e, assim, cultiva um empreendedorismo mais cauteloso.

Mas chega de pessimistas. Eu mesmo recebo, de braços abertos, nossos novos líderes. Todo cidadão americano deveria levantar-se e aprender com aquele modelo de piedade filial, Britney Spears, que dizia: "Acho que deveríamos, simplesmente, confiar em nosso presidente em todas as decisões que ele toma e deveríamos só dar apoio, sabe, e ter fé no que acontece".

Amém.

18 DE MAIO DE 2009

35

POR QUE ELES AMAM O FED?

De vez em quando, durante as campanhas presidenciais de Ron Paul, um blogueiro progressista aqui e ali achava que tinha algo a dizer sobre o congressista republicano. Alguns até notaram que Paul é mais antibelicista do que qualquer democrata e que seu histórico de lutas pelas liberdades civis não tem comparação.

Mas claro que muitos progressistas eram hostis: e daí que ele é o melhor no tema essencial da nossa época, diziam. Ele é antigoverno! Um disse até mesmo que os neoconservadores eram muito melhores do que Paul porque, ao menos, não tentavam diminuir o governo. (Foi o governo limitado, sabe, o que causou o fiasco do Katrina). Esse tipo de sinceridade é um alívio: quando estão diante de um libertário que defende um governo melhor e de controle local que vai manter o país fora de guerras, alguns progressistas preferem a guerra interminável.

Um deles atacou Paul por defender o padrão ouro. Agora, não podemos ter isso, claro, já que seria impensável propor algo que não estava no radar do *New York Times*, do *Washington Post*, ou do Chris Matthews. E será que Ron Paul não sabe que nossos líderes são muitos melhores em administrar nosso dinheiro do que nós mesmos? Será que Ron Paul não sabe que o *Federal Reserve* é uma instituição maravilhosa criada pelo governo a fim de prever recessões econômicas?

O cenário é este: quando as coisas apertam, esses supostos progressistas, apesar de afirmarem-se independentes, apenas repetem platitudes que poderiam muito bem ter saído de um *release* do *Federal Reserve*.

Agora, se esse suposto progressista pudesse, por sete segundos, silenciar a voz em sua mente que o obriga a dar a todas as instituições governamentais o benefício da dúvida — e sim, uma instituição criada pelo Congresso, cujo corpo diretor é indicado pelo presidente, incapaz de sobreviver sem monopólios especiais e que calcula a inflação oficial é, para todos os efeitos, uma instituição governamental —, ele talvez fosse capaz de perguntar algumas coisas úteis. O que há de "progressista" no *Federal Reserve*? Por que é, obviamente, um avanço quando permitimos que o governo federal se envolva em guerras e prejudique o povo?

No mundo da lua progressista, o *Federal Reserve* foi fundado quando o povo americano exigiu uma reforma do sistema bancário e seus representantes eleitos, ansiosos por colaborar com o bem público, realizou seus desejos. O *Federal Reserve* resultante acaba com os ciclos econômicos e mantém nossa economia forte.

Todos os interessados em viver *neste* planeta, porém, talvez gostem de saber de algo que talvez pareça assustador ou paranoico demais para ser verdade: os banqueiros, na verdade, escreveram a legislação que criou o Fed numa reunião em Jekyll Island, Geórgia, em 1910. E — acredita? — ele não foi criado para beneficiar o povo à custa do sistema bancário; estranhamente, os banqueiros escreveram uma legislação em benefício próprio.

Ora, não é assim que as leis são feitas, de acordo com sua aula de estudos sociais da décima série, que lhe ensinaram o discurso do governo: leis são escritas por representantes com espírito público a fim de beneficiar e proteger o povo. É uma bela coisa no que se pensar se você pretende dar continuidade à loucura, mas não algo muito útil se você, realmente, quer saber como o mundo funciona.

É tristemente divertido observar progressistas agindo como comparsas de bancos e de empresas com conexões políticas, mas é, justamente, isso o que eles fazem apoiando o Fed e considerando todos os críticos como loucos e como tolos. O *Federal Reserve* permite que os bancos tenham lucro em todas as artimanhas financeiras nas quais eles não se metiam quando vigorava o padrão ouro — para ler mais a respeito disso, veja minhas sugestões de leitura abaixo — e existe, na verdade, para servir como financiador do último recurso no caso de o comportamento irresponsável dos bancos causar-lhes problemas. Que outros ramos da economia se beneficiam de um privilégio como esse?

O Fed não apenas beneficia os que têm boas conexões, ele também *prejudica* aqueles que não têm conexões tão boas. Sabemos que a inflação prejudica pessoas com renda fixa (já que suas rendas permanecem as mesmas enquanto os preços dos bens que elas compram sobem), mas as pessoas, geralmente, fazem vistas grossas para os efeitos distributivos da inflação. Mais dinheiro na economia, geralmente, significa preços mais altos; entretanto, quando o governo gasta bilhões de dólares criados do nada (sim, o Fed pode fazer isso) na indústria militar, por exemplo, empresas de defesa recebem o dinheiro no começo do processo, *antes* de os preços aumentarem. Por consequência, a economia não sabe em quanto o suprimento de dinheiro aumentou e os preços não se ajustam de acordo. Quando o dinheiro novo tiver passado por toda a economia, os preços terão aumentado na maior parte dos setores, se é que não em todos.

Mas *enquanto* esse processo está em andamento, as empresas com privilégios que têm a sorte de conseguir o dinheiro novo antes se aproveitam por serem capazes de fazer compras com o preço anterior — portanto, silenciosamente, aproveitando-se dos que estão vendendo. Quando o dinheiro novo, finalmente, chega ao Zé qualquer, os preços já terão aumentado há algum tempo e ele terá pagado preços altos com sua renda fixa.

O que há de tão "progressista" quanto a isso? Por que os progressistas não condenam isso como uma expropriação cotidiana dos mais pobres? Claro que o compromisso deles com a administração governamental de todos os setores da sociedade, incluindo o dinheiro, não pode ser tão ferrenho a ponto de eles perderem a capacidade de fazer perguntas fundamentais.

Eis aqui outra forma de pensar nisso. O dinheiro que você tem refere-se a uma compensação por algum bem ou serviço que você proveu no passado. Quando você compra uma dúzia de maçãs, você o faz com os lucros de um bem ou de um serviço que *você mesmo proveu no passado*. Então, você é capaz de comprar maçãs porque, no passado, você deu a alguém algo de que ele precisava.

Agora, imagine uma situação na qual empresas e bancos ligados ao governo receberam uma nova rodada de papel-moeda, cortesia da expansão de crédito do Fed. Esse dinheiro vem do nada, não da venda de algum bem ou serviço. Assim, quando essas empresas privilegiadas gastam seu dinheiro, elas estão, na verdade, tirando bens da economia *sem prover nada*. Aqui, vemos, claramente, como eles se aproveitam à custa do restante da sociedade: eles pegam do agregado de bens sem dar nada em troca. O dinheiro que pagam por seus bens não tem origem num bem ou num serviço que eles proveram anteriormente, ele vem do nada. O caso análogo num sistema de escambo seria eu chegar e pegar suas maçãs, ponto.

Isso é progressista por que exatamente?

O Federal Reserve pode prevenir grandes contrações do suprimento de dinheiro, dizem nossos críticos, e é assim que ele consegue evitar coisas como a Grande Depressão (um evento que ele, misteriosamente, foi incapaz de prever, tenho de dizer). Se o Fed deveria envolver-se em um aumento do suprimento de dinheiro, se esses aumentos deformam ou não a economia, se realmente acreditamos que o poder de imprimir papel-moeda, do nada, pode tornar a sociedade mais rica e a economia mais estável — bom, nada disso é perguntado. Afinal, nada disso está mencionado no *release* do *Federal Reserve*.

O dólar perdeu 95 por cento do seu valor desde a criação do Fed. Agora, se o valor do nosso dinheiro tivesse diminuído 95 por cento com o padrão ouro, os progressistas citariam isso como prova contra o ouro. Quando o governo é responsável por desvalorizar a moeda a esse ponto, contudo, faz-se silêncio. Esse é o exemplo 5271 da Lei de Westley, que, às vezes, é expresso assim: o setor público sempre tem um padrão inferior do que o setor privado.

Já é algo muito ruim o fato de o governo federal saquear ricos e pobres. Muito pior é quando as vítimas, entorpecidas pela propaganda estatal, defendem o saque e, solenemente, alertam seus compatriotas de como a vida seria assustadora e perigosa sem isso.

São as mesmas pessoas que não ousariam ler um *release* do Pentágono ao pé da letra e que atribuem os motivos mais torpes aos arquitetos da política externa americana. Mas aplicar o mesmo padrão de crítica e de ceticismo às motivações por trás do, digamos, *Federal Reserve*? Quem é você? Uma espécie de extremista?

9 DE MAIO DE 2007

36

CONSERVADORES E O ELEFANTE NA SALA DE ESTAR

Uma das coisas que mais me irrita é o conservador que nos ensina sobre os "limites" do mercado e olha com condescendência e com autossatisfação para os políticos estúpidos que tem de aguentar e que persistem em apoiar o mercado assim mesmo. Ora, será que esses idiotas não leram Wilhelm Roepke, cujas análises são consideradas definitivas?

Em "Wilhelm Roepke and the Limits of Markets", publicado no site da *The American Conservative* (publicação da qual sou editor-colaborador), Scott Galupo fala-nos dos lamentos de sempre quanto ao que o "capitalismo" fez com o povo. Se ao menos o sistema bancário tivesse permanecido descentralizado, não teríamos todos esses problemas, a crise financeira e tudo.

Como sempre, o que falta a essas críticas é qualquer discussão sobre o *Federal Reserve*, o elefante na sala de estar, que não é simpático nem à descentralização nem ao livre-mercado. Também falta qualquer reconhecimento de que chamar o sistema bancário hoje de "livre-mercado" é, na melhor das hipóteses, expressão humorística. O sistema atual está bem longe do ideal de Mises. Isso inclui:

(1) um monopólio coercitivamente imposto da produção de dinheiro;
(2) leis amenas quanto ao monopólio, que privilegiam, artificialmente, o dinheiro impresso pelo Banco Central governamental;
(3) um Banco Central com o poder monopolista de criar dinheiro do nada, um poder concedido pelo governo, e com uma autorização para manipular o suprimento de dinheiro com o propósito de aumentar a produção, diminuir o desemprego e a inflação;
(4) taxas de juros influenciadas por uma autoridade monetária monopolista, e não pelo livre-mercado;
(5) socorro implícito e explícito garantido para grandes instituições financeiras;

(6) custos artificialmente baixos de empréstimos para grandes instituições, já que o público sabe que essas instituições serão socorridas;
(7) proteção artificial dos bancos na forma de um fundo governamental garantidor de crédito e vários outros mecanismos do *Federal Reserve*, mantendo, assim, um sistema fracionado de reserva que seria radicalmente diferente no livre-mercado; no sistema existente, os bancos vão criar mais dinheiro do nada do que fariam de outra forma.

Isso é apenas o que me ocorre agora. Um sistema bancário de livre-mercado não teria Banco Central e nenhuma "política monetária". Não caberia aos políticos imprimir "dinheiro sem juros". Isso não exigiria armas e distintivos. Isso preservaria o poder de compra do dinheiro das pessoas, como era sob o clássico padrão ouro. Assim, seria mais fácil calcular os balanços das empresas, sem o ruído branco das manipulações monetárias do governo ou do seu privilegiado Banco Central.

A ideia de que se o "capitalismo" não tivesse criado investimentos atrelados às hipotecas não teríamos os problemas que enfrentamos revela uma recusa em considerar o papel do Fed. Pense nesta descrição dos acontecimentos:

> *O aumento de preços contaminou bancos e clientes com um otimismo que deixou de lado os padrões conservadores da experiência e promoveu a extravagância e a especulação. O que quer que os clientes comprassem, mercadorias ou terras, eles eram capazes de vender com um lucro extraordinário; o que quer que fosse produzido nessas terras rendia retornos incomuns. Algumas poucas pessoas, sem saber o que fazer com a colheita inesperada, começaram a reduzir seus déficits fixos. Não demorou muito, contudo, para os preços, continuamente, em elevação, o estímulo dos bancos e os métodos usados pelo governo para vender títulos de guerra convencerem as pessoas de que o déficit era uma bênção disfarçada, já que isso tornava cada vez mais fácil liquidar o débito e criava uma forma de aumentar as atividades lucrativas. Sob essas influências, a indústria expandiu-se e prosperou, vendedores de todos os tipos apareceram e o consumo deu lugar à extravagância. Os bancos consideraram seus padrões de análise de crédito cada vez mais obsoletos, uma vez que os valores aumentavam, automaticamente, com o tempo. Foi assim que, à medida que a febre especuladora fixava-se, aumentava e exigia maiores fundos bancários, o crédito era ampliado a todas as pessoas com ou sem garantias, linhas de crédito excessivas tornaram-se comuns, notas promissórias de clientes envolvidos em empreendimentos questionáveis ou fraudulentos eram descontadas com altas recompensas e grandes somas eram dadas a especuladores imobiliários. Emprestar a fim de reemprestar tornou-se uma prática costumeira. Várias vezes,*

os bancos foram salvos dos efeitos de suas ações equivocadas pelo crescimento contínuo dos depósitos.

Isso era para ser um relato da bolha econômica recente que acabou em 2007-08 certo? Na verdade, essa passagem apareceu no *Journal of Land & Public Utility Economics* de 1926 e a descrição mostra como a expansão de crédito de 1914 a 1920 afetou Iowa.

Por fim, é preciso alguém admitir que quaisquer "limites" ao mercado, necessariamente, reforçam a classe política, mas isso, geralmente, não é reconhecido. Não vejo motivo para considerar isso algo, evidentemente, desejável, **principalmente** para um conservador.

27 DE JULHO DE 2012

PARTE VI

HISTÓRIA E LIBERDADE

37

DISTORÇÃO HISTÓRICA

Walter LaFeber é um belo historiador da política externa americana do fim do século XIX e início do século XX. Outro dia, estava folheando *The American Search for Opportunity, 1865-1913*, volume que ele escreveu para a *Cambridge History of American Foreign Relations*. Ao explicar a política externa americana do século XIX, ele pinta um quadro da vida doméstica. Essa imagem revela-se caricata. Graças à Internet, posso corrigir isso imediatamente.

(1) LaFeber nota que, entre 1897 e 1904 (na verdade, de 1899 a 1902), "ocorreu o maior movimento de fusões empresariais na história do país". Ele opta por omitir o ponto central: quase todas as fusões fracassaram. Ao deixar isso de fora, LaFeber permite que imaginemos esses colossos crescendo sem limites, sufocando o pobre consumidor até que a mão sábia do governo traga alívio.

(2) Da mesma forma, LaFeber nota, quase por acaso, que os concorrentes buscavam "diminuir a concorrência por meio de fusões". (Podemos deixar de lado a questão fundamental do que é uma concorrência. LaFeber, claramente, tem a opinião convencional de que a concorrência é uma questão da quantidade de empresas concorrendo entre si, quando uma definição melhor envolve um cenário no qual não há barreiras violentas que atrapalhem a entrada de novas empresas em determinada indústria). Assim, somos levados a acreditar que uma fusão é um ato antissocial ou, no mínimo, extremamente, suspeito.

Mas é uma análise arbitrária. O melhor tamanho de uma empresa numa indústria não pode ser determinado previamente. Quem pode dizer que o arranjo anterior das empresas estava abaixo do necessário ou que o estado pós-fusões era melhor? Suponha uma indústria que exige de cada empresa uma quantidade gigantesca de equipamentos e que 15 empresas existam nessa indústria. É, necessariamente, melhor a existência de 15 conjuntos de equipamentos caros, uma para cada empresa, a serem comprados e mantidos? Talvez, mas somente o teste do mercado sobre os lucros e perdas pode determinar, com certeza, se esses recursos não seriam mais bem aplicados de outra forma. (Em outras palavras, se essas empresas produzem perdas, essas perdas são o veredito público a respeito de como essas empresas optaram por aplicar os recursos escassos da economia). Talvez a demanda por determinado produto seja tal que nenhuma empresa goza de demanda suficiente para tornar um investimento tão grande lucrativo.

E se uma dessas empresas fundir-se com, digamos, duas outras empresas e (supondo que cada empresa produza a mesma coisa), agora, possa triplicar a produção — mas agora precisando de apenas um conjunto de equipamentos caros compartilhado entre elas? Agora, a configuração pode ser lucrativa e a alocação de recursos é melhor do ponto de vista dos consumidores.

(3) Andrew Carnegie, diz-nos LaFeber, "mais tarde admitiu ter usado os anos de depressão de 1873 a 1875 para comprar barato e economizar 25 por cento de seus custos". Note a escolha da palavra "admitiu", como se comprar barato e manter os custos baixos fosse uma espécie de conspiração contra o público. "Novamente, Carnegie explorou a recessão da década de 1880 para expandir seus negócios", diz LaFeber adiante. "Explorou"! Teria sido melhor se Carnegie não tivesse feito nada e se os bens que ele comprou permanecessem inativos?

(4) E isso sem mencionar que não houve "recessão econômica dos anos 1880", uma década próspera durante a qual os preços caíram e os salários reais aumentaram 20 por cento. LaFeber acredita numa "depressão de vinte e cinco anos" que, supostamente, teve início em 1873, opinião que encontra poucos defensores entre os historiadores de hoje, e que Murray Rothbard — como sempre — sabia ser falta antes de os historiadores tradicionais descobrirem. (Leia o importante capítulo em seu livro *The History of Money and Banking in the United States: The Colonial Period to World War II*).

(5) Mas a cobertura que LaFeber faz da greve da *Homestead* de 1892 é o que mais se destaca. Eis, aqui, em resumo, o que realmente aconteceu. Em 1889, os trabalhadores da empresa pediram um contrato de acordo com o qual o salário variaria com o preço do aço. À medida que os preços aumentavam, também, aumentavam os salários. E, à medida que os preços caíam, também, diminuíam os salários — exceto quando o aço caía a menos de US25/tonelada; nesse ponto, não se permitiria que os salários baixassem mais.

No início dos anos 1890, porém, os preços do aço já tinham caído, substancialmente, alcançando US$22,50/tonelada. Em 1892, a empresa ofereceu um novo contrato, estipulando um novo piso em relação ao qual os salários não poderiam cair de US$22/tonelada. De toda a mão de obra de 3800 funcionários da empresa, apenas os 800 membros da *Amalgamated Iron and Steel Association* não chegaram a um acordo. A empresa, depois, ofereceu um piso de US$23, que foi rejeitado, e a greve teve início.

Como quase 3800 trabalhadores entraram em greve, apesar de uma minoria não ter chegado a um acordo com a empresa, os executivos da *Carnegie's Homestead* ficaram perguntando-se se o sindicato tinha usado de intimidação. Essa suspeita, combinada com a incapacidade da política local de proteger a propriedade da empresa durante uma disputa trabalhista anos antes, levou a *Homestead* a recorrer à Agência de Detetives Pinkerton. Os Pinkertons estavam lá para proteger os funcionários que queriam trabalhar, incluindo os substitutos dos grevistas, e para entender o que estava mesmo acontecendo.

O resumo que LaFeber faz de tudo isso é este: "Em 1892, os funcionários exigiam salários adequados ao aumento de produtividade". Bom, isso não está certo. O assunto em questão era o preço do aço atrelado ao piso salarial, de acordo com a tabela variável dos funcionários. Os preços do aço estavam caindo, vertiginosamente, então, o novo contrato pedia que o piso fosse diminuído também. LaFeber não menciona os preços do aço.

Então, o que aconteceu? De acordo com LaFeber, "em meados de 1892, uma guerra irrompeu". Note a escolha lexical. A guerra, simplesmente, "irrompeu". O que aconteceu, na verdade, foi que os grevistas cercaram a *Homestead* a fim de impedir que trabalhadores não sindicalizados tivessem acesso à indústria. Quando 300 guardas da Pinkerton aproximaram-se das instalações, em duas embarcações no rio que margeava a indústria, os grevistas abriram fogo, matando um e ferindo quatro. Só então os Pinkertons revidaram. Então, os grevistas dispararam canhões para afundar as embarcações, usando, depois, dinamite e tentando incendiá-las.

Se os guardas da Pinkerton ou os representantes da empresa tivessem dado início ao confronto, podemos ter certeza de que LaFeber não usaria uma construção passiva — com a "guerra", simplesmente, "irrompendo", sem qualquer ator humano mencionado.

Por sorte, LaFeber dedica apenas uma parte do seu livro a esse tipo de material. O restante é um estudo útil.

14 DE JULHO DE 2011

38

Meu desafio a Mark Levin

Há não muito tempo, publiquei "*The Phony Case for Presidential War Powers*" [A falsa defesa dos poderes bélicos do presidente], ensaio que examina e refuta todas as principais afirmações em defesa do suposto direito do presidente americano de enviar tropas para a guerra sem autorização do Congresso. (Leia em TomWoods.com/warpowers). Pouco depois, o radialista Mark Levin lançou um ataque contra as opiniões do congressista Ron Paul — idênticas às minhas, até onde vejo — sobre os poderes presidenciais. (No canal *FOX Business*, ele se referiu ao congressista Paul como "RuPaul[22]", exemplo de desrespeito ao elegante e civilizado dr. Paul, que jamais pensou em responder à altura). Eu respondi a Levin.

Para minha surpresa, Levin respondeu a mim — mais ou menos isso. Ele não refuta nada do que disse e, depois, declara-se vencedor. (Para ver nosso embate, visite TomWoods.com/Levin. Fiz links para as respostas dele, mas ele não permite que seus ouvintes vejam minhas respostas. Deixo que o leitor descubra por quê).

Não vejo nada que orgulhe seus aliados no que Levin acha que é uma resposta, nem nada que deveria fazer-me abandonar minhas opiniões constitucionais. Sou acusado de usar, equivocadamente, a Convenção de Filadélfia[23], o *Federalista* etc. , mas Levin não aceita citar nenhum exemplo desse uso supostamente equivocado. Devemos satisfazer-nos com seus pronunciamentos *ex cathedra*.

Em nenhum momento, ele trata das minhas refutações em seus argumentos, seja quanto ao significado real de uma "declaração de guerra", no século XVIII, as intenções dos Pais da Pátria ou os casos de guerra presidencial unilateral que Levin quer citar, mas que eu demonstrei que não era nada disso.

E não é de se admirar: não há nenhuma evidência em seus posicionamentos. Pessoas que leem uma discussão sobre os poderes de guerra e a Constituição pela primeira vez podem supor, compreensivamente, que Levin pode citar algumas fontes, eu posso citar algumas fontes, e a coisa toda fica por isso mesmo. Mas Levin não é capaz de citar nada.

22 Referência a uma famosa *drag queen* americana. (N. do T.)

23 Convenção realizada de 25 de maio a 17 de setembro de 1787 para criar as bases da Constituição dos Estados Unidos (N. do T.)

Espere, retiro o que disse. Ele é capaz de citar a opinião de Pierce Butler na Convenção da Filadélfia em apoio a "dar poder ao Presidente, que terá todas as qualidades exigidas e não fará guerra exceto quando a nação apoiar". Infelizmente, para Levin, a petição de Butler não teve continuidade.

O fato de Levin pensar que esses temas são dignos de debate, mesmo diante de tantas citações contra sua posição inventada, indica o quanto ele é arrogante. Ele, evidentemente, leu John Yoo (cujas posições eu e Kevin Gutzman destruímos em nosso livro *Who Killed the Constitution?*) e pouco além disso.

Agora, é verdade que Levin cita "links eruditos" apócrifos que apoiam sua posição, apesar de não os compartilhar comigo. Se minha posição fosse tão facilmente refutada, era de esperar-se que ele, simplesmente, compartilhasse-os comigo, em vez de passar-me um trabalhinho escolar de leitura não específica.

Mas, sabe de uma coisa? Que se danem os links eruditos. São, provavelmente, links para John Yoo, cuja obra sobre os poderes bélicos não tem valor algum. Depois, vou fazer um link para Louis Fisher e Levin vai desprezá-lo e nós, provavelmente, não avançaremos.

Então, esqueça as fontes secundárias. Vamos às fontes primárias. Mark Levin, eis meu desafio a você. Quero que você encontre um texto de *O Federalista*, durante todo o período no qual a Constituição estava pendente, que diz que o presidente pode travar uma guerra não defensiva sem consultar o Congresso. Para facilitar as coisas, você pode citar qualquer pronunciamento dos federalistas em qualquer das convenções de ratificação nos estados ou numa palestra ou num artigo de jornal — que seja. Cite um federalista que compartilhe da sua posição. Quero o nome dele e a frase exata.

Se estou tão errado assim, esse desafio será fácil. Se você recusar esse desafio, ou xingar-me, ou, em vez disso, fazer uma argumentação tangencial, vou levar isso como admissão de derrota.

Certo: Levin poderia dizer que o fato de vários presidentes ignorarem a Constituição é uma emenda implícita à Constituição, mas duvido que esse tipo de argumento esquerdista é argumento que um autointitulado "originalista" deveria estar ansioso por abraçar.

Por acaso, diverti-me ao ver, na seção de comentários embaixo do texto de Levin, vários dos seguidores dele dizendo que eu devo ser um historiador "revisionista liberal" porque sustento a visão constitucional sobre o poder presidencial bélico. A posição conservadora tradicional, como Russell Kirk e como outros deixaram claro, resumia-se a um executivo forte e independente, um fato que anos de reeducação neoconservadora das massas contribuiu muito para obscurecer. Suponho que o senador Robert Taft, conhecido, em sua época, como "Sr. Republicano", era, igualmente, um "revisionista liberal" por usar, em 1950, os mesmos argumentos que uso contra Levin hoje.

Na verdade, quando Taft negou que Harry Truman pudesse mandar tropas para a Coreia sem autorização do Congresso, seus principais oponentes intelectuais foram os historiadores esquerdistas Henry Steele Commager e Arthur Schlesinger. Aos ouvintes de Levin, foi esse o lado no qual seu apresentador colocou-ou: contra o maior conservador do Senado no século XX e apoiando os historiadores esquerdistas que o odiavam. Mas eis a diferença entre eles e Levin: anos mais tarde, eles tiveram a decência de admitir que estavam errados e que Taft tinha razão.

Levin diz que sente "vergonha" de mim, de tanto que prostitui meu conhecimento histórico em nome da minha ideologia política. Ele deve ser sensível à vergonha, já que ela parece paralisar sua capacidade de responder com fatos quando sua opinião é completamente destruída. E, na verdade, sou tão sem-vergonha que, ousadamente, encorajo a todos no mundo a lerem todas as fontes originais, minhas e dele, em TomWoods.com/Levin.

Mil perdões, mas será possível que tenha sido Levin, que apoia a política externa consensual bipartidária com tanto gosto, que escolheu, a dedo, evidências históricas para combinar com seu posicionamento político? Pode ser, mas duvido. Para tanto, teria de haver alguma evidência histórica a escolher para defender seu posicionamento.

27 DE MARÇO DE 2011

39

COMO MANDEI LEVIN PARA CASA, CHORANDO

Então, Mark Levin respondeu meu desafio (leia o capítulo 38). Será que ele encontrou um ensaio do *Federalista* que concorda com ele que um presidente pode lançar uma guerra não defensiva sem consultar o Congresso? Fui um cavalheiro — permiti que ele consultasse as convenções ratificadoras de todos os estados e, também, deixei-o citar palestras e artigos de jornal. Sério, qualquer coisa disso. Será que ele encontrou alguém?

Claro que não. Em vez disso, fingiu que sou burro demais para entender suas opiniões. "Expliquei minha posição na rádio, na FOX e neste site. Acho que é extremamente sábio que um presidente consulte o Congresso (bom, nem todos os 535 membros, mas os membros nos cargos de liderança) antes de lançar-se numa guerra não defensiva tanto por razões políticas quanto de diretrizes. Na verdade, muitos presidentes dizem tê-lo feito de uma forma ou de outra em relações a muitas operações militares. Não imagino nenhum Federalista dizendo que um presidente não deveria consultar o Congresso".

E sou eu quem está mudando de assunto? Isso é inacreditável.

Mark, a questão não é nem nunca foi se é *sábio* por parte do presidente consultar o Congresso. A questão é se ele *pode* conduzir operações ofensivas sem o consultar. Essa é a nossa posição.

E demonstrei que não há evidência nenhuma — *nenhuma* — de que a Constituição permite isso. A fuga de Levin do meu desafio só amplifica meu ponto. Estou mudando de assunto, diz ele. Bom, que o mundo inteiro leia o que escrevi — todos os links estão em TomWoods.com/Levin — e eles podem concluir, por si mesmos, quem está tratando do assunto e quem está fugindo. A posição de Levin é a de que o presidente pode lançar operações ofensivas sem consultar o Congresso. Eu nego que essa tenha sido a intenção original da Constituição. Essa é toda a discordância entre nós. Se seria bom que o presidente consultasse o Congresso, se é prático para ele fazer isso etc. , é algo completamente irrelevante para a discussão desse tema. Isso são formas de evasão, como os próprios seguidores de Levin são capazes de notar.

Já deixei claro que o presidente tem a autoridade constitucional de lançar-se em atividades meramente defensivas. Era o que George Washington disse que estava fazendo contra os índios, mas quando o tema das operações ofensivas contra os índios surgiu, ele disse que teria de consultar o Congresso quanto a isso. Não é tão confuso assim.

Mark não tem mais tempo para discussões — ele é Mark Levin, lembre-se disso — mas teve tempo para mostrar o quão pouco confiável, supostamente, sou, para desencavar um artigo de seis anos atrás do marxista converso a social-democrata Ronald Radosh. Radosh não gostou do meu *Politically Incorrect Guide to American History*, se bem que não me surpreendo; a maioria dos neoconservadores, apesar do discurso, tem uma visão bastante convencional da história americana e meu livro era politicamente incorreto demais para eles. Lidei com meus críticos, há não muito tempo, (leia as "respostas às críticas" na página de Artigos em TomWoods.com). Na página "Sobre" do meu site (TomWoods.com/about), pode-se encontrar uma série aleatória de apoios à minha obra em periódicos como o *Journal of American History*, *American Historical Review*, *Choice* (publicação para bibliotecas acadêmicas) e outros e todas essas opiniões valem um pouco mais do que a de Ronald Radosh, quem quer que seja ele.

Um senhor perguntou, sem desrespeito ou segundas intenções, se Levin estaria disposto a debater comigo, talvez na *Reagan Library* na Califórnia. Esse senhor foi, simplesmente, excluso da página de Levin no Facebook.

Ganhei.

28 DE MARÇO DE 2011

40

NULIFICAÇÃO ESTADUAL: RESPONDENDO ÀS OBJEÇÕES

Em janeiro de 2011, meu livro *Nullification* ganhou notoriedade ao ser associado a uma lei que declarava a lei de Obama quanto ao serviço de saúde inconstitucional e, portanto, sem efeito no estado de Idaho. (Outros estados apresentaram leis semelhantes, mas a de Idaho chamou a atenção da mídia). Legisladores leram-no, disse o noticiário e quando o governador Butch Otter recusou uma cópia oferecida por um senador estadual foi só porque já tinha um exemplar. Ele o lera também.

Claro que a patrulha ficou ensandecida. Ora, isso é uma loucura de um monte de "neoconfederados" que odeiam os Estados Unidos! Todos que observaram a vida política americana, nos últimos 20 anos, poderiam ter previsto as reações histéricas nos mínimos detalhes — como fiz no meu livro por sinal.

A ideia de "nulificação" ou de "invalidação" remonta a 1798, quando James Madison e Thomas Jefferson escreveram as resoluções da Virgínia e de Kentucky respectivamente. Ali, lemos que os estados, responsáveis pela criação do governo federal, por lógica, deveriam ter uma espécie de mecanismo de defesa se a criação descontrolasse-se e soltasse-se das amarras impostas para detê-la. O próprio Jefferson introduziu a palavra "nulificação" ao léxico político americano; ele se referia ao poder indispensável de um estado de recusar-se a seguir uma lei inconstitucional dentro de seus limites.

Hoje, a descentralização política tem ganhado força em todas as partes do país por vários motivos. Não consigo ver a utilidade do termo "neoconfederado" — o que quer que esse neologismo orwelliano queira dizer — ao descrever um movimento que inclui a proposta da Califórnia para descriminalizar a maconha, a recusa de duas dezenas de estados de obedecer ao REAL ID Act[24] e uma lista crescente de movimentos de resistência à intrusão do governo federal.

24 Lei proposta pelo Congresso dos Estados Unidos que estabelece novos parâmetros para a confecção de documentos de identidade, com a intenção de conter o terrorismo. (N. do T.)

Enquanto estados, de norte a sul, leste a oeste, democratas e republicanos, grandes e pequenos discutem os prospectos da descentralização política, os fiscais da opinião pré-aprovada resolvem agir. Não para explicar onde erramos, claro — nós, rebeldes, merecemos, no máximo, alguns argumentos passageiros incapazes de satisfazer um aluno da terceira série —, mas para caluniar e denunciar qualquer pessoa que se desvie da opinião pré-aprovada, que se posiciona no glorioso continuum que vai de Joe Biden a Mitt Romney.

Qualquer um que, realmente, leia o livro descobrirá, entre outras coisas, que os Princípios de 1798 — quando as ideias descentralizadoras tornaram-se conhecidas — foram, na verdade, usados mais por estados do norte do que do sul e que, a partir de 1798, até a segunda metade do século XIX, foram usados, em apoio à liberdade de expressão e de comércio e contra leis de escravos fugitivos, buscas e apreensões inconstitucionais e o prospecto de recrutamento militar, entre outros exemplos. E a nulificação foi empregada, não para apoiar a escravidão, e sim contra ela.

Quando *Nullification* foi lançado, eis o que previ que aconteceria: "Se os argumentos do livro forem analisados, serão tratados como algo de segunda série. (A Esquerda e Direita oficiais concordam em mais coisas do que se dão ao trabalho de admitir, sendo uma delas o comprometimento inabalável com o nacionalismo). O restante da suposta resposta será algo assim: a nulificação é uma trama secreta para restaurar a Confederação sulista e o próprio Woods é uma pessoa sinistra com intenções ocultas, diante das quais todos esses argumentos morais e constitucionais não são nada além de uma cortina de fumaça".

Como isso foi mesmo o que aconteceu, vou responder, ponto a ponto, aos argumentos comuns que sabia que seriam feitos contra a ideia. (Minhas respostas a essas afirmações são discutidas com mais detalhes no livro).

"A nulificação viola a Cláusula de Supremacia da Constituição".

Esse talvez seja o argumento mais tolo e mal-informado contra a nulificação. É a resposta que, geralmente, ouvimos de estudantes e de professores de direito, que aprendem e ensinam somente a versão nacionalista da história e do constitucionalismo americano. Outro motivo para, como diz um colega meu, nunca confundir treinamento jurídico com educação.

Assim, lemos num recente artigo da AP: "Os esforços são, completamente, inconstitucionais aos olhos da maioria dos juristas porque a Constituição dos EUA considera a lei federal como 'a lei suprema'". (Note, por sinal, o uso que o repórter faz do desnecessário advérbio "completamente", entregando sua visão tendenciosa).

O que a Cláusula de Supremacia diz é: "Esta Constituição, e as Leis dos Estados Unidos que a ela se seguem [...] serão a lei suprema".

Em outras palavras, a resposta padrão das escolas de direito ignora as palavras mais importantes da cláusula. Thomas Jefferson não desconhecia nem negava a Cláusula da Supremacia. Seu argumento era o de que apenas a Constituição e as *leis que a ela seguem* serão a lei suprema. Citar a Cláusula de Supremacia apenas reforça a questão. A nulificação significa que determinada lei não "segue a Constituição" e que, portanto, a Cláusula de Supremacia não se aplica.

Os críticos esperam que acreditemos que os estados ratificariam a Constituição com a Cláusula de Supremacia que dissesse, na verdade: "Esta Constituição e as Leis dos Estados Unidos que a ela se seguem, além de outras leis que pretendemos aprovar, constitucionais ou não, serão a lei suprema".

Alexander Hamilton explicou, na convenção ratificadora de Nova York, que se, por um lado, "leis dos Estados Unidos [...] serão obrigatórias a todos os objetos e poderes do governo federal", ao mesmo tempo, "as leis do Congresso restringem-se a certa esfera e, quando fogem desta esfera, não são mais supremas". No ensaio 33 de *O Federalista*, Hamilton notou que a cláusula "expressamente, restringe essa supremacia às leis que se seguem à Constituição".

Na convenção ratificadora da Carolina do Norte, James Iredell disse aos delegados que, quando "o Congresso aprova uma lei consistente com a Constituição, ela deve ser aplicada ao povo. Se o Congresso, sob o pretexto de executar um poder, acabar por usurpar outro, estará violando a Constituição". Em dezembro de 1787, Roger Sherman observou que "um dos pontos altos da Constituição" era que, "quando o governo dos Estados Unidos age dentro de seus limites, será melhor para as legislaturas dos estados apoiá-lo, mas, quando ele ultrapassa estes limites e interfere nos direitos dos governos estaduais, eles terão o poder de contestar isso".

"A nulificação é inconstitucional; ela não aparece na Constituição".

Essa é uma objeção curiosa, vindo, como sempre, daqueles que, em outras circunstâncias, não parecem muito preocupados em encontrar sanção constitucional expressa para atividades governamentais específicas.

O simples fato de o direito de um estado obstruir a aplicação de uma lei inconstitucional não estar expressa, explicitamente, na Constituição não significa que esse direito não existe. A Constituição, supostamente, cria um governo federal com poderes limitados, com os poderes restantes reservados aos estados e ao povo. Essencialmente, nada do que os estados fazem é autorizado pela Constituição federal, já que enumerar os poderes estaduais não é o objetivo dela e é algo alheio à estrutura do documento.

James Madison dizia que o sentido real da Constituição seria encontrado nas convenções ratificadoras estaduais, porque era lá que o povo, reunido na convenção, entendia o que o novo documento pretendia. Jefferson falava algo parecido: se você pretende entender o sentido da Constituição, consulte as palavras de seus defensores.

Os aliados federalistas da Constituição, na convenção ratificadora da Virgínia, em 1788, garantiram aos habitantes do estado que eles seriam "exonerados" se o governo federal tentasse impor "qualquer condição suplementar" a eles — em outras palavras, se tentasse exercer um poder acima e além daqueles que o estado havia delegado. Os moradores da Virginia ouviram essa interpretação da Constituição de membros da comissão de cinco homens encarregada de escrever o instrumento ratificador da Virgínia. Patrick Henry, John Taylor e, mais tarde, o próprio Jefferson elaboraram essas salvaguardas dadas aos moradores do estado na convenção ratificadora.

A nulificação deriva da (correta) "teoria compacta" da União, à qual, aparentemente, não houve alternativa até o fim dos anos 1830. A teoria compacta, por sua vez, deriva e implica o seguinte:

(1) Os estados precederam a União. A Declaração de Independência fala em "estados livres e independentes" que "têm todo o poder de declarar guerra, assinar a paz, fazer alianças, estabelecer comércio e de fazer todas as coisas que estados independentes têm o direito de fazer". Os britânicos reconheceram a independência não de um único bloco, e sim de um grupo de estados, que eles listaram um a um. O Artigo II dos Artigos da Confederação diz que os estados "mantém sua soberania, liberdade e independência"; eles devem ter gozado de soberania no passado a fim de "mantê-la", em 1781, quando os Artigos foram, oficialmente, adotados. A ratificação da Constituição foi realização não por meio de uma votação única e nacional, e sim por ratificações individuais dos vários estados, cada qual reunido em convenção.

(2) No sistema americano, nenhum governo é soberano, nem o governo federal nem os estaduais. Os povos dos estados são soberanos. São eles que repartem os poderes entre si, seus governos estaduais e o governo federal. Ao fazer isso, eles não estão prejudicando sua soberania. Ao contrário, eles a estão exercitando.

(3) Como os povos dos estados são soberanos, então, quando o governo federal exerce um poder de constitucionalidade duvidosa numa questão de grande importância, eles são os melhores debatedores, já que analisam se seu agente pode exercer tal poder. Nenhuma outra configuração faz sentido. Ninguém pergunta ao agente se ele tem ou deveria ter tal poder. Em outras palavras, a própria natureza da soberania, e do sistema americano em si, é tal que os soberanos devem ter o poder de restringir o agente que eles mesmos criaram. James Madison explica isso, claramente, em seu famoso Relatório da Virgínia de 1800:

A resolução [de 1798] da Assembleia Geral [da Virgínia] refere-se àqueles grandes e extraordinários casos nos quais todas as formas da Constituição podem ser ineficazes contra infrações perigosas ao direito essencial das partes. A resolução supõe que poderes perigosos não delegados podem não só ser usurpados e executados por outros departamentos, mas que o Poder Judiciário também pode exercer ou sancionar poderes perigosos para além dos concedidos pela Constituição e, consequentemente, o direito das partes da Constituição de julgar se o documento foi, perigosamente, violado deve estender-se a violações por uma autoridade delegada e, também, por outra, pelo judiciário e, também, pelo executivo ou pelo legislativo.

“A Suprema Corte declarou-se infalível em 1958”.

A obscura *obiter dicta de Cooper v. Aaron (1958)* é, ás vezes, usada contra a nulificação. Aqui, a Suprema Corte, expressamente, declara que suas decisões têm, exatamente, o mesmo peso da Constituição. Por mais afirmações absurdas que a Corte faça sobre si mesma, entretanto, o argumento de Madison acima prevalece — a própria estrutura do sistema e o próprio caráter da União federal, logicamente, requerem que os guardiões do documento tenham um poder de examinar a constitucionalidade das leis federais. Como todo o argumento envolve quem decide tais questões em último recurso, citar a Suprema Corte contra isso prejudica a questão toda — na verdade, isso deveria fazer-nos perguntar se os que assim reagem são capazes de compreender a questão.

“A nulificação foi a doutrina legal usada pelos estados do sul para defender a escravidão”.

Essa afirmação não poderia estar mais errada. A nulificação nunca foi usada em nome da escravidão. Por que seria assim? Que leis antiescravagistas estavam em vigor para o sul precisar as invalidar?

Ao contrário, a nulificação foi usada *contra* a escravidão, como quando os estados do norte fizeram tudo o que era possível para obstruir a aplicação de leis quanto a escravos fugitivos, com a Suprema Corte de Wisconsin chegando ao ponto de declarar a Lei do Escravo Fugitivo de 1850 inconstitucional e nula. No caso *Ableman v. Booth* (1859), a Suprema Corte dos EUA repreendeu-a por fazer isso. Em outras palavras, a jurisprudência moderna antinulificação tem suas raízes nas declarações da Suprema Corte em apoio à Lei do Escravo Fugitivo. Quem está defendendo a escravidão aqui?

“Andrew Jackson denunciou a nulificação”.

Verdade, se bem que Jackson era supostamente falível. (Se a nulificação estivesse mesmo ligada à escravidão, então, Jackson, dono de escravos, deveria tê-la apoiado). Sua declaração, com relação à nulificação, foi, na verdade, escrita por seu secretário de Estado, Edward Livingston, e a declaração foi destruída sem pena — *sem pena* — por Littleton Waller Tazewell. Hoje, para encontrar a resposta de Tazewell, basta procurar no Google.

"Você deve ser um 'neoconfederado'"

Confesso que nunca entendi o que esse termo orwelliano significa, mas tenho certeza de que está deslocado aqui. Jefferson Davis, presidente da Confederação, denunciou a nulificação em seu discurso de despedida no Senado dos EUA. A Carolina do Sul, no documento declarando separação da União, em dezembro de 1860, citou a nulificação das leis dos escravos fugitivos como um dos motivos para a decisão.

Não espere que os críticos da nulificação saibam disso: senão, você vai decepcionar-se.

Um dos pontos do meu livro *Nullification*, na verdade, é demonstrar que os Princípios de 1798 não eram uma doutrina sulista obscura, e sim algo que, aqui e ali, abrangeu todo o país. Em 1820, o legislativo de Ohio aprovou uma resolução que dizia que os Princípios de 1798 tinham sido aceitos pela maioria do povo americano. Não acredito que houvesse escravos em Ohio, em 1820, ou que Ohio tenha feito parte da Confederação.

"James Madison foi contra a ideia de nulificação".

Oponentes mais sofisticados acham que têm um coringa nas afirmações de James Madison, em 1830, que tiveram um efeito que ele nunca pretendeu, seja nas Resoluções da Virgínia ou em qualquer outra época, sugerindo que um estado poderia resistir à aplicação de uma lei inconstitucional. Qualquer pessoa que diga que ele, realmente, quis evocar tal coisa apenas não o entendeu. Ele estava dizendo, apenas, que os estados tinham o direito de reunir-se e de protestar contra leis inconstitucionais.

Essa afirmação não se sustenta. Em 1830, Madison, realmente, disse isso e fingiu que não estava querendo dizer o que todos em sua época entenderam. A afirmação de Madison foi recebida com ceticismo. As pessoas, imediatamente, quiseram saber: se é isso o que você está querendo dizer, por que se dar ao trabalho de escrever uma resolução tão inútil? Por que se dar ao trabalho de aprovar resoluções solenes dizendo que os estados tinham um direito que ninguém negava? E, pelo amor de Deus, quando vários estados questionaram essa posição por que, num relatório de

1800, Madison não apenas não se esclareceu como até persistiu na opinião que negava e que todos lhe atribuíram? O biógrafo de Madison, Kevin Gutzman (leia *James Madison and the Making of America*, St. Martin's, 2012) desmantelou essa interpretação sem sentido das Resoluções da Virgínia de Madison em "A Troublesome Legacy: James Madison and 'The Principles of '98'", *Journal of the Early Republic* 15 (1995): 569-89. O juiz Abel Upshur, também, analisou, rapidamente, essa opinião em seu estudo de 1833, *An Exposition of the Virginia Resolutions de 1798*, cujo trecho publiquei em meu livro.

Madison, agora mais velho, em seu esforço por separar a nulificação do legado de Jefferson, tentou negar que Jefferson tinha incluído a temida palavra em seu rascunho das Resoluções do Kentucky. Madison vira o rascunho, então, ou sabia que essa afirmação era falsa ou sofria os efeitos da idade avançada. Quando uma cópia das Resoluções de Kentucky, com a letra do próprio Jefferson, apareceu completa com a palavra "nulificação", Madison foi obrigado a recuar.

Em resumo, então, (1) as legislaturas estaduais compreenderam que Madison, em 1798, estava dizendo, exatamente, o que Madison, mais tarde, tentou negar ter dito, (2) Madison não corrigiu esse suposto mal-entendido quando teve a oportunidade no Relatório de 1800 ou em qualquer outra ocasião durante aqueles anos e (3) o texto das Resoluções da Virgínia indicam, claramente, que cada estado tinha "o dever" de mandar suas liberdades constitucionais dentro de seu "respectivo" território e que, portanto, Madison contemplou a ação de um único estado (e não todos os estados em conjunto), com aliados e com oponentes entendendo o que ele dizia na época.

"A nulificação tem uma 'história vergonhosa'".

Assim, aprendemos com os eruditos que povoam o Partido Democrata de Idaho. Foi "vergonhoso" que Jefferson e Madison usassem a ameaça de nulificação contra o *Alien and Sedition Acts* de 1798[25]? Foi "vergonhoso" que os estados do norte empregassem os Princípios de 1798 contra buscas e apreensões inconstitucionais quando da aplicação do embargo federal de 1807-1809? Foi "vergonhoso" que Daniel Webster, assim como o legislativo de Connecticut, tivesse evocado os estados a proteger os cidadãos do abuso da autoridade federal se Washington tentasse o alistamento militar obrigatório durante a Guerra de 1812? Foi "vergonhoso" para os estados do norte fazerem tudo o que era possível para obstruir a aplicação de leis de escravos fugitivos (cuja odiosa consequência eles não acreditavam que se justificasse, automaticamen-

25 Conjunto de medidas que pretendia impedir a entrada de imigrantes e dificultar a obtenção de cidadania pelos estrangeiros. (N. do T.)

te, apenas por conta da cláusula dos escravos fugitivos)? Foi "vergonhoso" quando a Suprema Corte de Wisconsin declarou a Lei dos Escravos Fugitivos de 1850 inconstitucional e nula, citando as Resoluções de Kentucky de 1798 e 1799?

Posso supor que nenhum democrata de Idaho conhece esses fatos históricos?

O termo "história vergonhosa", certamente, é uma referência à resistência sulista ao movimento pelos direitos civis, na qual a linguagem da nulificação foi, de fato, empregada. A implicação é a de que o descentralismo jeffersoniano está para sempre desacreditado porque os estados comportaram-se de formas que a maioria dos americanos considera grotesca. Afinal, são estados, então, não deveríamos surpreender-nos quando o comportamento deles ofende-nos. Mas isso é bobagem. Esse resultado só foi possível numa época em que negros tinham dificuldade para exercer direitos eleitorais, uma situação que não mais persiste. As coisas mudaram desde Birmingham, 1963, também, de outras maneiras. As tendências demográficas das últimas três décadas deixam isso claro, à medida que negros mudam-se, em quantidade significativa, para o sul, única região do país onde a maioria dos negros entrevistados diz que é bem tratada. É uma injustiça com o povo do sul, além de um exercício de hipocondria emocional, acreditar que os estados estariam prestes a restaurar a segregação se tivessem a possibilidade.

(Pelo mesmo raciocínio, por acaso, qualquer crime de qualquer governo nacional em qualquer lugar justificaria, imediatamente, um governo *mundial*. Todos que vivem sob esse governo planetário e que defenda a descentralização ouviriam uma lição sobre as coisas horríveis que aconteceram sob o descentralismo no passado).

Como Michael Klarman, da *University of Virginia*, demonstrou em seu livro *From Jim Crow to Civil Rights*, o que gerou a dessegregação não foi a Suprema Corte, cujas ordens mal eram obedecidas, e sim a *Voting Rights Act* de 1965, que envolvia a aplicação da 15ª Emenda da Constituição.

Os defensores da nulificação não dizem que o governo federal é ruim e que os governos estaduais são infalíveis. Os governos estaduais são podres também (e é por isso que bem podemos usá-los para algo bom empregando-os em nome da resistência ao governo federal). Estamos perguntando sob que condições a liberdade tem mais probabilidade de prosperar: com várias jurisdições concorrentes ou com uma gigantesca jurisdição? Há um argumento forte a ser defendido: o de que foi, precisamente, a descentralização do poder na Europa que possibilitou o desenvolvimento da liberdade na civilização ocidental.

Essa objeção — ora, uma estrutura institucional foi antes usada para objetivos questionáveis, então, nunca mais se deve recorrer a ela — nunca parece ser usada contra o governo centralizado, principalmente contra os megaestados do nacionalista século XX. Duvido que os críticos da nulificação usariam esse argumento contra si mesmos — dizendo, por exemplo: "governos centralizados deram-nos centenas de milhões de mortes, graças à guerra, ao genocídio e a revoluções totalitárias. Nos EUA, podemos mencionar a prisão de centenas de milhares de japoneses e um horrível complexo militar-industrial-congressional assassino, entre outras atrocidades. Nosso governo federal está tão distante das pessoas que conseguiu aumentar o déficit (incluindo responsabilidades sem cobertura) em mais de US$200 trilhões. Diante disso, que pigmeu moral e intelectual defenderia o nacionalismo ou o estado moderno centralizado como solução para nossos problemas?

Na verdade, todos os que dizem que os estados centralizados foram maravilhosas instituições progressistas, em se tratando de minorias em seus territórios, devem perguntar aos armênios, na Turquia, aos ucranianos, na União Soviética, aos judeus, na Alemanha, aos asiáticos, em Uganda, e a vários outros povos que talvez tenham uma opinião diferente.

"A nulificação seria caótica".

É muito mais provável que os estados sejam reticentes demais em empregar a nulificação, mas o mais importante é isso: se os vários estados deveriam ter diretrizes distintas, *e daí?* É justamente assim que os Estados Unidos deveriam ser. Como sempre, os supostos defensores da "diversidade" são aqueles que mais insistem na uniformidade nacional. Isso revela muito do que as pessoas estão aprendendo na escola, isto é, que temem a ideia de que o país possa mesmo ser organizado da forma que os americanos, originalmente, queriam. A Revolução lutou por um governo local, mas ouvimos que esse princípio e os mecanismos de defesa para preservá-lo são impensáveis.

Em parte, a ideia da nulificação gera uma reação tão visceral dos formadores de opinião porque a maioria das pessoas absorveu, sem pensar, a lógica do estado moderno, no qual uma única autoridade, dando ordens infalíveis, é a única forma de uma sociedade organizar-se. As pessoas não sujeitam suas suposições silenciosas ao escrutínio, principalmente, porque, quando mais impregnada a suposição, menos as pessoas percebem-na. E é nessa suposição moderna, que remonta a Thomas Hobbes, que — percebam elas ou não — está a raiz do pensamento político de quase todo mundo. Não apenas essa suposição é falsa, como, também, (como já discutimos neste livro) o estado moderno que ela gera tem sido a instituição mais irresponsável e mortal da história, aumentando débitos e perpetrando atrocidades que políticas descentralizadas que o precederam jamais imaginaram. Por que isso deveria receber o benefício da dúvida, a ponto de todos os céticos serem, maldosamente, condenados, não se sabe.

"A teoria compacta pode aplicar-se aos 13 primeiros estados, mas, como todos os demais estados foram criados pelo governo federal, não podemos descrever esses estados mais novos como unidades formadoras da União".

A procuradoria-geral de Idaho tentou defender esse argumento contra a nulificação do estado em relação ao sistema de saúde. Superficialmente plausível, o argumento resume-se a um equívoco grosseiro quanto ao sistema americano. Se o procurador-geral de Idaho tivesse razão, os estados não seriam estados, e sim províncias.

O argumento da procuradoria-geral de Idaho, na verdade, refere-se, exatamente, à visão do Velho Mundo quanto à natureza do Estado e dos povos que vieram para os Estados Unidos fugindo da Europa. A posição *americana* sempre foi a de que um estado é criado por seu povo, não pelo governo federal. O próprio Jefferson amplificou esse ponto na controvérsia quanto à admissão do Missouri. O povo do Missouri escreveu uma Constituição e pediu para ser admitida na União. Se não os admitissem, disse Jefferson, eles seriam um estado independente. Em outras palavras, a condição deles como estado deriva da soberania do povo e da constituição que eles escreveram, não da aprovação de um governo federal.

"A Guerra Civil resolveu isso".

A Guerra Civil não foi travada por causa da nulificação e, como disse antes, na época da guerra foram os estados do norte que tinham, recentemente, se envolvido na questão da nulificação. A legitimidade da nulificação envolve um argumento filosófico e argumentos filosóficos não são — ao menos para pessoas sensatas — decididos por meio da violência. Ninguém diria, ao ser confrontado com o drama dos índios, "O Exército dos EUA já não resolveu isso?" Se os argumentos pela nulificação fazem sentido, e fazem, é isso o que importa. Isso é realidade. A teoria compacta, da qual deriva a nulificação, descreve a história americana. Não há forma de fugir a esse fato.

Minha intenção primária ao escrever *Nullification* era ressuscitar partes da história americana que, provando-se inconveniente para o regime de Washington, caíram no buraco orwelliano da memória. Queria que os americanos percebessem que figuras ilustres do passado do país propuseram questões sobre a forma mais desejável de organização política — perguntas pelas quais hoje alguém pode acabar excluso da vida pública ao expressá-las. Quis defender a ideia, apoiado em muitas provas históricas, de que o sistema desumano no qual uma única autoridade infalível governa 310 milhões de pessoas não é fato dado. Jefferson e outros propuseram uma alternativa, uma que talvez queiramos revisitar à luz da óbvia desfuncionalidade em que o sistema atual transformou-se. Antes de essa informação poder ser usada, há muito trabalho de educação a ser feito. Queria que o livro fosse um primeiro passo na estrada de volta à sanidade.

1º DE FEVEREIRO DE 2011

PARTE VII

QUANDO LIBERTÁRIOS ERRAM

41

SOMOS LIBERTÁRIOS BUNDAS-MOLES

Não quero citar nomes aqui. Isso transcende os nomes. É um fenômeno que testemunhei, várias vezes, ao longo dos anos. É a síndrome do libertário bunda-mole.

Outro dia, um assistente de um preeminente político americano foi vítima de um ataque da grande imprensa. Só porque essa pessoa disse algumas coisas às quais todas as pessoas do "pensamento correto" opõem-se. Quando ele era apresentador de rádio, ele era provocador! Nunca vimos esse fenômeno antes! E ele acha que podia haver algum tipo de oposição ao governo Lincoln! Ora, ele deve defender a *escravidão!*

Há motivos muito bons para uma pessoa opor-se ao governo Lincoln. Lysander Spooner opôs-se a ele e Spooner apoiou John Brown. (Vai dizer que Spooner defendia a escravidão?)

Algumas reflexões que me ocorrem:

(1) Lincoln era um homem do seu tempo, o que significa que ele via estados grandes e centralizados como um objetivo que se autojustificava. Aquela foi a era da centralização na Itália, na Alemanha e no Japão. Sim: estados grandes e centralizados podem abolir a escravidão. Eles também podem travar horríveis guerras, perpetrar genocídios e construir grandes estados policialescos. Assim como muitas pessoas foram mortas na Primeira Guerra Mundial, a primeira grande guerra dos estados centralizados do mundo, havia escravos no sul.

(2) Os precedentes estabelecidos por Lincoln durante a guerra foram explorados, desde então, por esquerdistas e por neoconservadores, que ficam felizes em responder, quando você se opõe à enormidade da Guerra ao Terror: "Ora, até mesmo *Lincoln* fez essas coisas!"

(3) Em todos os outros países do nosso hemisfério, no qual a escravidão foi abolida no século XIX, isso foi feito em paz, sem 1,5 milhões de pessoas mortas, feridas ou desaparecidas.

(4) Entre os legados de Lincoln, estão a glorificação da guerra nacionalista e a demonização da secessão, independentemente das circunstâncias. Hoje, americanos aprendem a admirar governos centralizados que tentam impedir que territórios dividam-se, e a olhar com nojo para unidades menores buscando governos autônomos.

(5) Lincoln é o criador do regime imperial centralizado sob o qual vivemos hoje e esse é o verdadeiro motivo para os esquerdistas e seus primos neoconservadores não criticarem o décimo-sexto presidente.

Agora, estou prestes a citar um daqueles malvados sulistas, o que, claro, vai tornar-me suspeito de ter saudades da escravidão, mas, assumindo o risco, eu, ousadamente, sigo em frente: Robert E. Lee disse ao grande libertário Lord Acton, em 1866, que "a consolidação dos estados numa república vasta, certa de ser agressiva no estrangeiro e despótica em casa, certamente, será a precursora da ruína que assombrou tudo o que a precedeu".

Se você se pergunta como chegamos à nossa condição atual, pense nessa frase. Depois, pense na possibilidade de que a grande guerra fratricida da história americana tenha a ver com outra coisa além da luta cartunesca entre santos e pecadores que encontramos no *New York Times*, e em supostos institutos libertários.

Há muito, muito mais a ser dito sobre tudo isso, mas, agora, cheguei ao meu destino: o que acho mais interessante é a reação do que podemos chamar de "libertários oficiais", ou o que Lew Rockwell chama de "libertários do regime", aos ataques a esta pessoa. Esta pessoa não disse nada que Walter Williams, que esses próprios libertários admiram, não tenha dito algumas vezes antes. Esta pessoa é, consistentemente, antibelicista, o que é mais do que se pode dizer de muitas pessoas que os libertários oficiais defendem.

Mas com ataques desse tipo para todos os lados, os libertários oficiais não perdem a oportunidade de dizer ao mundo — um mundo que aguarda seus pronunciamentos com a respiração presa, claro — que eles são donos de todas as opiniões pré-aprovadas sobre os eventos da história americana. Mais do que isso, as opiniões que expressam hoje, embora diferentes das do *New York Times*, ainda, estão contidas dentro daquela variação opinativa pré-aprovada. Então, por favor não me inclua em suas condenações, sr. jornalista bonzinho.

Esses são os libertários que se retratam como os abolicionistas de hoje — uma era em que o mundo todo é abolicionista. O teste real é este: você seria abolicionista no século XIX, quando partidos abolicionistas recebiam dois por cento dos votos e linchamentos de abolicionistas eram comuns? Qual a probabilidade de alguém tão desesperado por dizer a todos que suas opiniões estão dentro do espectro pré-aprovado ser — veja só! — um abolicionista na época em que isso era realmente importante?

Essas pessoas são o que agora chamo de libertários bundas-moles. Ah, sr. jornalista bonzinho, sou apenas um observador inocente dessa confusão toda! Defendo a liberdade, mas eu questionaria as opiniões de nossos estimados historiadores (em temas que talvez me tornem impopular)? Nunca! Posso ignorar o posicionamento pró-guerra das pessoas com quem trabalho e admiro, mas alguém que tenha usado palavras despropositadas, algumas vezes, há dez anos? Ora, essa é a maior ofensa do mundo, sr. jornalista bonzinho!

Então, esses libertários dão tapinhas nas costas uns dos outros por protegerem o libertarianismo dos loucos extremistas que questionam seus livros didáticos da oitava série. Os bundas-moles garantem-nos que, ao policiar o pensamento libertário, eles tornarão nossa filosofia mais atraente a outros americanos. O que seria de nós sem essa proteção sábia da nossa inteligência?

O bom é que os bundas-moles não têm senso de ironia. Ninguém jamais ouviu falar deles e nenhum deles têm um seguidor digno de dar-se ouvidos. Foi Ron Paul — que falou o que pensava, independentemente, das pesquisas qualitativas e que disse ao programa *Meet the Press* que (por exemplo) não, ele não acredita na narrativa de quarta-série da Guerra Civil — que despertou o interesse do mundo para o libertarianismo. Nenhum bunda-mole teve um bilionésimo do impacto que o revolucionário Ron Paul teve.

Enquanto isso, os bundas-moles, ansiosos por proteger o libertarianismo de pessoas cujas ideias possam prejudicá-lo, não falam nada quando seus colegas, também bundas-moles, ridicularizam as crenças religiosas de boa parte dos americanos, alienando, assim, essas pessoas do libertarianismo. Esse padrão duplo é praticamente tudo o que você precisa saber sobre os discursos solenes deles de que estão apenas tentando tornar o libertarianismo palatável ao público. Claro que estão.

Por outro lado, temos Ron Paul e seu círculo, que converteram mais pessoas (em ordem de importância) ao libertarianismo do que todos os "pensadores" de Washington juntos. Por outro, temos um punhado de pavões policialescos que se dizem representantes melhores da causa. Mas ninguém consegue ouvi-los em meio aos gritos de apoio a Ron e aos seus seguidores.

É como um revoltado Homer Simpson tentando dizer ao Moe que ele acaba de perder um cliente, mas Moe não consegue ouvi-lo em meio a todos os outros clientes no bar.

Vou terminar assim. Uma organização de bundas-moles achou que dançaria sobre o que consideravam o túmulo de Ron Paul há alguns anos, quando os ataques da imprensa a ele ganharam força e intensidade. Nós avisamos, disseram eles. Por isso é que guardamos distância dele. Temos que manter a causa pura, sabe!

Então, quando notaram que os jovens não se importavam com o que a mídia dizia sobre Ron, e que eles eram como o Homer no bar, essa organização, humildemente, convidou Ron para falar num evento especial.

Como Johnny Most costumava dizer: a justiça prevalece.

10 DE JULHO DE 2013

42

O COMITÊ CENTRAL RETIROU A ACUSAÇÃO

Julie Borowski, conhecida como menina libertária do *YouTube*, faz vídeos bons e é uma libertária inteligente. Outro dia, porém, ela entrou em conflito com a polícia do pensamento libertário, divisão dos robôs politicamente corretos sem humor.

Julie fez um vídeo explorando por que o movimento libertário atrai tão poucas mulheres. É um vídeo de dois minutos descrevendo algumas de suas impressões curiosas, não um artigo acadêmico. Ela deu uma resposta incorreta, de acordo com os censores. A resposta correta, claro, é que libertários são maus e dizem coisas más e que essa perversidade libertária, geralmente, mantém as mulheres distantes. A possibilidade de uma diferença entre homens e mulheres ser, em parte, responsável por essa disparidade não é nem cogitada, desnecessário dizer.

Julie foi, assim, vítima da correção ideológica que era de esperar-se de esquerdistas que veem sua devoção ao politicamente correto desafiada. Isso não surpreende, já que as críticas dessas pessoas quanto a outros libertários são a de que não aceitamos o esquerdismo com tanta ênfase.

Não vou descrever toda a coisa horrível e previsível, que você pode ver por si mesmo (em bit.ly/commissars).

Entre outras coisas, os críticos de Julie dizem que ela "desonrou mulheres que fazem sexo casual". (Mostra o quanto estou por fora: evidentemente, há pessoas no mundo que ainda usam o termo "desonrar"). Será que Julie não sabe que tal comportamento, longe de ser algo que desonre, é, simplesmente, uma das "escolhas complexas que mulheres inteligentes podem fazer e fazem"?

E embora, claro, que uma blogueira não seja responsável pelos comentários que os leitores deixam, encontrei este revelador: "Por que ela [Borowski] põe-se contra as escolhas de outras mulheres? Quer dizer que um valor libertário essencial é a neutralidade em relação a diferentes conceitos de bem?

Na verdade não, respondi. "O valor libertário essencial é a não agressão. 'Neutralidade em relação a diferentes conceitos de bem' não tem nada a ver com libertarianismo. Se você fosse, realmente, neutro entre diferentes conceitos de bem, não estaria reclamando da concepção de bem de Julie".

Infelizmente, esse tipo de pensamento domina certa ala do movimento libertário, que se orgulha de seu libertarianismo "puro", em oposição ao (acho) tipo impuro pregado pelos demais. Sim, sim, eles aceitam, a não agressão é algo fundamental, mas, se você quer mesmo promover a liberdade, não pode, simplesmente, opor-se ao Estado. Você tem de opor-se ao "patriarcado", aceitar valores contraculturais etc..

Então, depois que o libertarianismo transforma-se em algo esquisito e antiburguês, essas mesmas pessoas viram-se e culpam o restante de nós porque a ideia não é mais tão popular.

Vire-se.

Por acaso, e de acordo com o raciocínio dos críticos de Julie, alguém pode ser levado à conclusão igualmente condescendente de que há tão poucas mulheres campeãs de xadrez porque as mulheres não podem ser bem-sucedidas e nem mesmo tentar, a não ser que tudo seja igual. Como as diferenças entre homens e mulheres são exclusas, que outra explicação resta? Não há "modelos de conduta" o bastante para mulheres? Então, como ninguém, em nenhum lugar, começou a fazer algo a respeito?

O professor Bryan Caplan, da George Mason University, também, analisou isso, sugerindo que pode mesmo haver diferenças entre homens e mulheres que expliquem a discrepância dentro do libertarianismo. (Mal posso esperar pelos gritos de "sexista" contra nós, embora, por vários motivos, eu suspeite que Bryan poderá passar incólume). Caplan escreve:

> *Meu estudo da psicologia transforma-me num cético. No popular teste de personalidade Myers-Briggs, há uma enorme lacuna entre raciocínio e sentimento em homens e mulheres. Para os homens, a proporção é aproximadamente 60% raciocínio e 40% sentimento. Para mulheres, a proporção é aproximadamente 30% raciocínio e 70% sentimento.*
>
> *Essa disparidade explica muito sobre as diferenças de gênero em escolhas acadêmicas e profissionais. Há motivos para pensar-se que essa disparidade possa ajudar a explicar diferenças de gênero em opiniões políticas e sociais.*
>
> *Em resumo: pessoas mais racionais tendem a ser teimosas e menos emotivas, enquanto pessoas sentimentais tendem a ser mais maleáveis e emotivas. Não é de surpreender-se, pois, que pessoas sentimentais tendem a ter uma visão mais antimercado. Da mesma forma, encontrei provas fortes de que homens "pensam mais como economistas". Essa diferença de gênero aumenta com a educação, o que é*

consistente com um modelo simples no qual alunos homens e mulheres aprendem mais sobre o que quer que suas personalidades tenham inclinação a estudar [...].

Libertários podem e deveriam vender melhor suas ideias para mulheres (e pessoas em geral, claro). Mas a propaganda só vai até certo ponto. Mulheres, realmente, são mais sentimentais do que homens e vender o libertarianismo para pessoas com personalidades sentimentais é, inerentemente, difícil.

Os críticos de Julie não conseguem concluir o ataque sem revelar o trauma do episódio todo para eles: hoje, por causa do vídeo de Julie, eles ficam "um pouco constrangidos em admitir" que são libertários. Pobrezinhos. Pelo que sei, eles não expressam nenhum constrangimento quando libertários (por exemplo) insultam, gratuitamente, as crenças religiosas de dezenas de milhões de americanos de formas rudes e ignorantes. Vai dizer que isso é um plano para atrair as pessoas?

Obviamente, o que importa para esses críticos não é o que atrai ou afasta as pessoas do libertarianismo. Se sim, a esquisitice e a postura, instintivamente, antiburguesa de alguns dos libertários mais barulhentos seria o primeiro alvo. O que parece importar é que, em temas envolvendo homens e mulheres (e outros temas também, sem dúvida), a expressão de qualquer coisa que não a opinião politicamente correta deve ser repreendida como uma forma constrangedora de libertarianismo.

Para mim, essa é a parte mais interessante e reveladora de todo o episódio — o padrão duplo, o caráter seletivo da "revolta" à mostra. Viole o decoro politicamente correto e você ouvirá uma reprimenda firme e sem humor. Tropece, gratuitamente, na decência mais básica, fazendo libertários parecerem perdedores antissociais e... nada.

Eu aplaudo Julie Borowski que, por meio do trabalho duro, transformou-se numa personagem cada vez mais realizada e importante entre jovens libertários.

4 DE JANEIRO DE 2013

43

EI, TODOS, OLHEM PARA MIM: SOU CONTRA A ESCRAVIDÃO!

Diante da recente polêmica libertária, compus esta quadra:

Ei, repórter, olhe para mim, sou contra a escravidão!

Era preciso muita coragem para opor-se à escravidão em, digamos, 1855. Não é preciso nenhuma coragem para opor-se a ela hoje em dia. Por isso é que estou convencido de que os que mais ostentam sua aversão à escravidão em 2013 são aqueles que, provavelmente, não se oporiam a ela na época. Seu esforço excessivo para dissociarem-se do suposto "extremismo" não serviria para nada nos anos 1850, quando o abolicionismo, que não tinha nenhum apelo eleitoral, era o extremismo mais notório da época.

Quem, em 2013, foi demitido ou recebeu um olhar de reprovação por se opor à escravidão?

O caso mais recente é o de Jason Kuznicki, que revelou para o mundo suas opiniões sobre a guerra entre os estados numa coluna recente. Entre outras coisas, Kuznicki escreveu: "Qualquer um que se importe com a liberdade humana — em qualquer grau — deve desprezar a Confederação, tem de rir e dessacralizar seus símbolos".

Aqui, parece-me, Kuznicki cai na armadilha em que a maioria dos esquerdistas e neoconservadores cai: ele reúne governo e sociedade. As atrocidades grotescas perpetradas contra uma população civil sem defesa são conhecidas e não precisam ser repetidas. E, a não ser que caiamos no coletivismo louco de tantos randianos que se dizem individualistas, mesmo falando em "países terroristas", havia pessoas inocentes no sul. Se analisarmos, de outra forma, a carnificina de que foram vítimas, não há ninguém melhor do que Donald Rumsfeld e sua preocupação falsa com os danos colaterais no Iraque.

Se um homem dá a vida defendendo sua casa de invasores, quem se importa com as intenções do seu governo? Ele protegeu a família e, claro, não há nada de errado em seus descendentes honrarem sua memória. Seria estranho se não o fizessem.

A secessão sulista teve algo a ver com a escravidão? Claro. Não vejo razão para acreditar nos secessionistas e estamos sendo desonestos se não reconhecermos as referências à escravidão nos documentos da secessão. Mas a guerra? A guerra foi travada para evitar a secessão, não para libertar os escravos. Pessoas que pegaram em armas no sul fizeram-no porque estavam sendo invadidos.

O que exatamente um homem deveria fazer quando exércitos da União apareceram atacando sua cidade? "Sr. Soldado da União, percebo que sou alvo de sua fúria por causa da região geográfica na qual resido e porque governantes — ainda que sem influência minha — que acabaram por governar este lugar têm objetivos deploráveis. Por favor, mate-me agora mesmo e queime todas as construções e deixe as crianças famintas procurando comida — obrigadas a comer até cães, gatos e ratos. Mereço isso por causa do que meu governo fez.

Deixe de lado todo o insuportável discurso libertário do século XXI. Não é libertário esperar que alguém diga algo absurdo assim. Pessoas lutando para repelir invasores não são robôs do regime sob qual bandeira elas lutam. Elas têm seus próprios motivos para fazer o que fazem — não ver suas famílias torturadas ou morrendo de fome é um deles.

Também é interessante considerar, como observa o historiador Clyde Wilson, os sulistas que voltaram para o sul vindos do norte e oeste, para que pudessem ter o mesmo destino que os sulistas durante a guerra. Simon B. Buckner, de Kentucky, abdicou de uma fortuna em imóveis em Chicago; George W. Rains, da Carolina do Norte, deixou para trás uma próspera vida na indústria do aço em Newburgh, Nova York; Alexander C. Jones, da Virgínia, pediu demissão do cargo de juiz em St. Paul, Minnesota, onde vivia há vinte anos; Joseph L. Brent, de Louisiana, desistiu de um lucrativo escritório de advocacia e da liderança do Partido Democrata em Los Angeles. Devemos acreditar que essas pessoas e incontáveis outras deixaram tudo de lado e colocaram suas vidas prósperas em espera a fim de defender a escravidão? Quem poderia ser tão preconceituoso a ponto de se convencer de algo assim?

Leitores do nível de Rachel Maddow vão levar o que estou dizendo como uma defesa da Confederação. Não defendo qualquer governo, como qualquer um que olhe minha obra por cinco minutos percebe, então, seria estranho que a Confederação fosse o único governo na história da Humanidade ao qual faço uma exceção. O que estou dizendo é que a vida é quase sempre mais interessante do que os políticos de Washington pensam — graças a Deus! Não é certo, e vai de encontro ao espírito libertário, confundir o governo com os indivíduos que têm de viver sob ele.

Ganho alguma coisa escrevendo isso? Ao contrário de Kuznicki, digo coisas que vão contra a corrente por mais que me gere apenas dor. Espero que isso signifique que eu me oporia à injustiça quando isso contava e era útil, e não 150 anos mais tarde, quando, em segurança, digo o que todos pensam só para receber aplausos do mundo

13 DE JULHO DE 2013

Parte VIII

Livros que você talvez tenha ignorado

44

CRISTIANISMO E GUERRA

Há alguns anos, o congressista Sam Johnson (Texas) disse aos paroquianos da igreja metodista Suncreek United, em Allen, Texas, algo que dissera ao presidente George W. Bush: "A Síria é o problema. A Síria é onde as armas de destruição em massa estão na minha opinião. Sabe, posso pilotar um F-15, jogar duas bombas nucleares neles e acabar com tudo. Não teremos mais de preocupar-nos com a Síria".

Johnson, mais tarde, disse que estava brincando, mas a congregação não estava rindo — estava gritando e aplaudindo.

E eram todos cristãos, sabe? Pessoas que deveriam preocupar-se com a morte de vidas inocentes.

Não são apenas os protestantes: muitos católicos são culpados da mesma atitude em relação à guerra, que é, em si, justa se travada pelo governo dos EUA. Eles passarão todo o tempo procurando uma prova que possa dar apoio à propaganda de guerra de seu líder, uma prática da qual ririam se a tivessem visto na União Soviética. Como católico, sofro ao pensar que um culto de morte neoconservador é o que está sendo projetado para o mundo não cristão como cristandade.

Por isso é que a segunda edição de *Christianity and War, and Other Essays Against the Warfare State*, de Laurence Vance (que é quatro vezes maior do que a primeira edição) é ao mesmo tempo uma boa e uma má notícia. A boa notícia é o livro em si, que analisa a bobagem que passa por reflexão moral entre tantos cristãos que defendem a guerra. A má notícia é que um livro como esse é muito raro hoje em dia: um argumento cristão teologicamente conservador, poderoso e incansável contra a guerra, o militarismo e a vontade de acreditar em qualquer propaganda que promova a guerra e coloque os políticos que a defendem sob uma luz favorável. E é para conservadores cristãos que Vance apela, já que são eles que, prontamente, adotam a propaganda de guerra que emana de Washington.

Uma coisa é descrever alguém como uma voz que grita em meio da multidão, mas isso não serve para descrever com precisão Laurence Vance e sua obra. Vance é uma voz gritando num sarcófago à prova de som na lua.

Vance não é um pacifista e não se oporia à participação cristã nas forças armadas se o exército dos EUA fosse usado para a defesa, mas isso não acontece há algum tempo; por isso, dois ensaios, na coleção, são intitulados "Should a Christian Join the Military?" [Um cristão deveria entrar no exército?] e "Should Anyone Join the Military?" [Alguém deveria entrar no exército?]

Para aqueles que defendem a participação nas guerras do Estado com o argumento de que cristãos devem obedecer aos poderes constituídos — uma objeção com a qual Vance, evidentemente, depara-se com frequência —, Vance responde com a advertência de que cristãos têm de obedecer a Deus, não a homens. Ninguém está isento de censura moral sob o pretexto de estar apenas cumprindo ordens. A questão é se as ordens são, moralmente, aceitáveis ou não se esta questão não é respondida pela exigência anti-intelectual de obediência. Vance exige saber se, sob a justificativa de obedecer aos poderes constituídos, tais críticos matariam suas próprias mães se o Estado mandasse. Não sei se quero ouvir a resposta.

Vance expressa outro bom argumento: e quanto aos soldados do país inimigo? Os evangélicos estão preparados para dizer que aqueles homens devem ser respeitados e homenageados também, já que também estão obedecendo aos poderes estabelecidos, isto é, aos seus governantes?

Os evangélicos citam tal versículo, aliás, não porque precisam convencer-se da necessidade de apoiar a guerra, e sim para convencer outros cristãos a fazer o mesmo. A maioria dos evangélicos precisa de pouco encorajamento bíblico para apoiar uma posição sobre a guerra semelhante à que já adotaram em outros temas. Aparentemente, determinados a viver pela famosa descrição que o *Washington Post* fez dos evangélicos como "pobres, sem educação e facilmente manipulados", eles são rápidos em apoiar todas as intervenções militares imorais e temerárias que seus líderes pedem-lhes que apoiem. Todos que reagem de outra forma devem ser "esquerdistas" que "odeiam os Estados Unidos".

Quanto àqueles que apelam ao Antigo Testamento para provar a sanção divina à guerra (por exemplo, Jerry Falwell num artigo bizarro intitulado "Deus É Pró-Guerra"), Vance junta-se a outros cristãos antiguerra numa resposta óbvia: "Deus ordenou que a nação de Israel, no Antigo Testamento, lutasse contra nações bárbaras (Juízes 6:16), mas George Bush não é Deus e os Estados Unidos não são a nação de Israel".

Não só entre cristãos, mas entre conservadores em geral, todo pensamento crítico e curiosidade acabam quando o tema é a guerra. O relativismo moral e o utilitarismo, aos quais os cristãos, supostamente, opõem-se, assumem o lugar de argumento moral sério. Vance descreve a posição com simplicidade: "Matar alguém que você não conhece nem nunca viu, no território dele, uma pessoa que nunca ameaçou ninguém até que os Estados Unidos invadissem seu país, não é assassinato se o governo dos EUA diz que ele deve ser morto". Comportamento que cristãos jamais apoiariam em outro contexto, de repente, torna-se aceitável e até digno de prece, simplesmente, porque o Estado declarou guerra. (Isso é o que Voltaire queria dizer quando disse: "É proibido matar; portanto, todos os assassinatos são punidos a não ser que eles matem em quantidade e ao som de trombetas".) Muitos até parecem suspeitar da ortodoxia cristã daqueles que usam o tema da guerra como questão moral.

Nem sempre é assim. Vance inclui um ensaio sobre a evolução dos batistas do sul, que, no passado, fizeram afirmações firmes sobre a moral e a catástrofe material da guerra. Essas belas afirmações em nome da paz não eram apenas preâmbulos que o bom gosto exige antes que se rufem os tambores da guerra, como, geralmente, acontece hoje. Leia este parágrafo de uma declaração de 1940:

> *Como a guerra é contrária à mente e espírito de Cristo, acreditamos que nenhuma guerra deva ser identificada com a vontade de Cristo. Nossas igrejas não deveriam transformar-se em agentes da propaganda de guerra nem em estações de recrutamento. A guerra prospera e só é perpetuada pela histeria, pela falsidade e pelo ódio, e a igreja tem a responsabilidade de garantir que não falte amor em tempos de guerra. Quando homens e nações estão loucos de ódio, é dever dos ministros de Cristo e de Suas igrejas declarar, pelo espírito e Palavra, o amor de Deus por todos os homens. Em tempos de guerra, é nossa responsabilidade cristã preparar-se para a paz. Devemos, portanto, levar nossas igrejas a pensarem e a trabalharem por uma ordem social cristã na qual uma paz justa e duradoura pode concretizar-se.*

Agora, vamos deixar claro: Vance não tem a prosa mais elegante da língua inglesa; há pouca sutileza em seu estilo primitivo, mas não há nada de sutil no assunto: se alguém pode ser isento de alguma indignação compreensível é Vance, que, geralmente, é condenado e isolado em círculos cristãos por seu pensamento racional e aversão à propaganda. (Os erros tipográficos, que tenho certeza de que serão corrigidos na próxima edição, são menos justificados; os Estados Unidos são descritos como uma nação "glande" duas vezes na mesma página, por exemplo).

O prefácio à segunda edição de *Christianity and War* é escrito por Mike Reith, major aposentado da Força Aérea dos EUA. Reith resistia à leitura da obra de Vance, mas, finalmente, teve de admitir, para si mesmo, que Vance tinha um argumento melhor.

> *Muitos descrevem isso como "a perda da inocência" — o momento em que descobrimos uma verdade sofrida da vida. Minha perda da inocência ainda está em andamento. Vance fez-me abrir os olhos. O resultado foi a descoberta de verdades*

maravilhosas e da economia do libertarianismo, e uma correção e aprofundamento da minha fé e um entendimento da cristandade e, mais importante, da visão ortodoxa, histórica e bíblica da guerra.

"Este livro", conclui Reith, "é um chamado à reflexão que desafia a igreja americana moderna, os militares e todos os cidadãos quanto às suas crenças referentes aos aspectos morais e históricos da guerra. Para mim, mudou mesmo minha vida".

Poucos autores receberam um apoio desse tipo. Menos ainda são os que merecem. O livro de Vance é renovador — às vezes, até surpreendente — e radical, e sou incapaz de encontrar erros em sua exposição incansável. Ele diz o que todos os cristãos, *sobretudo* aqueles que se orgulham de sua fidelidade à Bíblia, deveriam estar dizendo. Não me sinto apenas feliz por *Christianity and War*. Sou grato a ele.

1º DE NOVEMBRO DE 2008

45

EXISTIRAM REALMENTE CONSERVADORES ANTIGUERRA

Winston Churchill, certa vez, descreveu a União Soviética como o único país no mundo com um passado imprevisível. Era uma organização criminosa impressionante, na verdade, na qual a versão oficial da história murava de acordo com as exigências políticas do presente. Se algum evento, no passado, incomodava o regime e a sua propaganda, então, ele nunca tinha acontecido ou tinha acontecido de outra forma.

Em nosso próprio país, espera-se que professores e cidadãos comuns conformem-se com a versão oficial de nossa história. Editores de livros, seguramente, não conspiram a portas fechadas para criar maneiras de escravizar o povo americano ao seu governo, mas vamos supor que o fizessem e que os livros escolares de história tivessem sido escritos com o propósito expresso de transformar os estudantes em zumbis que repetissem, irracionalmente, a propaganda governamental e acreditassem que o Estado existe para proteger o bem comum. Quão diferentes seriam os livros?

Para um historiador independente, no entanto, uma história oficial tem um lado bom: ele pode construir uma carreira expondo-a e corrigindo-a, ou preenchendo as lacunas que os historiadores da corte optam por ignorar. Até o volume de 2004 de Bill Watkins, *Reclaiming the American Revolution*, por exemplo, por mais de cem anos, não houve um único livro sobre as Resoluções de Virgínia e Kentucky de 1798 — enquanto pilhas de estudos sobre todo tipo de informação inútil enchiam as prateleiras.

Bill Kauffman preencheu outro desses espaços vazios, num estilo dramático e agradável, em *Ain't My America: The Long, Noble History of Anti-War Conservatism and Middle-American Anti-Imperialism*. O livro de Kauffmann soma-se a um punhado de títulos a respeito desse assunto importante e interessante, incluindo o excelente *Reclaiming the American Right: The Lost Legacy of the Conservative Movement*, de Justin Raimondo, o insosso, mas útil *Not to the Swift: The Old Isolationists in the Cold War Era*, de Justus Doenecke , e *Prophets on the Right: Profiles of Conservative Critics of Ame-*

rican Globalism, de Ronald Radosh (Radosh, atualmente, um neoconservador, sem dúvida, renegou este livro tão útil, o que é uma indicação ainda maior de seu valor).

Os personagens e instituições que têm os perfis traçados por Kauffman não se encaixam na versão que recebemos da história americana, na qual apenas "esquerdistas" que "odeiam os Estados Unidos" podem opor-se a gastar trilhões de dólares para satisfazer uma ambição imperial. O conservador John Randolph de Roanoke, que se opôs à Guerra de 1812, e Alexander Stephens, o vice-presidente confederado que havia se oposto, anteriormente, à guerra contra o México, são somente duas das pessoas discutidas em *Ain't My America* que se recusam a encaixar-se em rótulos.

Uma estranha omissão do livro é a Guerra Entre os Estados[26], pois se reprimir, violentamente, uma secessão pacífica de estados soberanos não cheira a imperialismo — especialmente no contexto da formação das nações do século XI —, então, nada mais o faz. A descrição daquela guerra como gloriosa e justa é um ingrediente central na maneira elogiosa com que o regime atual retrata-se e na religião cívica ensinada nas instituições propagandísticas às quais alguns ainda confiam seus filhos. Robert E. Lee deixou explícita a ligação ao prever que "a consolidação dos estados numa vasta república" produziria uma entidade que "seguramente seria agressiva no estrangeiro e despótica internamente". Essa teria sido a matéria-prima perfeita para a máquina de moagem de Kauffman.

A Liga Anti-imperialista Americana, que agrupava várias ideologias, formada às vésperas da aquisição americana das Filipinas (entre outros territórios), logo depois da Guerra Hispano-Americana, é a praia de Kauffman. Ele nos apresenta retratos vívidos de seus personagens mais pitorescos, como o empresário do *laissez-faire* Edward Atkinson, que pediu ao Departamento de Guerra endereços para que pudesse mandar seus panfletos antiguerra aos soldados. De vez em quando, os anti-imperialistas são repreendidos por sua suposta falta de iluminismo racial (as forças pró-guerra, claro, sendo os modelos costumeiros de tolerância). Essa descrição dos anti-imperialistas não é sequer precisa, para começar; Moorfield Story, um dos líderes da NAACP[27], é um dos tantos exemplos contrários óbvios, mas Kauffman, que consegue colocar esses assuntos em contexto, sugere que o assassinato em massa pode, na realidade, ser um crime pior do que a insensibilidade racial. "Se nenhum dos lados destaca-se diante dos elevados padrões morais do século XXI, em que todos os homens são irmãos e a paz domina o planeta, pelo menos, os anti-imperialistas queriam deixar os filipinos quietos, em vez de conquistá-los e de massacrá-los".

26 "War Between the States" foi um nome utilizado para se referir à Guerra Civil, especialmente nos estados do Sul, algum tempo depois do conflito. (N. do T.)

27 *National Association for the Advancement of Colored People* ("Associação National para o Progresso das Pessoas de Cor") é uma organização que defende os direitos civis dos negros nos Estados Unidos. (N. do T.)

Seguindo a mesma linha de raciocínio, Kauffman cita o senador James K. Vardaman, do Mississippi, que, como a maioria dos americanos na época, não acreditava nem na integração nem na igualdade racial, mas que sacrificou sua carreira pela causa da paz, enquanto Woodrow Wilson empurrava seu país para a Primeira Guerra Mundial. Seus amigos tentaram, inutilmente, persuadi-lo a apoiar o presidente, mas ele não recuou. Perder seu cargo no Senado não era nada, disse, comparado com as vidas e com as liberdades que os americanos perderiam se o país entrasse na guerra. Em 1918, ele tentou reeleger-se e foi derrotado pelo democrata Pat Harrison — que, a propósito, era pró-guerra *e* pró-segregação. (O próprio Wilson não ficou, exatamente, conhecido como um defensor do negro opresso, mas ainda tem lugar cativo entre os presidentes "quase grandes"; levar o país para a guerra, evidentemente, esconde uma infinidade de pecados).

Vardaman, segundo Kauffman, "compreendia que se opor ao império destruiria sua carreira". Quão fácil teria sido para ele "mudar de opinião, contemporizar, dissimular, sair discretamente de cena do campo da paz e votar pela morte, mas, para seu eterno crédito, ele não o fez". Ao deixar o Senado, Vardaman convocou as nações do mundo a abolirem o recrutamento e a estabelecerem referendos nacionais para decidirem sobre a guerra.

Essa última sugestão reapareceria na década de 1930, na forma da Emenda Ludlow, uma proposta de emenda constitucional que faria um referendo assim ser necessário nos Estados Unidos. Certa vez, defendi essa solução como uma forma de manter o controle da máquina de guerra, e suspeito que Kauffman também pense assim. Fui dissuadido pelo argumento de que, se uma guerra fosse mesmo aprovada por essa votação (e, nas semanas que a antecedessem a máquina de propaganda estaria funcionando como nunca), o referendo tornar-se-ia, então, uma arma retórica potente a favor da guerra. A guerra teria toda a aprovação de que precisaria e ouviríamos até não poder mais que o povo já se pronunciou. A Emenda Ludlow, suspeito, seria apenas mais uma vítima da observação de Donald Livingston de que a maior parte dos esforços para limitar o poder do governo central acaba por aumentá-lo.

Se a proposta era, contudo, potencialmente, mais perigosa do que promissora, os opositores do *warfare state*, na década de 1930, tinham inteligência, cinismo e humor negro em partes iguais. Kauffman lembra-nos dos Veteranos de Guerras Futuras, um grupo organizado na Universidade de Princeton, em 1936, e que acabou podendo gabar-se de 584 comitês locais por todo o país. Havia, também, a Associação das Mães Medalhas de Ouro de Veteranos Futuros, criada no Vassar College, bem como os Correspondentes Estrangeiros de Guerras Futuras, estabelecida no *City College* de Nova York. Este último grupo propunha "estabelecer cursos de treinamento para membros da associação sobre como escrever histórias de atrocidade e de despachos de guerra truncados para fins patrióticos". Se, ao menos, nossa própria oposição à guerra e à propaganda pudesse ter a metade dessa inspiração.

Graças à campanha de Ron Paul, o termo "republicano taftiano" está sendo usado novamente, e Kauffman reapresenta-nos ao senador de Ohio. Taft, conhecido, em seus tempos, como Sr. Republicano, declarou, na câmara do Senado, em janeiro de 1951, que "o principal propósito da política externa dos Estados Unidos é manter a liberdade de nosso povo. [...] Seu propósito não é reformar todo o mundo ou espalhar doçura, luz e prosperidade econômica para povos que viveram e conseguiram desenvolver sua própria salvação por séculos, de acordo com seus costumes e da melhor maneira que puderam". Taft identificou a segunda meta da política americana como a paz. Segundo Kauffman: "*Liberdade* e *paz*; com estas duas palavras, [Taft] colocou-se o mais distante possível do discurso pós-guerra do que era possível colocar-se, racionalmente".

Também somos apresentados a um relato favorável do lado antimilitarista de Russell Kirk, cuja obra seminal, *The Conservative Mind*, tornou-se um texto reverenciado no cânone conservador. Entre outras coisas, Kirk foi um opositor ferrenho da Guerra do Golfo, escrevendo, em particular, a um amigo que George H.W. Bush deveria ser enforcado no gramado da Casa Branca por crimes de guerra. Suas palestras, na Fundação Heritage, no início da década de 1990, denunciando a guerra e o militarismo, sem dúvida, só foram permitidas porque o já idoso Kirk era considerado por demais icônico para não ser respeitado. Aqueles discursos jamais seriam permitidos hoje, nem é necessário dizer, agora que a guerra e a falência são as metas conservadoras mais urgentes.

Kirk, que havia desprezado, anteriormente, os libertários como "sectários tagarelas", elogiou-os na década de 1990 por terem uma "compreensão de política externa representada pelo respeitável Robert Taft". Essa era uma posição que ele, há muito, respeitava. Em sua biografia de Randolph de Roanoke, de 1951, Kirk falou, favoravelmente, sobre a aversão de seu biografado à guerra e ao expansionismo, pois homens de "convicções firmemente conservadoras [...] eram amantes naturais da tranquilidade e inimigos da agressão". O ceticismo em relação à intervenção global, também, pode ser encontrado em *A Program for Conservatives*, de 1954, um fato que a elite conservadora não costuma fazer qualquer esforço para mostrar.

Curiosamente, Ron Paul, praticamente, não aparece em *Ain't My America* — talvez porque, comparado a outros que aparecem ali, ele já seja, relativamente, bem conhecido. Em vez dele, Kauffman entrevista o congressista Jimmy Duncan (R-TN), que concorda com o congressista do Texas de que não há nada de conservador sobre a Guerra do Iraque. Duncan, também, tem a ideia maluca de que o governo americano possa estar fazendo gastos militares demais. "Minha nossa, estamos gastando para defesa quase tanto quanto todos os outros países do mundo somados — e eles sempre querem mais". Só isso torna Duncan um liberal, de acordo com os autômatos.

O estilo de escrita de Kauffman é o meio perfeito para transmitir o sabor desses tempos e o caráter desses homens. A velha república praticamente corre por suas veias e as palavras fluem sem qualquer esforço de sua pena — ainda que elas sejam palavras como amarantino, mefítico, esurino e nepente. Por vezes, pode-se perceber uma exasperação compreensível; assim: "A guerra apaga e perverte tudo que o conservador tradicionalista professa. Absolutamente tudo, da pátria à igreja nacional. E, no entanto, os conservadores do pós-guerra, e especialmente os bobos carrancudos da Direita bushiana, reverenciam a guerra acima de todos os outros valores. Ela passa por cima da Primeira Emenda; arrasa o lar; derruba o Decálogo. Eles não ligam".

Nem a maior parte dos americanos, se a maneira como votam e sua apatia servirem como indicativos. "O Século Americano não pertenceu a pessoas como Moorfield Storey, Murray Rothbard ou Russell Kirk", lamenta Kauffman. "Mas a alma americana pertence".

Concordo, ou pelo menos quero concordar. Temos uma grande tradição anticolonial e nossos fundadores alertaram-nos sobre os perigos da guerra e de alianças intrincadas. Charles Pinckney alertou seus compatriotas de que a ambição global era incompatível com o republicanismo. E o individualismo exuberante, a aversão à propagada e o franco senso comum dos conservadores que povoam o livro de Bill Kauffman têm um sabor, claramente, americano.

Mas um argumento teimoso não desaparece: se esta é mesmo a alma americana, alguém deve ter se esquecido de contar ao povo. William James, perplexo com a ocupação colonial das Filipinas que se seguiu à Guerra Hispano-Americana, declarou que os Estados Unidos haviam "vomitado sua antiga alma [...] em cinco minutos". Aquela alma, se é que se pode chamar assim, foi vendida sucessivamente. E não, particularmente, para quem pagasse um bom preço: o que havia nessas pessoas de uma alma antiguerra, anti-imperial, desejosa apenas de fazer justiça e ir atrás das coisas ordinárias da vida, que possa as ter levado a um absurdo imoral como a Guerra do Iraque?

Com raríssimas exceções, Kauffman observa, o povo americano nunca se viu, de fato, diante de uma escolha contra ou a favor do império. Sem dúvida — mas serão as pessoas de fato inocentes nesse caso? Algumas de suas decisões eleitorais estúpidas podem ser resultado de uma ignorância pela qual não são, totalmente, responsáveis, mas que ser humano, remotamente, educado ou mesmo semiconsciente pode considerar John McCain um candidato apto a qualquer coisa?

Não estou totalmente certo de por que a antiga América é tão impopular, embora parte desse motivo seja o fato de que poucos americanos puderam descobri-la. Quando o fizerem, muitos desejarão recuperá-la. É por isso que, se eu estivesse tentando transformar um neoconservador num ser humano normal, *Ain't My America* seria um dos primeiros livros que eu lhe daria em minha missão proselitizadora.

5 DE MAIO DE 2008

46

JAMES MADISON E A CRIAÇÃO DOS ESTADOS UNIDOS

O livro *James Madison and the Making of America*, de Kevin Gutzman, pega o que julgamos ser uma história familiar e dá a ela uma interpretação nova e importante, que desafia as antigas heterodoxias e ajuda-nos a compreender melhor importantes episódios da história americana.

Por exemplo, o crédito devido ao mundialmente histórico Estatuto da Virgínia pela Liberdade Religiosa, finalmente, não é dado ao seu relator, Thomas Jefferson — que fez o estatuto constar na sua lápide, juntamente com a Declaração de Independência e com a fundação da Universidade da Virgínia — mas a James Madison, que, de fato, conseguiu que o estatuto fosse aprovado (e que não quis nada escrito em sua lápide).

Mais importante: somos brindados com uma decisão precisa e detalhada do papel crescente de Madison em relação à elaboração da Constituição. Na Convenção de Filadélfia, Madison havia defendido um governo central muito mais forte, um veto sobre as leis estaduais, e um papel e importância reduzido dos estados. Ele favorecia um governo nacional, e não federal, no qual os estados seriam mantidos na medida em que pudessem ser "subordinadamente úteis". Suas principais propostas, incluindo o veto sobre as leis estaduais, uma legislatura com autoridade plenária e a formação de ambas as casas legislativas com base na população, foram todas rejeitadas.

Madison pode ser conhecido com o pai da Constituição, mas Gutzman não quer saber disso. "Longe de ser o 'pai da Constituição', Madison foi uma testemunha infeliz em sua cesariana. Talvez seja mais apropriado chamá-lo de enfermeira de plantão. Ele, certamente, não a via como uma filha sua".

O que surgiu da Convenção de Filadélfia foi um governo federal com poderes definidos e distintos, não um governo nacional com autoridade plenária.

Naquela altura, havia dois caminhos a serem seguidos pelos nacionalistas. Um deles era a estratégia de personagens como Alexander Hamilton e como John Marshall, que, simplesmente, falavam e agiam como se a constituição federal redigida na Filadélfia tivesse sido a criação nacionalista que eles favoreciam, e não a estrutura federal limitada que ela acabou revelando-se.

Marshall, por exemplo, daria, mais tarde, muita importância ao fato de que em nenhum lugar da Constituição está escrito que o governo federal possui apenas os poderes que lhe foram "expressamente delegados"; a palavra "expressamente" não é usada, segundo ele. Mas Marshall não era bobo. Ele estava presente na convenção ratificadora de Richmond, onde as pessoas receberam garantias de que a Constituição que estavam sendo instadas a ratificar concederia, de fato, ao governo federal apenas os poderes "expressamente delegados" por esse instrumento.

Madison pegou um caminho mais honesto. Embora preferisse um governo nacional, reconheceu que isso nem era o que havia sido redigido na Filadélfia, nem era o que as pessoas haviam ratificado nas convenções que se seguiram. Defendia, portanto, não o que ele gostaria que houvesse sido ratificado, mas o que de fato havia sido.

Já no começo da década de 1790, Madison viu-se opondo-se àqueles que agiam como se o governo federal tivesse recebido poderes que ele, seguramente, não havia recebido. Manifestou-se contra a incorporação de um banco nacional e contra o uso da cláusula "necessária e apropriada" da Constituição para apoiar esse projeto de lei por Alexander Hamilton. Quando Hamilton e seus aliados tentaram, desafiando a prática universal tanto nos Estados Unidos como em todos os outros lugares, derivar poderes a partir do preâmbulo da Constituição, Madison lembrou-lhes de que o preâmbulo, meramente, declara os fins de um documento, e não atribuem poderes.

Madison, também, opunha-se à decisão seminal de *McCulloch v. Maryland* (1819), que ecoava os argumentos de Alexander Hamilton para poderes federais mais amplos. A Suprema Corte, avisou Madison, estava dando, assim, ao Congresso um poder "para o qual não se pode atribuir limite prático algum". A decisão da Corte manteve-se, desafiando a interpretação usada quando Virgínia havia ratificado a Constituição em 1788.

O importante relato de Gutzman da convenção de ratificação da Virgínia, até aqui confinada apenas aos periódicos profissionais, faz, assim, sua primeira aparição num livro acadêmico. A versão aceita da história americana sustenta que as doutrinas de nulificação e de secessão foram fruto de uma leitura extremamente antifederalista da tradição política americana. Gutzman mostra que essa interpretação viu as coisas pelo avesso. Foram os defensores da Constituição, eles próprios eminentes federalistas, que, ao procurar persuadir os céticos a ratificá-la, especificaram a natureza limitada do governo federal e o verdadeiro significado da ratificação para os habitantes da Virgínia. A Virgínia seria "exonerada" da imposição de "qualquer condição suplementar" sobre ela — isto é, o exercício de um poder federal que não tenha sido concedido pela própria Virgínia.

Foi essa compreensão do significado da ratificação que Madison defendeu nas célebres Resoluções de Virgínia, de 1798, e o Relatório de 1800, que se seguiu a elas, no qual se dizia que os estados, como partes integrantes do pacto federal, possuíam o direito soberano para evitar, em última instância, a aplicação de uma lei federal inconstitucional. (Gutzman não se convence pelas afirmações posteriores de Madison de que ele jamais havia apoiado esse tipo de princípio; ao aposentar-se, Madison, simplesmente, descaracterizou os Princípios de 98, segundo Gutzman.)

Embora Gutzman apresente algumas análises importantes e úteis dos trechos mais conhecidos de *The Federalist* que foram redigidos por Madison, ele, também, afirma que os artigos de Publius (pseudônimo sob o qual Madison, Alexander Hamilton e John Jay escreveram seus 85 artigos apoiando a Constituição) foram superenfatizados pelos historiadores quanto a seu efeito real na disputa pela ratificação. Quase ninguém, fora do alcance dos jornais de Nova York nos quais esses ensaios apareceram, chegou a ouvir seus argumentos. Quando a convenção de ratificação de Nova York reuniu-se, dez estados já haviam ratificado o texto. Nova York teve de decidir se queria juntar-se à Carolina do Norte e Rhode Island como os dois únicos estados a permanecer fora da União, e deparar-se com a perspectiva de uma cidade de Nova York secessionista separando-se do resto do Estado e ratificando a Constituição por conta própria. Foi isso, e não os argumentos contidos naqueles 85 ensaios, que persuadiu a convenção de Nova York a ratificá-la por uma pequena diferença de votos.

Edward Lengel, editor de *The Papers of George Washington*, afirma que *James Madison and the Making of America*, a seleção de fevereiro do *History Book Club*, promote tornar-se a biografia padrão desse importante homem. Esperemos que se torne.

22 DE FEVEREIRO DE 2012

47

QUEM FOI O VERDADEIRO THOMAS JEFFERSON?

Ninguém duvida que o modo como enxergamos figuras históricas precisa ser revisto de tempos em tempos, mas os especialistas acadêmicos costumam exagerar. Retratar uma figura histórica de uma maneira, exatamente, oposta à impressão popular e como todos os outros acadêmicos a viram é muito mais empolgante do que repetir a tediosa sabedoria convencional. E se você puder inventar um exemplo em que um estadista histórico admirado, de fato, apoiava seus próprios pontos de vista, melhor ainda.

O pobre Thomas Jefferson sofreu esse tipo de tratamento nas mãos de incontáveis historiadores e Marco Bassani, um estudioso da história do pensamento político, não quer nem saber. Bassani, um professor nascido nos Estados Unidos que leciona na Universidade de Milão, é impiedoso ao atacar o que ele chama de o "Jefferson dos acadêmicos", que pouco se assemelha à figura liberal clássica do imaginário popular. Jefferson é um daqueles casos em que — em termos de seus próprios pontos de vista sobre propriedade, direitos dos estados, União, maiorias políticas e Constituição — o modo mais antigo e convencional pelo qual era visto era o mais correto. O amplo conhecimento das obras acadêmicas sobre Jefferson por Bassani é-lhe muito útil em *Liberty, State, & Union: The Political Theory of Thomas Jefferson*, em que ele, cuidadosamente, descreve e desmente as escolas de pensamento concorrentes.

Ele começa com a controvérsia entre "republicanismo" e "liberalismo", que surgiu entre os historiadores do início da história dos Estados Unidos na segunda metade do século XX. O consenso "republicano" que se desenvolveu visava a minimizar e até mesmo a eliminar por total o papel do liberalismo clássico, à tradição de John Locke, das influências formativas da geração revolucionária. Em seu lugar, colocaram uma ideologia chamada de "republicanismo".

Em sua forma coloquial, "republicano" pode ser usado para descrever aqueles que apenas apoiam uma forma republicana de governo, mas não é isso o que a escola republicana tinha em mente. O republicanismo que esses historiadores postularam era uma contrafilosofia totalmente desenvolvida, que descreveria o pensamento da geração revolucionária com maior fidelidade que o liberalismo clássico de governos limitados que todos julgavam ocupar o centro do pensamento no início da história americana. O republicanismo, formulado dessa forma, coloca o *locus* da verdadeira liberdade e satisfação não na busca privada e individual dos fins do indivíduo, mas na participação ativa na *res publica*. A limitação rígida do poder governamental visando à proteção da pessoa e da propriedade não é a preocupação central do "republicano", tal como é para o liberal clássico.

Bassani traça o caminho pelo qual essa interpretação da geração revolucionária cresceu, chegando a atingir o ponto em que dominou a profissão, eclipsando as versões rivais do panorama revolucionário e excluindo, de uma vez, Locke e a lei natural.

O novo consenso, por sua vez, tentou forçar o quadrado de Thomas Jefferson dentro do círculo do "republicanismo". Jefferson, descobriu-se, não era um liberal clássico; ele, também, era um "republicano". J.G.A. Pocock, o fundador da escola republicana, tentou até mesmo retratar a Declaração de Independência como um documento desprovido de influências lockeanas. Hannah Arendt, que antecipou muitos dos temas da escola republicana, referia-se ao sistema de distritos que Jefferson apresentou, em 1816 (na qual a maioria das decisões seria feita a nível distrital, como parte de uma cidade), como evidência de que ele considerava a participação cívica a mais elevada fonte de satisfação humana. "O pressuposto básico do sistema distrital", argumentou ela, "independentemente se Jefferson sabia-o ou não [!], é que ninguém pode ser considerado feliz sem ter sua parte na felicidade pública, e que ninguém pode ser chamado de feliz ou de livre sem participar e ter uma participação no poder público".

Tentar colocar logo Jefferson num molde não é uma tarefa fácil e todos esses esforços parecem, ridiculamente, forçados. Seu pensamento político, certamente, não está centrado no "republicanismo" tal como esses historiadores compreendem-no. Pelo contrário, observa Bassani, Jefferson "passou toda sua vida refletindo sobre o melhor mecanismo para limitar e opor-se à concentração de poder político, tanto do governo contra os indivíduos quanto da união contra os estados". Não é de se surpreender que, nos últimos anos, o pêndulo historiográfico tenha, finalmente, voltado a pender para o outro lado.

Alguns acadêmicos chegaram até mesmo a questionar o compromisso de Jefferson com a propriedade privada na tradição de Locke. Esse esforço parece condenado ao fracasso desde o início. "O livrinho de Locke sobre o governo [que inclui uma seção sobre o direito natural de propriedade] é perfeito em tudo que aborda", disse Jefferson. Ele havia, na realidade, sido acusado de plagiar o *Segundo Tratado* de Locke no texto da Declaração de Independência. "Existem certos princípios nos quais todos concordamos e que todos estimamos como, vitalmente, essenciais para a proteção da vida, da liberdade, da propriedade e da segurança do cidadão". Jefferson, também, escreveu que "um direito à propriedade tem como base nossas necessidades naturais, os meios com os quais fomos dotados para satisfazer essas necessidades e o direito por meio do qual adquirimos esses meios sem violar os direitos semelhantes de outros seres sensíveis". Ele acrescentou em 1816: "Pegar de alguém porque se acredita que sua própria indústria ou a de seus pais adquiriu demais para poupar outros que — ou cujos pais — não exercitaram a mesma indústria ou habilidade é violar, arbitrariamente, o primeiro princípio de associação: 'a garantia a todos de um exercício livre de sua indústria e dos frutos adquiridos por meio dela'". No fim da sua vida, Jefferson comentou: "quanto aos princípios gerais da liberdade e aos direitos dos homens, na natureza e em sociedade, as doutrinas de Locke, em seu 'Ensaio sobre a extensão original verdadeira e o fim do governo civil' e de Sidney, em seus 'Discursos sobre o governo', podem ser consideradas aquelas aprovadas de maneira generalizada por nossos concidadãos da [Virgínia] e dos Estados Unidos".

Aqueles que questionam a visão de Jefferson como um teórico lockeano dos direitos naturais a respeito da propriedade afirmam que ele não via a propriedade como um direito *natural* que jamais pode ser reduzido, mas como um direito, puramente, convencional que os indivíduos desfrutam à custa da comunidade. Uma maneira de defender essa afirmação é fazer um argumento a partir da omissão: na Declaração de Independência, esses críticos apontam que Jefferson substituiu "busca pela felicidade" por "propriedade" na célebre tríade "vida, liberdade e propriedade". Isso, supostamente, indicaria que Jefferson queria remover a propriedade da lista dos direitos que o homem tem o direito natural de usufruir. Bassani enfrenta esse argumento de maneira convincente, apresentando uma série impressionante de evidências que mostram que o usufruto da propriedade era um dos argumentos indispensáveis de uma vida humana, verdadeiramente, feliz.

Para postular outro Jefferson, os acadêmicos revisionistas precisariam produzir um corpo de declarações comparáveis que dissesse o contrário ou mostrar por que cada uma das afirmações existentes nas quais Jefferson parece descrever a propriedade como um direito natural deve receber um significado oposto. É desnecessário dizer que não o fizeram. "O ônus da prova", escreve Bassani, "está com aqueles que defendem a figura bizarra de um defensor dos direitos naturais lockeanos — consideradas por seus contemporâneos as ideias mais representativas de toda uma geração imersa na tradição do direito natural — negando a propriedade como um direito natural. E falta a evidência decisiva".

A respeito da Constituição, Bassani reconhece que Jefferson apoiou, de fato, o trabalho da Convenção da Filadélfia — com reservas —, mas descobre que esse seu entusiasmo foi exagerado. Jefferson falou a favor dos Artigos da Confederação, dizendo a um correspondente que "a Confederação é um instrumento maravilhosamente perfeito, considerado as circunstâncias sob as quais ela foi formada". Em novembro de 1787, dois meses após a Convenção da Filadélfia ter terminado seus trabalhos, Jefferson confidenciou a John Adams que "tudo o que há de bom nesta nova constituição poderia ter sido expresso em três ou quatro novos artigos a serem acrescentados ao bom, velho e venerável tecido já existente, que deveria ter sido preservado até mesmo como relíquia religiosa".

Para avaliar o apoio de Jefferson à Constituição precisamos ter em mente as próprias consequências limitadas que sua ratificação geraria em seu ponto de vista. Numa era em que "Tenther" (isto é, um defensor da Décima ("Tenth") Emenda da Constituição) virou, por mais absurdo que possa parecer, um termo de escárnio, a maneira como Jefferson vê a União é um balde de água fria:

> *A verdadeira teoria de nossa Constituição é, seguramente, a mais sábia e a melhor: a de que os estados são independentes quanto a tudo dentro de si mesmos e unidos quanto a tudo que diz respeito às nações estrangeiras. Que o governo geral seja reduzido somente às questões estrangeiras e que nossos negócios fiquem desemaranhados dos de todas as outras nações, com exceção do comércio, que os comerciantes administrarão melhor quanto mais livres forem deixados para administrá-los por si mesmos e nosso governo geral poderá ser reduzido a uma organização muito simples e pouco dispendiosa; apenas algumas poucas funções serão exercidas por alguns poucos empregados...*

Isso, por sua vez, leva-nos à discussão de Bassani a respeito dos direitos dos estados, tópico sobre o qual o pensamento de Jefferson parece despertar a maior consternação entre aqueles que fornecem as opiniões que estão em voga nos dias de hoje. ("Direitos dos estados", uma frase que o próprio Jefferson usou, é, claro, uma forma de abreviação; Jefferson compreendia tão bem quanto qualquer pessoa que os estados não têm direitos no mesmo sentido que os indivíduos têm-nos.). Jefferson foi um dos principais arquitetos da teoria do pacto da União, que imagina os Estados Unidos como uma reunião de comunidades soberanas e autogovernantes (os estados). (Mais precisamente, são as *pessoas* dos estados que são soberanas; nenhum *governo* é soberano no sistema americano.)

Essas comunidades, de acordo com a teoria do pacto, não abriram mão de sua soberania ao abrir mão de parte de seus poderes soberanos para um governo central que deve atuar como seu agente. As pessoas soberanas dos estados estão *exercitando* seus poderes soberanos quando dividem tarefas entre os governos estaduais, o governo federal e elas próprias. Continuam tão soberanas quanto antes.

Que são as *pessoas dos estados* (muitas vezes referidas, como forma de abreviar, apenas como "os estados"), e não um povo americano de maneira coletiva, que são soberanas, fica evidente pela própria história. As colônias, transformadas em estados, declararam sua independência da Grã-Bretanha como treze "Estados Livres e Independentes" que tinham "poder absoluto para declarar guerra, fazer a paz, contrair alianças, estabelecer comércio e fazer todos os outros atos e coisas que os Estados independentes têm o direito de fazer". Os britânicos reconheceram a independência desses estados dando nomes individuais a cada um deles. O Artigo II dos Artigos da Confederação declarou: "Cada estado mantém a sua soberania, liberdade e independência"; os estados já deviam ter essa soberania para poder *mantê-la* em 1781, quando os Artigos entraram, oficialmente, em vigor. E quando a Constituição teve de ser ratificada, ela o foi por cada estado, separadamente, e não num único voto nacional. Esse simples panorama histórico estabelece um caso *prima facie* muito sólido de que os estados continuaram soberanos e nunca foram reunidos num único todo.

O que isso significou para Jefferson e para muitos dos pensadores que seguiram seus passos foi que, em última instância, os estados, as partes constituintes (e criadoras) da União, tinham de ter o poder de nulificação, a recusa em permitir a aplicação de leis federais inconstitucionais dentro de suas fronteiras. Quando surge um conflito sobre se um poder específico deve ser delegado ao governo federal ou reservado aos estados, os estados devem ser os juízes finais; eles são as partes discordantes nesse tipo de caso. Seria um retrocesso lógico se os líderes perguntassem a seus agentes se esses agentes poderiam ter um determinado poder.

Os estados precisam de algum tipo de mecanismo de defesa por meio do qual eles possam evitar que o governo federal destrua o próprio sistema que eles criaram. (James Madison insiste nesse ponto em seu célebre Relatório de 1800.) Quando os poderes delegados são usados de forma abusiva, dever-se-ia recorrer aos remédios políticos tradicionais, mas, quando o governo federal exercita poderes que não lhe foram delegados, é preciso uma resposta mais direta e imediata dos estados.

De acordo com Bassani, as Resoluções de Kentucky de 1798, que justificaram a teoria do pacto — e da qual inúmeros historiadores tentaram fugir — contêm "toda a teoria [jeffersoniana] da união federal". O esboço de Jefferson até mesmo continha a palavra "nulificação", que foi removida, posteriormente, por uma legislatura covarde; ela voltaria a aparecer nas Resoluções do Kentucky, de 1799. É, extremamente, raro encontrar um historiador ou filósofo político que enxergue, favoravelmente, esse documento ou suas ideias descentralizadoras, tão arraigado está o nacionalismo na mente popular. A resposta costumeira é a de tentar explicar a posição de Jefferson, minimizar sua importância, ou retratá-lo sob um enfoque absurdo, muitas vezes, levantando-se objeções contra ele que o próprio

Jefferson já respondeu. Bassani, ao contrário, dá-nos um dos melhores resumos da visão de Jefferson sobre os estados e sobre o governo federal que o leitor poderá encontrar.

Embora um público popular possa aprender bastante com *Liberty, State, & Union*, os leitores devem entender que Bassani está tentando fazer muito mais do que apenas apresentar o Jefferson real para os leigos interessados. Ele está procurando derrubar as diferentes escolas de pensamento sobre Jefferson que surgiram ao longo dos anos e o faz de uma maneira cuidadosa e sistemática. Para navegar-se pelo matagal das obras acadêmicas recentes e descobrir o verdadeiro Thomas Jefferson, Bassani é um guia excepcional.

27 DE MARÇO DE 2012

PARTE IX

FALANDO DE LIBERDADE: ENTREVISTAS SELECIONADAS DO TOM WOODS SHOW

(transmitidas em TomWoodsRadio.com)

48

EXISTE ALGUM BOM ARGUMENTO PARA O ESTADO? (COM MICHAEL HUEMER)

Michael Huemer é professor de Filosofia na Universidade de Colorado, em Boulder, e autor de The Problem of Political Authority: An Examination of the Right to Coerce and the Duty to Obey.

WOODS: Seu livro *The Problem of Political Authority* rompeu algumas barreiras no sentido de que ataca uma questão muito, muito importante. É uma questão que, frequentemente, não é estudada — bem, graças a John Simmons, ela é ainda menos estudada —, mas você a submeteu a um escrutínio incessante nesse livro.

Antes de entrarmos nos detalhes de sua argumentação e nos diferentes capítulos, gostaria que você tirasse um minuto para explicar ao público sobre o projeto em que você está envolvido e como você o tem abordado.

HUEMER: Existe essa questão sobre a natureza da autoridade política. A autoridade política é uma espécie de propriedade moral hipotética que o Estado, supostamente, tem que lhe confere um status moral diferente de todos os outros agentes. A autoridade política, supostamente, explica por que o Estado tem a permissão de fazer tantas coisas a que nenhum outro agente é permitido.

Portanto, se tenho uma instituição de caridade para a qual eu quero coletar dinheiro, não me é permitido fazê-lo utilizando a força. Não posso sair extorquindo pessoas e ameaçando prendê-las se elas não contribuírem com a minha instituição de caridade, mesmo que ela seja uma boa instituição, mas o Estado pode fazer isso. Então, existe uma questão filosófica: por que eles podem fazer isso e ninguém mais pode? Uma teoria de autoridade, supostamente, precisa explicar esse tipo de coisa.

Ao mesmo tempo, ela precisa explicar por que devemos obedecer ao Estado quando não precisamos obedecer ninguém mais. Se alguém lhe diz "não use essas drogas porque elas vão fazer-lhe mal", geralmente, acredita-se que você não tem a obrigação de obedecer essa pessoa, mas a maioria das pessoas acha que você tem que obedecer ao Estado quando ele lhe diz para não tomar determinadas drogas.

WOODS: Em outras palavras, tivemos de aceitar que existem dois pesos e duas medidas. Todos temos de obedecer um determinado código moral que reconhecemos, intuitivamente, e, no entanto, estamos dispostos a deixar o Estado violá-lo descarada e impunemente o tempo todo.

Deixe-me pular, agora, para o fim do seu livro. Odeio contar o final para todos, mas quero que eles saibam para onde estão indo. Onde esse seu argumento acabará por levar você e o leitor?

HUEMER: No fim do livro, eu defendo o anarcocapitalismo. Basicamente, eu acho que não precisamos de um Estado.

A primeira metade do livro é sobre por que a autoridade política é uma ilusão, que o Estado não tem, de fato, um status moral diferente do resto de nós. A segunda metade do livro é sobre como é possível ter-se uma sociedade que não tem uma estrutura autoritária central e como isso poderia dar certo.

WOODS: Agora, como eu disse, antes de entrarmos no ar, creio que gostaria que você voltasse outra hora para falar sobre aquela seção do livro. Já recebi Gary Chartier e David Friedman, estes tópicos não são estranhos ao programa, mas você tem um ponto de vista muito bom sobre ele e quero que as pessoas sejam expostas a ele.

Deixe-me apenas dizer entre parênteses, no entanto, que gostaria de saber o que você teria a dizer às críticas de Bryan Caplan. Ele ama seu livro, mas a sua crítica é a de que ele é abrupto demais. Por um lado, talvez as pessoas estejam dispostas a aceitar que seus argumentos contra a autoridade política são sensatos, mas os colocar, diretamente, no meio do anarcocapitalismo talvez seja abrupto demais. Talvez você precisasse defender a postura mais moderada antes e, então, dizer: "ah, a propósito, serviços legais e de segurança também podem ser providenciados".

O que você acha disso?

HUEMER: Sim, bem, talvez. A principal crítica de Bryan a meu livro é a de que ele é curto demais.

WOODS: Não é uma má crítica.

HUEMER: A primeira metade do livro, supostamente, deve levar você até o libertarianismo moderado, como o Estado mínimo. A segunda metade do livro, supostamente, deve levá-lo pelo resto do caminho. Portanto, se você leu apenas a primeira metade do livro, não ficaria chocado — bem, na verdade, a maior parte das pessoas ficaria chocada.

WOODS: Certo, certo.

HUEMER: Mas os libertários comuns não ficariam chocados porque o resultado de não existir uma autoridade política não é que você precisa abolir, imediatamente, o Estado e todas as suas funções. O resultado é que o Estado, simplesmente, precisa operar seguindo as mesmas regras que todos. Logo, se você só leu a primeira metade do livro, o resultado é que o Estado não deveria interferir com qualquer comportamento que não seria permissível para um agente não estatal interferir.

WOODS: Está bem, então, isso nos leva mesmo a um dos pontos chaves de seu livro, que é que você não pretende passar o tempo focado na abordagem libertária tradicional de falar sobre o princípio da não agressão e aplicá-lo em diversas situações, mas, em vez disso, em uma espécie de — perdoe-me se, na qualidade de alguém que não é um filósofo, eu estiver usando os termos incorretamente —, talvez, uma espécie de intuicionismo moral. A ideia de que existem alguns princípios morais que, pelo menos num nível básico, parecem ser partilhados por quase todos, se pudermos apelar a eles, da mesma maneira que Robert Nozick, em *Anarchy, State, and Utopia*, apela à ideia de que o trabalho forçado é errado. Não preciso desenhar aqui um diagrama sobre isso para você. Se eu puder mostrar-lhe que o que o Estado está fazendo é comparável ao trabalho forçado, então, provei meu ponto. É essa a abordagem que você está adotando?

HUEMER: Minha abordagem é um pouco mais concreta e específica que a maioria dos argumentos libertários. Não estou alegando ter uma teoria moral geral quando lhe digo que alguma ação é permissível ou não. Muitos libertários baseiam-se nesse princípio da não agressão como uma espécie de axioma universal. O que estou fazendo é basear-me nos julgamentos do que as pessoas fariam numa situação concreta.

Se eu vou até o meu vizinho com uma arma e exijo-lhe que ele contribua com uma determinada quantia de dinheiro para a minha instituição de caridade, quase todos vão concordar que isso é errado. Podemos não concordar sobre por que é errado, certo? Existem diferentes princípios morais que as pessoas podem utilizar para explicar por que isso é errado, mas quase todos concordam que eu não posso fazer isso. E, então, a estratégia de argumentação é, simplesmente, mostrar que existe uma analogia entre aquilo e o que o Estado está fazendo, mais especificamente, a taxação. Não preciso dar-lhe uma teoria moral completa e acho que essa é uma vantagem da abordagem.

WOODS: Vamos começar passando por um pouco do início do livro. Quando você está falando sobre a teoria do contrato social, embora você esteja fazendo isso da maneira que um filósofo faria, esses são argumentos que um público leigo vai achar familiares. São objeções que, num grau menor, o libertário médio encontra o tempo todo no Facebook, com amigos e com a família: você, obviamente, beneficia-se do Estado; se você não gosta dele, pode ir embora, mas o fato de você estar aqui e estar gozando dos seus benefícios indica que você consentiu que ele exista implícita ou tacitamente.

Todos estamos familiarizados com esse tipo de argumento. Sempre me ocorreu que esse é um dos argumentos mais fracos que já ouvi em defesa de qualquer coisa, e, no entanto, ele tem um lugar cativo na mente do público. Como você responde a ele?

HUEMER: Seguindo com a estratégia da analogia, digamos que a máfia assuma o controle de sua vizinhança, que estejam extorquindo dinheiro de você, e você diga ao chefão da máfia: "por favor, pare de extorquir dinheiro de mim: isso é errado". E o chefão responda: "bem, você vive nessa vizinhança, controlamos essa vizinhança e você vive aqui; portanto, você está concordando em ser extorquido por nós".

Se alguém, de fato, fosse proprietário legítimo da vizinhança — se tivessem adquirido um direito de propriedade por meio de um dos métodos legítimos e aceitos — e, então, dissesse "se você se mudar para cá, terá de fazer isso", e, então, você assinasse um contrato e mudasse-se, então, estariam justificados em fazer o que quer que o contrato dissesse que poderiam fazer. O que não se pode fazer, entretanto, é ir até alguém que está vivendo em sua própria propriedade, que eles possuem, e dizer a eles que devem mudar-se dela se não concordam com as suas condições. Você não tem o direito de estabelecer condições sobre o uso que as pessoas fazem de sua própria propriedade.

WOODS: Sim, esse é o ponto principal. Já vi alguém fazer uma objeção: se existisse, em algum lugar do mundo, uma sociedade libertária — a Somália é uma que sempre jogam na gente —, se existisse um lugar sem Estado, nós, como libertários, estaríamos, moralmente, obrigados a mudar-nos para lá. Não vejo, no entanto, por que deveríamos porque, como você diz, se eu sou dono dessa propriedade, eu é que estabeleço as regras sobre a minha propriedade. Se outra pessoa chega e começa a atormentar-me, essa pessoa que é a agressora. Por que o agressor deveria ter o benefício moral da dúvida?

HUEMER: Você pode dizer: não, o Estado é que deve ir.

WOODS: Sim, é exatamente o que penso!

HUEMER: Eu e o Estado não concordamos um com o outro; por que eles não saem deste território?

WOODS: Esse argumento nunca funcionou na prática no entanto. Em termos rigorosamente lógicos, entretanto, não vejo qual é o problema.

Agora, você, também, fala no livro sobre um hipotético contrato social, suponho que ao falar sobre o véu da ignorância, a "posição original", o tipo de coisa que John Rawls poderia ter proposto. Pode falar sobre isso um pouco?

HUEMER: Depois dos filósofos terem se dado conta de que não existe, de fato, um contrato social — ninguém concordou, de fato, com ele —, eles passaram a dizer: bem, talvez você o teria num cenário hipotético.

É um pouco difícil de ver-se como isso poderia, supostamente, ter alguma força moral. Aqui está um exemplo. Digamos que você seja um médico num hospital e que uma vítima de um acidente acabe de ter sido trazida. A vítima do acidente precisa de cuidados imediatos; no entanto, ela está inconsciente. Agora, normalmente, é necessário o consentimento de alguém para dar cuidados médicos a essa pessoa, mas você não consegue obter esse consentimento; então, o que você faz? A resposta é que você dá os cuidados médicos de qualquer jeito. E a lógica é que é razoável presumir que essa ou essas pessoas dariam o seu consentimento se pudessem. Porque a maioria das pessoas daria o seu consentimento, isso é genuinamente necessário e assim por diante. Essa é a eficácia do consentimento hipotético.

Isso não vai funcionar com o Estado e com o contrato social. Não vai funcionar para o Estado dizer "bem, você teria consentido em ter-nos".

Antes de tudo, no caso da vítima inconsciente, é, de fato, importante que a vítima esteja inconsciente porque se ela estiver consciente você precisa consultá-la. Não se pode apenas dizer: "bem, você teria consentido se eu tivesse lhe perguntado, certo?",

Os cidadãos dos governos modernos não estão todos inconscientes. O governo pode perguntar a eles se lhes dão o seu consentimento. O governo optou por não lhes perguntar porque tem medo de qual será a sua resposta.

WOODS: Sim, aí está.

HUEMER: A consequência de você dizer "não, eu não concordo" seria a de que você não teria mais obrigações fiscais. Então, muitas pessoas diriam: "não, eu não concordo". Deveriam receber, então, uma restituição fiscal completa, certo?

O outro problema com a teoria do consentimento hipotético é que quando o filósofo argumenta que você lhes daria o seu consentimento eles o fazem com uma presunção contrafactual de que suas crenças e valores são diferentes do que eles, de fato, são, porque existem certas pessoas, a saber, a maior parte dos libertários, que não lhes daria o seu consentimento, ou que, pelo menos, não consentiriam se soubessem como seria o governo. Logo, para argumentar que, hipoteticamente, consentiríamos com o Estado, você teria de ou ignorar os libertários ou presumir, hipoteticamente, que os libertários têm crenças diferentes daquelas que eles, de fato, têm. Isso, realmente, não funciona. O apelo ao consentimento hipotético deve ser baseado nas crenças e nos valores filosóficos reais da pessoa.

WOODS: Falando em ignorar os libertários, é interessante que John Rawls, durante sua vida pública, sua vida como professor, parecesse um tanto disposto a debater com pessoas que discordavam dele de uma perspectiva, digamos, mais de Esquerda. Não sei se ele já interagiu com G.A. Cohen, o filósofo marxista, mas, com pessoas assim, ele, pelo menos, estava disposto a falar, enquanto não se vê uma resposta completa e coerente à crítica libertária de Rawls.

Você poderia falar, agora, sobre o que Rawls está fazendo? O que há de errado com toda a sua abordagem? Parece haver uma plausibilidade superficial ali. Se eu estivesse atrás de um véu de ignorância e não soubesse se era homem ou mulher, rico ou pobre, branco ou negro, tivesse ou não talento, talvez eu dissesse: "uma vez que eu posso acabar sendo o mais baixo dos seres inferiores, então, eu quero que a norma que governe a sociedade seja a de que sejamos todos os mais iguais possíveis para que, mesmo que eu seja o mais inferior dos inferiores, eu, ainda, não seja tão inferior". Qual o problema aqui? Como eu disse, parece haver aí alguma plausibilidade, ainda que superficial.

HUEMER: Então, aqui, vai outro caso hipotético: digamos que haja uma loteria e que exista um bilhete específico que se você tiver ganha um milhão de dólares, e todos os outros não valem nada. Aí, eu comprei esse bilhete de loteria. Suponhamos que eu tenha acabado de descobrir que ele é o vencedor e que vale um milhão de dólares. E aí você chega em mim e diz: "Mike, você pagou três dólares por esse bilhete de loteria. Se você não soubesse que ele era o bilhete ganhador você venderia ele para mim de bom grado por dez dólares, certo? Então, você deveria vendê-lo para mim por dez dólares".

Errado. Se eu não soubesse que ele é o bilhete ganhador eu o venderia por dez dólares, mas isso é completamente irrelevante uma vez que eu já sei que ele é. E uma vez que eu já o sei, é claro que não vou o vender. Não existe argumento oriundo da justiça que me torne, moralmente, obrigado a o vender para você, certo? Não, eu não sou obrigado a o vender — não é injusto que eu o guarde para mim.

Há aí uma espécie de analogia: se eu estou em sociedade e descobri que eu sou um dos vencedores, por assim dizer — isto é, rico, tenho talentos que são valiosos socialmente, estou numa boa posição — pode ser verdade que eu concordaria com uma redistribuição maciça de riqueza se eu não soubesse que seria um dos vencedores, mas isso não significa que, na realidade, eu deva ou que eu seja obrigado a concordar com a redistribuição de riqueza uma vez que eu saiba que sou um dos vencedores.

WOODS: Mas eles podem dizer para você que o talento que você tem — poderia ser um talento que você tenha de trabalhar para cultivar —, mesmo o próprio fato de que você tem essa ética de trabalho é algo injusto ou imerecido. Você não o merece. Seguramente, você, como uma pessoa, moralmente, razoável, gostaria de partilhar os seus frutos com pessoas que não têm esse dom vantajoso.

HUEMER: Sim, sim. Irrelevante também, certo?

É uma alegação controversa essa de que você não merece seus talentos. Que você não mereça os talentos que você trabalhou para cultivar, isso é irrelevante, mas é irrelevante porque você pode pegar o caso mais claro de algo que eu não mereça e, ainda assim, não me sentirei obrigado a compensar outras pessoas. É por isso que o exemplo da loteria é bom, porque o fato de que eu ganhei na loteria é o caso mais claro de fortuna aleatória. Claramente, eu não mereço ganhar na loteria: foi apenas sorte, mas, ainda assim, eu não sou obrigado a dar o dinheiro a ninguém. Então, quando você chega ao caso controverso no qual talvez meus talentos sejam uma questão de sorte, ou talvez eu seja responsável por eles, talvez não, fica ainda mais claro que eu não sou obrigado a dar os frutos, os resultados que vêm dali, a ninguém.

WOODS: Mas me pergunto o que Rawls diria sobre um bilhete de loteria? Será que ele diria que, até certo ponto, o princípio da diferença exige que você dê pelo menos uma parte daquele dinheiro?

HUEMER: Bem, na verdade, você tem de dar um pouco dele aos outros em impostos. Não tenho certeza do que ele diria. O Estado deveria pegar todo o dinheiro da loteria? Bem, obviamente, isso acabaria com todo o propósito de haver uma loteria. Creio que a resposta de Rawls para a maior parte das minhas situações hipotéticas seria: "Bem, meus princípios filosóficos só se aplicam à estrutura política da sociedade, em geral, e não a casos envolvendo pessoas individualmente. Portanto, se existem apenas duas pessoas, meus princípios não se aplicam e, logo, você não pode fazer uma analogia".

WOODS: E ele também disse o mesmo tipo de coisa quando se está tratando de um país contra o outro: que ele não está disposto a aplicar o princípio da diferença quando se está lidando com a República Democrática do Congo e com os Estados Unidos. Parece ser moralmente arbitrário — embora Thomas Nagel tente salvá-lo disso —, mas isso está afastando-nos do tópico.

Deixe-me perguntar-lhe sobre uma objeção que creio que muitos estudantes americanos podem ter ao que você está dizendo, que seria: vivemos numa sociedade democrática e todos decidimos, coletivamente, que as pessoas devem poder obter um pedaço dos frutos de seu talento, ou do que ganhar na loteria, ou o que for. Todos decidimos isso, livremente, e você faz parte disso. Você teve a mesma oportunidade de pronunciar-se, mas as coisas foram decididas de maneira diferente do que você desejava. Não há nada de errado com isso.

HUEMER: Bem, geralmente, o simples fato de que um número de pessoas que queiram fazer uma coisa seja maior do que o número de pessoas que se opõem a essa coisa não significa que eles tenham o direito de a fazer, certo? Logo, se existe algum comportamento que, normalmente, violaria os direitos de alguém, não deixa de ser uma violação de direitos apenas porque mais pessoas apoiam-no do que se opõem a ele.

Por exemplo, eu saio para beber com alguns de meus amigos e, no final, depois que estamos com uma conta bem grande, surge a questão sobre quem irá pagá-la. Suponhamos que a maioria dos meus amigos vote que eu deveria pagar para todos, e eu sou o único que discorda. Cinco pessoas querem que eu pague para todos, somente eu não quero pagar para todos. Sou obrigado a pagar para todos? Não.

Estarão eles autorizados, eticamente, a me forçar a pagar para todos? Não.

Então, não é, de fato, muito claro como o apelo à opinião da maioria faz qualquer diferença. Poderiam ser apenas alguns poucos dólares, e, ainda assim, eles não teriam o direito de pegar meu dinheiro. Então, parece que a maioria tem muito pouca força moral.

WOODS: As pessoas tratam-na, no entanto, com uma reverência religiosa. Existem armadilhas quase religiosas no processo de votação — ele é quase que um sacramento para algumas pessoas. E, no entanto, como você disse, quando você o examina de perto, o que deveria significar o fato de existirem mais pessoas querendo fazer algo do que não querendo? Bem, muitos absurdos morais ocorreram ao longo da história na qual muito mais pessoas quiseram fazer algo, ou toleraram que algo fosse feito, do que não o quiseram ou não o toleraram.

HUEMER: Certo, então, às vezes, a maioria está correta, e, às vezes, está errada. O fato de que a maioria das pessoas apoia uma coisa, entretanto, não é uma evidência muito forte de que ela seja correta. O fato de que uma estreita maioria quer que as drogas sejam ilegais não deveria mudar minha opinião e fazer-me pensar: "sim, acho que usar drogas é mesmo errado".

WOODS: Deixe-me fazer a que, provavelmente, será minha última questão enquanto terminamos aqui. Acho que a resposta a essa questão, realmente, precisa da segunda parte do seu livro, que é a discussão da sociedade sem Estado, como ela funcionaria, e as respostas às objeções que muitas pessoas têm, mas acho que muitas pessoas pensam tão pouco a respeito do anarquismo que nem sequer sabem quais são as objeções. Só sabem que seria algo maluco e que as pessoas seriam baleadas o tempo todo e assim por diante, e você consegue lidar muito bem com essa objeção. A objeção principal, contudo, que creio que muitas pessoas têm — depois que todas essas outras objeções foram destruídas — e que permanece com elas é: mesmo que eu aceite que o que você está dizendo está correto, que o Estado não tem um fundamento moral, se, de fato, a única forma de a vida civilizada ser possível for sob a autoridade do Estado, então, você pode pegar seus argumentos filosóficos pretensiosos e ir passear porque precisamos do Estado para tornar possível a vida civilizada.

HUEMER: Como você disse, a segunda metade do livro lida com a questão de se, de fato, você precisa do Estado para que a vida civilizada seja possível. É claro que a resposta acaba sendo não, mas essa é uma longa história. Entretanto, ainda que você não concorde com a segunda metade do livro, ainda existem consequências significativas quando se rejeita a autoridade política. Se você acha que um grande desastre ocorrerá se não tivermos o Estado, então, não precisamos abolir o Estado, mas, ainda assim, o Estado precisaria ser muito mais limitado do que, de fato, é na maioria dos Estados.

Portanto, se o Estado é necessário para prevenir a violência constante, então, só é permissível para o Estado fazer o mínimo de atividades necessárias para evitar essa violência. Não é permissível, no entanto, para ele, fazer todas essas outras coisas: regular o uso de drogas, ter um programa espacial, financiar as artes e assim por diante, todos esses programas que não são, de fato, necessários para aquela função central.

19 DE FEVEREIRO DE 2014

49

O DISSIDENTE ANTIQUADO: COPPERHEAD, O FILME (COM BILL KAUFFMAN)

Bill Kauffman é autor de diversos livros, dos quais o mais recente é Bye, Bye, Miss American Empire: Neighborhood Patriots, Backcountry Rebels, and their Underdog Crusades to Redraw America's Political Map.

WOODS: Bill, você pode não saber, mas a recepção que os meus ouvintes tiveram à sua última aparição foi, simplesmente, espantosa. A reação mais frequente que eu recebi foi: não conhecia muito o Bill Kauffman até então, que vergonha, mas eu amo esse cara — não acredito o quanto amo esse cara.

KAUFFMAN: Bem, conhecer, conhecer, o conhecer é amar, amar, o amar, certo?[28]

WOODS: Foi o que tentei dizer a eles: a resposta que você está recebendo é a resposta perfeitamente humana quando se encontra pela primeira vez Bill Kauffman.

Pensei, então, em trazê-lo de volta, Bill, especialmente porque este é um momento particularmente auspicioso para fazê-lo: o filme *Copperhead*, no qual você desempenhou um papel tão profundo, já está disponível em DVD. O filme tem Peter Fonda e conta com Ron Maxwell, célebre por *Gods and Generals*, como diretor. Como se iniciou esse projeto? Calhou de você conhecer Ron Maxwell?

28 "To know, know, know him is to love, love, love him" é o refrão da canção "To Know Him Is To Love Him", de autoria do célebre produtor musical americano Phil Spector, gravada no fim da década de 50 pelo seu grupo vocal, os *Teddy Bears*. (N. do T.)

KAUFFMAN: Bem, eu o conhecia. Ron, provavelmente, é o intérprete cinemático mais destacado da Guerra Civil, tendo feito *Gettysburg* e *Gods and Generals* — esses dois filmes épicos, de grande porte. Conheço-o, há anos, e aconteceu de tomarmos café da manhã juntos há uns quatro ou cinco anos atrás e, na noite anterior, ele havia discursado para a *New Canaan Historical Society*. Eu estava lá porque tínhamos outro projeto no qual estávamos trabalhando que acabou sendo um projeto abortado — algum dia, talvez, ele possa ser ressuscitado. Alguém, entretanto, perguntou a ele: "Ei, quando você fará outro filme sobre a Guerra Civil?" E ele respondeu: "sabe, eu adoraria. Sempre estou procurando por um assunto diferente, talvez, algo pouco convencional". E, na manhã seguinte, durante o café da manhã, eu lhe disse: "ei, você já leu este livro chamado *The Copperhead*?" Ele disse: "Ah, este livro é fantástico", e foi daí que tudo nasceu. *The Copperhead* foi escrito por Harold Frederic, um nome, atualmente, esquecido nas Letras americanas, mas que, em determinado ponto, foi considerado um dos principais romancistas americanos. Nasceu em Utica, que acredito ser a capital literária do estado de Nova York. Certamente.

WOODS: Bom, ao lado de Batávia[29].

KAUFFMAN: Bem, é claro, então, essa é uma exceção, mas, proporcionalmente, Utica impressiona muito mais que aquela cidade ali às margens do Hudson na borda do estado.

WOODS: Certo.

KAUFFMAN: Frederic era um garoto durante a Guerra Civil e cresceu no interior do estado de Nova York, que era uma região, como disse Edmund Wilson, caracterizada por uma mistura peculiar de patriotismo e de descontentamento. Creio que é correto afirmar que, per capita, enviamos mais rapazes para o exército da União que qualquer outra região do país e, no entanto, este local, também, era um dos ninhos do movimento antiguerra — ou talvez nem tanto do sentimento antiguerra, mas anti-Lincoln. Elegemos um governador democrata, em 1862, Horatio Seymour, com base, principalmente, na questão das liberdades civis.

Frederic teve uma vida estranha. Era um democrata jeffersoniano à moda antiga. Foi amigo de Grover Cleveland, o *Uncle Jumbo* lá de Buffalo. Tinha sido um correspondente em Londres do *New York Times*, por diversos anos, e morreu muito jovem, em circunstâncias estranhas. Tinha duas famílias em Londres, e estava com sua esposa devota da Ciência Cristã quando teve um derrame, o que foi, realmente,

29 Terra natal de Bill. (N. do A.)

um grande azar: não recebeu qualquer tratamento. Ela, no entanto, foi à julgamento por homicídio culposo, então, ele acabou morrendo em meio a um escândalo.

E suas obras foram esquecidas. Um dos livros, *The Damnation of Theron Ware*, foi considerado o melhor romance americano escrito antes de 1920 por F. Scott Fitzgerald, de modo que ele não foi, totalmente, esquecido. No entanto, na década de 1960, o crítico literário Edmund Wilson, também natural da região de Utica, ressuscitou as histórias da Guerra Civil de Frederic. Elas foram lançadas numa nova edição e são diferentes de todas as outras histórias da Guerra Civil no sentido de que não tratam do front de batalha, mas da vida de quem continuou na região rural do estado de Nova York. Não contêm qualquer romantismo *Dixie*[30] sulista, nem têm qualquer resquício daquela retidão triunfalista dos "Hinos de Batalha da República" do norte. São histórias sobre pequenas comunidades e sobre como essas comunidades foram afetadas e alteradas, irreversivelmente, quando os jovens foram retirados dessas comunidades. Alguns deles acabariam por voltar para casa intactos. Alguns voltaram para casa em caixões de madeira. Alguns voltaram para casa mudados para pior. Já outros, nunca se soube o que aconteceu com eles.

E assim, essas pequenas cidadezinhas, essas comunidades interdependentes de pequenas fazendas e de entrepostos comerciais, de pequenas igrejas protestantes, foram destruídas pela guerra. Esse é um aspecto da guerra que nossos artistas tendem a ignorar — as consequências domésticas. E é sobre isso que falam as histórias de Frederic e é isso de que fala *The Copperhead* e foi uma coisa que creio ter nos atraído à história[31].

WOODS: Quando entrevistei você a esse respeito quando o filme estava saindo nos cinemas — falei com você quando eu estava substituindo Peter Schiff —, reparei que existe um discurso nele, um pequeno solilóquio, digamos, dito pelo protagonista, quando ele está falando com o personagem de Peter Fonda e está defendendo-se. O protagonista não está a favor da guerra. Ele gostaria de ver a paz sendo reestabelecida. E existem pessoas que acham isso difícil de entender. Estamos lutando pela União. Você não dá valor à União? E ele, basicamente, diz: "Escute, existem tantas coisas às quais dou mais valor que dou à União". Ele, então, olha para seu amigo e diz: "Sabe, eu dou mais valor a você que à União". Foi isso de preferir coisas que estão próximas e tangíveis a coisas distantes e abstratas. Enquanto eu assistia o filme, virei para a minha mulher e disse-lhe: "O Bill escreveu aquele discurso. Não tenho qualquer dúvida na minha cabeça que aquilo é puro Bill Kauffman". (ri)

30 Apelido histórico dado à região sul dos Estados Unidos, especialmente, aos estados que formaram a Confederação durante a Guerra Civil. (N. do T.)

31 O livro se chama *The Copperhead* e o filme *Copperhead*. (N. do A.)

KAUFFMAN: (ri) É, tentamos evitar — odeio filmes com mensagens, sabe, com as quais eles ficam martelando algo na sua cabeça.

WOODS: Ah, esses são os piores, verdade.

KAUFFMAN: E esse não é, de maneira alguma, um filme com mensagens, mas, sim, confesso que escrevi aquele pequeno solilóquio.

WOODS: Mas digo que, a seu favor, no entanto, não é o discurso de 40 páginas do John Galt.

KAUFFMAN: (ri) Bem, provavelmente, precisamos explicar para os ouvintes que o próprio termo Copperhead[32] era um epíteto derrisório e tortuoso aplicado aos habitantes do norte dos Estados Unidos que se opunham à guerra. E o Copperhead do nosso filme é um pequeno fazendeiro no interior do estado de Nova York, um democrata jeffersoniano à moda antiga que, seguramente, não é pró-escravidão. A maior parte dos Copperheads não o era, ainda que, obviamente, nas partes mais ao sul dos estados de Indiana e de Ohio, existiam muitas pessoas que, socialmente, eram muito próximas ao Sul e tinham laços familiares lá; muitas dessas pessoas estavam, digamos, indiferentes ao sofrimento dos escravos negros. Não é o que ocorria no interior de Nova York. Lá, a oposição tendia a girar em torno dos democratas constitucionais à moda antiga. Se estavam certos ou errados, se estavam equivocados ou se eram prescientes, cabe ao espectador decidir. Em todo caso, a guerra chega e, mesmo que ela esteja distante, ela chega até os lares, como sempre faz. Esse homem, até então um membro importante da comunidade, é condenado ao ostracismo e torna-se um pária. Seu filho acaba fugindo e alista-se no exército da União. Sua família divide-se, assim como a comunidade está dividida, e, a partir daí, desenrola-se um conto sobre reencontro, redenção, violência e vingança, assim como as propriedades salvadoras do amor.

WOODS: Há um momento, no filme, que não vou revelar, no qual acontece algo que é muito chocante. Você talvez consiga ver que o filme está sendo conduzido até esse momento. Você sabe que existe tensão na cidade, sabe que as pessoas não ligam muito para as posições políticas desse cara, mas, então, algo acontece que é tão desconcertante que você se ergue na cadeira e presta atenção.

Bill, deixe-me mudar aqui a linha de discussão porque quero contar-lhe que o que me impressiona sobre isso é que não é difícil fazer um filme sobre a Guerra Civil

32 "Cabeça de cobre" em inglês. (N. do T.)

no sentido de que já existe um público pronto para ele. As pessoas devoram-no. As pessoas amam aquele período histórico. As pessoas não se cansam de filmes sobre a Guerra Civil, mas elas esperam que ele siga dentro de determinados parâmetros. Esperam que ele seja ou um filme militar — e esse não é — ou que ele repita as crenças mais difundidas a respeito da guerra que nos foram ensinadas, e o seu filme toma um rumo, totalmente, diferente.

KAUFFMAN: É verdade e, nesse sentido, eu diria que ele é subversivo, mas existe algum tipo de mensagem política no filme? Digo, além de amar o próximo, que é uma mensagem tão radical hoje em dia quanto era dois mil anos atrás. Essa mensagem, entretanto, seria a de tolerar a discordância. Atualmente, filmes, peças e obras de arte que falam sobre a discordância sempre, na minha opinião, bajulam o autor e o púbico.

WOODS: Sim.

KAUFFMAN: Porque, claro, todas as pessoas que pensam de maneira correta estão do lado daquele que discorda.

WOODS: Certo.

KAUFFMAN: Sabe, quem está sendo perseguido pelos camponeses tacanhos ou pelos clérigos que negam que a Terra seja redonda ou que ela gire em torno do sol ou que a evolução existe é uma posição tão fácil e cômoda depois de ter se passado tanto tempo, colocar-se ao lado de Galileu ou...

WOODS: Exato!

KAUFFMAN: Ou Scopes ou as bruxas de Salem — ah, então você é contra atearem fogo às bruxas!

WOODS: Rapaz, que coragem moral você demonstra ao posicionar-se, em 2014, contra queimarem bruxas[33]! (ri)

KAUFFMAN: (ri) Exatamente. Em nosso filme, o protagonista — que é, em diversos aspectos, um homem com defeitos — está, de certa maneira, assumindo uma pos-

33 As bruxas em questão foram, na realidade, executadas por enforcamento, e não queimadas, mas você entende o ponto. (N. do A.)

tura, levantando-se contra a guerra, que, naquele momento, está sendo santificada. Ele critica Lincoln, que acredito ser, à luz do século XXI, o maior herói americano. Isso torna tudo mais difícil: OK, Sr. Liberdade-de-Expressão, Sr. Olhem-Como-Apoio--a-Primeira-Emenda, Sr. Posso-Discordar-de-Tudo-o-que-Disseres-mas-Defenderei-Até-à-Morte-teu-Direito-de-o-Dizer: você ficará do lado desse homem? Sabe, aquele que está enfrentando aquela que, provavelmente, é causa mais sagrada na história americana: a Guerra Civil? Isso torna tudo muito mais difícil, e acho que muito mais complexo.

Seu principal antagonista, Jee Hagadorn, interpretado com brilhantismo por Agnes Macfadyen — devo dizer, também, Abner [o protagonista] é interpretado por Billy Campbell numa performance poderosa e sutil — Hagadorn é um abolicionista e, portanto, está, creio, indubitavelmente, com a razão no que toca a questão moral central daquele período: a imoralidade da escravidão. O grande fracasso deste país foi não só não ter libertado os escravos, muitas décadas antes, mas não o ter feito de maneira pacífica. E, no entanto, Hagadorn, o abolicionista, também, é um fanático e, como todo fanático, seja ele político ou religioso, ele subordina suas relações pessoais a uma causa e essa causa acaba por tornar-se uma abstração. Assim, ele acaba tornando-se aquele tipo de cara que só enxerga a floresta, e não consegue ver cada uma das árvores.

Agora, num filme convencional, Hagadorn seria alguém impecável e Abner Beech, o cara antiguerra, teria um bigode à la *Snidely Whiplash*[34] e deveria chutar os cachorros, fumar cigarros e possuir quaisquer um daqueles indicativos que, atualmente, caracterizam um vilão. Esse, entretanto, não é caso nem nesse filme nem na história na qual ele se baseia. Essa é uma das coisas que mais fazem as pessoas que o assistem serem afetadas por ele e falarem sobre ele.

E, seguramente, Abner Beech não é perfeito, pois, também, sofre, de certa maneira, de um hagadornismo, na medida em que ele, também, subordina sua família a uma causa pessoal: a causa antiguerra. Então, o filme é, de certa forma, um filme complexo, creio eu, e estamos orgulhosos dele. Não foi, exatamente, um sucesso estrondoso de bilheteria, mas foi exibido em cerca de 100 cidades e, agora, está disponível em DVD e em Blu-Ray e deve estar na locadora de sua preferência na sua vizinhança ou, o que é ainda melhor, você já pode comprá-lo.

WOODS: Qual foi, exatamente, o seu papel no filme? Você adaptou o roteiro da obra original?

34 Snidely Whiplash é o arqui-inimigo de Dudley Do-Right na série americana de animação *The Rocky and Bullwinkle Show*. (N. do T.)

KAUFFMAN: Sim. Eu escrevi o roteiro, então, ele é um roteiro adaptado e Ron Maxwell, o diretor, foi um grande mentor. Evitamos distanciar-nos do livro, embora, lá pela metade dele, a história tenha tomado um rumo diferente. O livro termina muito mal. Não sei o que aconteceu. Talvez Frederic estivesse cansado. Não tenho ideia. Foi inspirado pelo livro, baseado em sua maior parte no livro; contudo, se você leu a obra original, o que eu recomendo que as pessoas façam, existem muitas diferenças.

WOODS: Onde vocês o filmaram?

KAUFFMAN: Ele foi filmado, exatamente, onde você esperaria que um filme sobre a Guerra Civil americana fosse filmado: no Canadá.

WOODS: Ah! Isso é engraçado, por que é que eu não percebi? Por quê?

KAUFFMAN: Pois é, eu esperava, na verdade, que ele fosse filmado num lugar histórico no interior de Nova York, mas, por motivos fiscais, foi filmado na província de Nova Brunswick — na verdade, por mais que motivos fiscais. Filmaram-no num lugar chamado King's Landing, que é um tesouro do Canadá. Diria que é um museu de história vivo, onde a arquitetura e o layout são típicos da América do Norte do século XIX. Era, portanto, o lugar perfeito para filmar-se e foi um set fantástico. Segundo me disseram, teria custado 30 milhões de dólares para construir um set como aquele, que já estava pronto para nós o usarmos.

WOODS: Uau! Lindo! Bom, não se pode discutir com isso.

KAUFFMAN: No entanto, o engraçado é que, na última hora, talvez cerca de dois meses e meio antes do lançamento do filme, os produtores, pessoas fantásticas, disseram: "Quer saber? Precisamos de uma cena breve no início do filme". Então, essa é, na realidade, a única cena que eu não escrevi. Ron escreveu-a. É a primeira cena do filme e, como não se pode filmar nada nas províncias no início de março, foi filmada no sul da Califórnia, passando pelo interior de Nova York.

WOODS: Quem diria!

KAUFFMAN: Mas você não vê nenhuma palmeira ou qualquer coisa do tipo no cenário.

WOODS: Ah, essa é boa. Quando filmes grandes são lançados, o *YouTube* tem um canal que publica tudo que está errado nele. Descobrem todos os anacronismos e coisas como, por exemplo, o cara que está com três canetas em seu bolso no take, e, no seguinte, está com apenas duas. Assim, por sorte, você não estará sujeito a isso — acho que eles teriam notado a palmeira.

KAUFFMAN: Eles teriam, sim, sim, e espero que não encontrem muitos anacronismos. O maior anacronismo num filme histórico, normalmente, é que o autor não quer partilhar, de maneira alguma, as convenções sociais ou o que for da época sobre a qual está falando e, então, paira sobre a obra esse contínuo alter ego autoral. Assim, você tem um filme que se passa na década de 1830 no qual você tem um personagem feminino com as atitudes de uma roteirista do século XXI, e isso para mim é um verdadeiro anacronismo.

WOODS: Em *Amistad*, por exemplo, existem cenas em que negros estão sentados observando o julgamento, o que serve para mostrar que eles estão mais interessados em ser politicamente corretos do que mostrar, de fato, como eram as condições. Você acha que negros podiam entrar num tribunal em Connecticut? De maneira alguma! Mas, é claro, temos que fazer aqueles brancos serem os caras do bem — e existiam pessoas boas, claro, mas não se pode fingir que a sociedade fosse algo que ela não era, a menos que só se queira usar "o norte" como aquela tradicional oposição contra "o sul", enxergando-os como essas bolhas gigantes, esses agregados gigantes que não têm pessoas de verdade dentro deles.

KAUFFMAN: Exato! Exato! E, mais uma vez, toda a complexidade e as contradições são varridas — os unionistas no sul, os indivíduos contrários à guerra no norte. Eu vivo a cerca de 20 milhas ao norte daquele que foi, de fato, o berço do abolicionismo nos Estados Unidos — Warsaw, Nova York, onde o Partido da Liberdade foi formado. E esses, para mim, foram alguns dos grandes heróis da história americana. Quero dizer, eles assumiram uma posição muito impopular e foram motivados por — acredito eu — preocupações cristãs. Tinham uma abordagem por meio de duas frentes diferentes: a persuasão moral e a promulgação de leis relacionadas à liberdade pessoal — sobre as quais eu sei que você já escreveu, Tom — e que, essencialmente, desafiavam o *Fugitive Slave Act*.[35] Essa era uma das estratégias que visava a acabar com a escravidão de forma pacífica.

WOODS: Como partido, conquistaram cerca de dois por cento dos votos. É por

35 Ato judicial proclamado pelo Congresso americano, em 1850, que determinava que todos os escravos fugitivos fossem devolvidos a seus donos ao serem encontrados e que todos os funcionários públicos e cidadãos dos estados livres deveriam cooperar com a sua aplicação. (N. do T.)

isso, Bill, que acho algo em específico muito difícil de digerir: hoje em dia, temos inúmeros libertários ansiosos para deixar o *establishment* saber que sim, somos a favor do livre comércio e de baixos impostos, *mas, por favor, por favor, não me chame de extremista, ó senhor, bondoso repórter do New York Times, quero que saiba que tenho todas as opiniões da moda a respeito de tudo, e oponho-me, profundamente, à escravidão. Secretamente, acho que esses outros libertários apoiam-na porque disseram palavras duras sobre Lincoln, mas eu, de fato, sou contra a escravidão!*

O que eu disse, algumas vezes, Bill, é que considero, altamente, improvável, uma vez que dois por cento dos votos foram para o Partido da Liberdade 150 anos atrás, que as pessoas que, hoje em dia, dedicam-se a assegurar que todos sustentem todas as opiniões aprovadas, oficialmente, estariam entre esses dois por cento. Naquela época, eles também estariam garantindo a todos que partilhavam da opinião aprovada, oficialmente, que, obviamente, opusessem-se ao Partido da Liberdade e aos extremistas que pertenciam a ele!

KAUFFMAN: Exato! Anatematizando Gerrit Smith e todos aqueles que, de fato, acredito serem figuras heroicas.

WOODS: Bill, você estava mesmo no set durante as filmagens?

KAUFFMAN: Sim, estava. Eles filmaram durante cerca de sete semanas. Eu estive lá, em diferentes períodos, por cerca de quatro semanas. No set de filmagem de um filme bem planejado, não há muito para um roteirista fazer, mas, de vez em quando, chegavam em mim e diziam: "Ei, precisamos de uma pequena cena de transição aqui pra amanhã" e eu tinha um cubículo, e era divertido porque parecia algo de um filme da década de 1930 — "Quero isso reescrito!". Aí, eu entrava lá e mandava ver na cena. Fiquei, realmente, impressionado com a competência e com a dedicação deles — aquelas equipes de filmagem eram fenomenais. É uma empreitada, realmente, complicada, na qual é preciso de centenas de partes diferentes para formar um único filme, mas tudo acabou funcionando muito bem, e acho que isso transparece na tela. Gosto muito do filme.

WOODS: Sabe, Bill, eu nem tinha imaginado tanto — não me tinha ocorrido que pudesse haver necessidade de, digamos, redigir, de bate-pronto, uma pequena cena, mas somente que, uma vez que esse seria, de certa forma, seu bebê, e você escreveu o roteiro, poderia ser divertido ir lá e observar, mesmo que eles não precisassem de você ali.

KAUFFMAN: Ah, sim, com certeza. Você acaba escutando muitas histórias — os escritores tendem a ser resmungões, como você sabe, Tom.

WOODS: Recuso-me a acreditar nisso.

KAUFFMAN: Às vezes, acho que as pessoas que escrevem filmes... ouvi uma série de histórias de terror sobre como todos esses filisteus vulgares arruinaram minha visão etc. , mas, nesse caso, Ron Maxwell e todo o elenco e a equipe de filmagem... não consigo imaginar como tudo poderia ter corrido melhor. Podem ter existido algumas ocasiões em que eu gostaria que esta cena tivesse continuado ou aquela não, mas não tenho do que reclamar. Foi uma grande experiência.

2 DE MAIO DE 2014

50

O MITO DO ESTADO DE DIREITO (COM JOHN HASNAS)

John Hasnas é professor associado de Administração na McDonough School of Business da Universidade de Georgetown e professor associado convidado de direito no Centro de Direito da Universidade de Georgetown. É autor de Trapped: When Acting Ethically Is Against the Law.

WOODS: Há alguns anos, li seu artigo "*The Myth of the Rule of Law*" ("O Mito do Estado de Direito"). Preciso dizer: rejeito enfática e indignadamente a tese desse artigo. Não consegui aceitá-la. E acho que, a julgar pelo tom do artigo, essa é a resposta que você estava esperando de muitas pessoas. Eu já era, mais ou menos, um libertário, e, no entanto, achei que o que você estava dizendo era despropositado demais, ainda que eu não conseguisse refutá-lo. Aquilo me consumiu por dentro durante anos até que, finalmente, eu disse: "Está bem, aquele Hasnas tem razão afinal". Quero que outras pessoas tenham seus olhos abertos da mesma maneira que eu tive os meus.

Vamos começar com sua explicação do mito do Estado de direito, isto é, o que é que as pessoas pensam quando ouvem essa frase de sonoridade tão atraente: "o Estado de direito".

HASNAS: Ok, vou tentar, mas você está perguntando-me sobre um artigo que já é bastante antigo, então, farei o possível para relembrar o que eu disse nele. Tenho de confessar que gostei da sua reação. Acredito que, no que diz respeito à minha obra, se alguém concorda comigo, em menos de dois anos, já sei que não pensaram sobre aquilo de maneira suficientemente profunda.

WOODS: Bem, obrigado. (ri)

HASNAS: O artigo, "*The Myth of the Rule of Law*" requer algumas explicações. Existe uma crença generalizada, na comunidade filosófica, e que acredito, também, refletir-se na comunidade em geral, de que o desfecho de casos legais é controlado pela linguagem das regras do direito. Isso está encapsulado na frase: "o Estado de direito, e não dos homens", que sugere que o direito é um conjunto de regras neutras e objetivas que regulam o comportamento do homem, que existe sempre uma resposta certa para as controvérsias legais e que os resultados legais não são apenas uma questão de caprichos humanos na qual um grupo de pessoas controla o comportamento de outras. Agora, existem diversas maneiras de utilizar-se a frase "Estado de direito", mas esse é o significado que explorei no artigo sobre o qual você me está perguntando.

Meu artigo argumenta que essa crença, amplamente, difundida é um mito, ao menos quando aplicada ao direito que emana dos órgãos legislativos e, até certo ponto, até mesmo se aplicada ao direito que emana dos tribunais do direito consuetudinário. O artigo afirma que, quando os seres humanos fazem a lei, são os seres humanos que estão controlando os outros, e não as próprias regras, e ilustra isso com diversos exemplos.

O exemplo mais familiar que eu uso é a Primeira Emenda da Constituição dos Estados Unidos. O texto da Primeira Emenda afirma: "O Congresso não fará lei alguma restringindo a liberdade de expressão ou da imprensa". Se fosse o texto da Emenda que controlasse os resultados, então, quase tudo em que a maioria das pessoas acredita acerca da Primeira Emenda — incluindo os libertários — estaria errado.

Por exemplo, se eu pergunto para maioria das pessoas se o Congresso pode aprovar uma lei que proíbe alguém de revelar segredos militares em tempos de guerra, geralmente, elas dizem "sim". Isso significa, no entanto, que elas estão interpretando a palavra "não" como se ela significasse "alguns". Se eu pergunto para as pessoas — especialmente libertários — se o presidente pode emitir uma ordem executiva que banisse críticas à sua administração, a maior parte das pessoas diria "não". Isso, entretanto, significa que elas estão interpretando a palavra "Congresso" de forma que ela inclua o presidente. A Primeira Emenda proíbe leis contra a queima da bandeira? Muitas pessoas dizem que sim, mas, nesse caso, estão interpretando as palavras "expressão" e "imprensa" de forma que ela inclua qualquer tipo de conduta expressiva.

Cada uma das palavras da Emenda está sendo interpretada para refletir as crenças éticas ou políticas pré-existentes de quem está falando nela. Como um libertário, tendo a interpretar a Primeira Emenda de modo a criar a maior proteção possível para a liberdade de expressão que eu puder imaginar. Por outro lado, as pessoas que discordam de mim — pessoas que defendem reformas nos financiamentos de campanhas eleitorais e acham que os ricos não deveriam poder gastar grandes quantias de dinheiro para promover suas posições políticas — vão ler o mesmo texto e vir com uma interpretação, totalmente, diferente.

Não são as palavras que controlam os resultados, são as pressuposições dos indivíduos que tomam as decisões. Agora, no que diz respeito ao direito constitucional, esses são os membros da Suprema Corte. No que diz respeito ao direito mais ordinário, a nível estatal, são os tribunais de apelação de cada estado. Entretanto, enquanto seres humanos tomarem as decisões, sempre haverá o domínio de algumas pessoas sobre outras, nunca o domínio desse direito objetivo, impessoal, que de alguma maneira existiria por aí.

WOODS: O que eu gosto desse exemplo da Primeira Emenda que você está usando é que, se quando pegamos uma afirmação com a qual todos estamos familiarizados, e cujo significado todos julgamos conhecer, e, então, percebemos como ela pode ser interpretada de maneiras tão diferentes por tantas pessoas, em maneiras que, claramente, deturpam o texto, bem, se a Primeira Emenda, que é uma afirmação canônica, pode ser interpretada de maneiras tão diversas, então, que esperança podemos ter para um mero caso comum?

No artigo, você dá diverso exemplos — não tentarei pedir a você que se lembre deles agora — em que você questiona a afirmação de que toda vez que há uma disputa legal existe, pelo menos de acordo com o mito do Estado de direito, em todo caso, um resultado único e específico determinado por palavras numa página. Por exemplo, lembro-me de que um dos exemplos tinha a ver com alguém ter algo que tinha um valor indeterminado. A pessoa não sabia quanto essa coisa valia, então, ela a vendeu por 100 dólares. Posteriormente, quando foi revelado que essa coisa era um item de valor inestimável, essa pessoa abriu um processo para invalidar o contrato. Podemos ver que, mesmo em assuntos como esse, no qual deveria existir uma lei dizendo com lidar com tais situações, ainda, podemos encontrar precedentes que defendem os dois lados.

HASNAS: Você tem razão. Agora terei de ter cuidado e de proteger-me contra minha tendência professoral em gastar tempo demais em assuntos um tanto arcanos. A parte do artigo à qual você se refere lida com casos legais que seriam obscuros para o leigo, mas familiares a qualquer um que já fez uma aula de contratos no primeiro ano do curso de direito. Os casos aos quais você se referiu têm relação com uma regra do direito contratual que é bem conhecida por estudantes do assunto — a regra que fala que, quando as duas partes de um contrato estão erradas a respeito de um aspecto essencial do objeto do contrato, o contrato é rescindível; isto é, não é um contrato válido. É a doutrina do erro mútuo. O que significa, entretanto, dizer que as duas partes estão erradas? Consideremos os seguintes dois casos. No primeiro, uma mulher encontra uma pedra de aparência interessante e o leva a um negociante. Nenhum dos dois sabe que tipo de pedra é aquela e o negociante paga um dólar à mulher por ela. A pedra acaba sendo identificada como um diamante bruto, com um valor de 700 dólares. A mulher entra com um processo para rescindir o contrato e obter de volta o diamante, mas a corte decide que não houve erro. Ambos os lados sabiam que estavam barganhando por uma pedra de valor desconhecido. Como não houve erro mútuo, o Estado de direito determina que o contrato não é rescindível.

No segundo caso, um indivíduo compra uma pintura num leilão por cem dólares. A pintura acaba sendo identificada como uma obra-prima perdida, que vale muito mais. O vendedor entra com um processo para rescindir um contrato. Nesse caso, a corte decide que houve um erro mútuo a respeito do contrato porque ambas as partes acreditavam ser uma obra de arte barata quando, na verdade, tratava-se de uma obra-prima perdida. Logo, o contrato é rescindível.

O que determina esses casos não é o texto do direito. O que importa é se aquele que tomou as decisões acredita ser justo manter o contrato ou não. No sistema legal, sempre existe um número suficiente de precedentes para que se possa encontrar um bom argumento para uma conclusão que você acredita ser justa. Ninguém está manipulando as coisas com propósitos nefastos. A maioria dos juízes — a maioria dos responsáveis pelas decisões — quer fazer o que acredita ser justo e correto e temos precedentes suficientes, em nosso direito, para permitir que eles encontrem um argumento para qualquer que seja o resultado.

A explicação de por que o sistema legal anglo-americano tem esse caráter indeterminado é que ele, na realidade, é uma combinação de dois sistemas legais que foram fundidos no século XIX. Um era o dos tribunais da lei consuetudinária, na qual as regras do direito comum eram aplicadas. O outro era o dos tribunais de equidade (*courts of equity*), na qual os princípios de equidade que visavam a amenizar a injustiça eram aplicados. Os princípios da equidade eram aplicados quando as regras do direito comum produziam resultados injustos ou por demais severos. Nesses casos, os princípios da equidade poderiam desfazer os resultados injustos do direito comum. Quando os tribunais do direito comum foram fundidos com os tribunais de equidade, tanto as regras do direito comum quanto os princípios de equidade passaram a ser aplicados dentro de um mesmo sistema legal. O resultado é que tanto as regras do direito comum quanto um princípio de direito comum capaz de anular essas regras estão disponíveis para o responsável por tomar as decisões, o que lhe permite apelar para aquilo que ele ou ela acredite produzir um resultado justo.

Logo, apesar do formato lógico das decisões judiciais, as regras não estão controlando nada. O que determina o resultado são as crenças a respeito da justiça das pessoas no papel do tomador de decisões. Meu artigo indica que, nessas circunstâncias, existem apenas duas opções. Uma é envolver-se em disputas políticas pelo controle das pessoas que tomam as decisões, visando a ter a lei interpretada da maneira que se julga apropriado, e a outra é encolher, ao máximo, o campo de atuação das tomadas de decisão legais, deixando a maior parte da atividade humana no campo das tomadas de decisão privadas.

WOODS: Então, em outras palavras, você está dizendo que a razão pela qual, digamos, as decisões dos tribunais não são, totalmente, aleatórias ou, completamente, imprevisíveis é que não existe neles o governo das leis mantendo-os semi-determinados ou previsíveis, mas que, provavelmente, os juízes conseguem visualizar, pelo menos, uma forma aproximada do que é justo e que é isso que mantém qualquer estabilidade que possamos ver no direito. É isso que você está dizendo?

HASNAS: Sim, muito bem posto. É exatamente o que eu estou dizendo. Quando digo que o Estado de direito é um mito, ou que o direito é indeterminado, tudo que estou dizendo é que as regras não estão controlando as coisas. Algo diferente é que está. Isso, contudo, não quer dizer que o direito seja imprevisível. Ele é, perfeitamente, previsível, com base nas crenças partilhadas pelas pessoas responsáveis por tomar as decisões. Se quase todos os nossos juízes forem, digamos, ricos, naturais de Boston, formados em Harvard, todos terão um histórico comum e pode apostar que o resultado dos casos será, perfeitamente, previsível e, razoavelmente, uniforme. Note que uma grande reclamação, nas últimas décadas, tem sido a de que a lei está tornando-se pouco consistente: cada vez mais, ela está tornando-se imprevisível. Bem, isso equivale ao período de tempo em que temos tentado diversificar o quadro de juízes — conseguir juízes com origens diferentes, de diferentes classes socioeconômicas. Essa diversificação torna menos provável que os juízes partilhem das mesmas predisposições e, como resultado, a lei tornar-se-á menos previsível.

É claro que, mesmo com as recentes diversificações, para tornar-se um juiz, é preciso ser dotado de um conjunto um tanto convencional de crenças políticas. Alguém como eu, um professor que escreve artigos como o que você leu, jamais ocupará o cargo de juiz. Minha posição está muito fora do âmbito daquilo que é aceito convencionalmente. O que controla o resultado dos casos legais não é o Estado de direito, mas a estrutura de crenças partilhadas pelas pessoas que foram investidas com a capacidade de tomar decisões.

WOODS: Ainda consigo, no entanto, antecipar uma objeção e ela é a que você antecipou em seu artigo: não poderíamos, de alguma maneira, escrever a legislação congressional ou apenas os princípios legais,de tal maneira que uma grande diversidade de interpretações seja impossível para que, então, de fato, possamos colocar uma camisa de força nos juízes?

HASNAS: A resposta é não. Que maneira de expressar poderia ser mais clara que "o Congresso não fará lei alguma restringindo a liberdade de expressão e de imprensa"? Ou outro exemplo que uso no artigo é o texto do *Civil Rights Act* que declara ser ilegal discriminar alguém com base em raça, sexo, religião ou origem nacional. Trata-se de uma linguagem muito clara; no entanto, veja a quantidade de interpretações às quais ela deu origem desde 1964.

Meu exemplo favorito no artigo é um que foi feito com a intenção de atrair os libertários. A maioria dos libertários adere ao princípio de que os contratos que uma pessoa assume sem que exista fraude ou coação devem ser vinculativos. Discuto, então, outro caso dos meus dias de estudante de primeiro ano de direito: o caso de Agnes Syester. Agnes era uma viúva solitária de 68 anos, que foi recrutada para aulas de lança pelo estúdio de dança de Arthur Murray. Murray tinha uma maneira interessante de recrutar clientes: ele percorria colunas de obituários e, então, enviava cupons de aulas de dança grátis para as viúvas. Quando essas velhinhas solitárias chegaram para suas aulas, o estúdio colocava instrutores de dança jovens e bonitos para dançar com elas e elogiá-las por suas performances. Com base nessa técnica de venda, Agnes Syester comprou três inscrições perpétuas e, essencialmente, deu todas as suas economias de vida para o *Arthur Murray Dance Studios*. Não houve fraude nesse caso. Ninguém mentiu para Agnes sobre os termos dos contratos. Não houve uso de força. Agnes assinou, voluntariamente, cada um dos contratos. No entanto, o resultado foi, totalmente, injusto.

Será que, de fato, queremos ter um texto legal que exija que os contratos sejam cumpridos, não importa quão injustos? O contrato de Agnes é um exemplo bem claro de um contrato assumido, voluntariamente, sem fraude ou o uso de força, logo, por essa regra, teríamos que entregar todo o seu dinheiro ao estúdio de dança de Arthur Murray. Eu não gostaria de viver sob um sistema legal que produz esse tipo de resultado e o nosso sistema legal não o faz. É para evitar esses resultados que ele contém o princípio da equidade.

Ainda que fosse possível expressar o direito numa linguagem tão definida que não fosse possível existir qualquer discordância a seu respeito, não gostaríamos de um sistema legal que atingisse a certeza à custa da justiça. O propósito do sistema legal deve ser a justiça, não a certeza. Pode-se ter um sistema legal muito, muito preciso, mas que seja, altamente, opressivo. Um sistema assim não é desejável. Logo, se você quer um sistema justo, terá de aceitar o fato de que os seres humanos são imperfeitos, de diversas maneiras, e de que precisará ter alguma flexibilidade nesse sistema.

WOODS: Por que ensinam as pessoas a acreditar no Estado de direito? Isso é que, realmente, tira-me do sério. Se ele, claramente, não corresponde à realidade, qual a vantagem do regime em nos encorajar a imaginar que exista um Estado de direito, um governo das leis?

HASNAS: De fato. Por quê, no passado, ensinavam as pessoas a acreditar no direito divino dos reis? Porque, se eles acreditassem que Deus havia concedido a um rei o poder de dizer-lhes o que fazer, eles o obedeceriam. Se conseguirem fazer que acreditemos que os ditames de nossos políticos são, na realidade, afirmações de um direito objetivo e impessoal, é mais provável que venhamos a obedecê-los. Faremos aquilo que aqueles que estão no poder querem que façamos.

Outro exemplo que usei no artigo obtive ao assistir o antigo filme *Gandhi*. Os britânicos — que são, basicamente, um povo muito moral — estavam dispostos a agredir indianos que só queriam fazer sal em seu próprio país. O filme dramatiza a cena dos soldados britânicos espancando pessoas indefesas. Por quê? Por que seres humanos, normalmente, decentes fariam isso? Bem, eles não fariam, a menos que pudessem ser convencidos de que o que estavam fazendo não era oprimir uma população indígena, mas sim defendendo o Estado de direito.

O mito do Estado de direito leva as pessoas a tomar parte em todo e qualquer tipo de conduta opressora que o governo quiser envolver-se. É difícil explicar por que as pessoas dos estados do sul dos Estados Unidos, durante a era dos direitos civis, aceitavam o comportamento extremamente racista de seus líderes políticos, considerando que nem todos eles eram racistas, a menos que imaginassem que o que eles estavam fazendo era defender o Estado de direito aprovado democraticamente.

Vivo numa pequena comunidade em torno de um lago, que tem um website comunitário. Um dia, um dos residentes começou a cortar árvores em sua própria propriedade, o que era uma violação da lei por elas estarem tão próximas do lago. O site explodiu em fúria. Todos pegaram em armas e queriam prender essa pessoa. Os moradores combinaram de encontrar as autoridades na rua em frente à casa do cortador de árvores para ter certeza de que essa violação das regras do direito, decretadas objetivamente, fosse punida. Não havia qualquer questão sobre o que caberia apenas ao indivíduo; tudo o que se discutia era a importância de defender-se o Estado de direito.

Nenhum governo opressor pode sobreviver se tiver de usar a força para fazer as pessoas obedecerem às suas ordens. O que o governo precisa fazer é conseguir que elas as comprem o seu discurso, que apoiem, voluntariamente, seus próprios opressores, ou o sistema entrará em colapso. O direito divino dos reis serviu a esse propósito no passado; a ideia do Estado de direito faz isso agora. Enquanto somente uma pequena minoria questionar o mito, nada acontecerá. Entretanto, assim como ocorreu com a questão do direito divino dos reis, quando a maioria começar a questionar o mito, a estrutura de poder logo entrará em colapso.

WOODS: Estamos quase ficando sem tempo, mas dê para nós um panorama de qual seria a sua conclusão final, de que, para resolver esse problema, não se deve tentar uma solução por meio de mudanças do fraseado das leis ou de outros esforços infrutíferos como esse. Ele precisa ser resolvido de uma maneira muito, muito mais radical do que até mesmo alguns libertários podem estar preparados para admitir.

HASNAS: Sim, eu advoguei uma solução radical no artigo original, mas me deixe oferecer uma resposta um pouco mais moderada aqui. Nesses anos que se passaram, escrevi dois outros artigos: "*The Depoliticization of Law*" ("A Despolitização do Direito") e "*The Obviousness of Anarchy*" ("A Obviedade da Anarquia").

Ambos os artigos sugerem que um sistema anárquico não precisaria ser um sistema radical. Não precisamos procurar por algo, absurdamente, diferente do que temos atualmente. Vivemos num sistema que vem sendo governado pela lei comum há mais de 1000 anos. E as regras da lei comum — regras que evoluem em resposta aos reais conflitos humanos — fornecem todo o direito comercial, civil e contratual essenciais de que necessitamos para ter uma sociedade próspera. Portanto, já existe um sistema legal não político que preserva a liberdade. Tudo o que precisamos fazer é retirar essa camada legislativa criada pelos políticos. Nunca ouvimos falar de uma guerra sendo travada pelas regras do direito contratual porque esse é um direito que evoluiu a partir da interação humana, visando a resolver conflitos sem violência e obtendo paz. Temos, em vigor, todo um sistema legal que funciona bem, produzindo cooperação e prosperidade. Não precisamos de nada mais radical do que, simplesmente, voltar para o sistema essencial da lei comum para criarmos uma sociedade muito mais libertária.

6 DE MAIO DE 2014

51

GUERRA E O FED (COM DAVID STOCKMAN)

David Stockman, diretor do Escritório de Administrção e Orçamento no governo de Ronald Reagan, é o autor de The Great Deformation: The Corruption of Capitalism in America. *Ele é responsável pelo website e blog David Stockman's Contra Corner.*

WOODS: Você fez um discurso, no começo deste ano, a respeito do *Federal Reserve*[36] e do *warfare state*[37] e o que achei interessante nele, entre muitas outras coisas, foi você ter mostrado que não se trata apenas da velha história de que o Fed permite a existência do *warfare state* — embora essa seja uma história que nunca pode deixar de ser contada e a maior parte das pessoas não saiba nada a seu respeito — mas, também, de que foi sob as condições de guerra que o próprio Fed cresceu, o próprio Fed desenvolveu, ainda mais, o que o seu papel na economia — que, inicialmente, era muito modesto — viria a ser. Agora, vemos toda essa gestão de demanda e tudo o mais que está acontecendo; isso tudo teve suas raízes durante o período de guerra. Você pode falar um pouco sobre os dois ângulos da questão?

STOCKMAN: Claro, com prazer, e demorei-me mais nesse assunto no artigo maior que apareceu em meu blogue chamado David Stockman's Contra Corner. Seria preciso voltar, entretanto, lá atrás, até à Primeira Guerra Mundial, até 1913, até a promulgação do *Federal Reserve Act* na véspera de Natal daquele ano praticamente. E o interessante é que o Fed não foi autorizado, naquela mudança fundamental em nosso sistema monetário, a comprar dívidas governamentais,

36 O *Federal Reserve System*, conhecido coloquialmente como "Fed", é o sistema de bancos centrais dos Estados Unidos. (N. do T.)

37 "*Warfare state*", literalmente "Estado de guerra", é um trocadilho com o termo "welfare state", "Estado de bem-estar [social]". (N. do T.)

intervir no mercado de obrigações ou atuar em *Wall Street* de qualquer maneira. Em vez disso, deveria ser um banco para banqueiros, que fornecesse liquidez de maneira passiva quando os bancos do interior, os bancos das cidades ou os bancos de reserva chegavam com garantias sólidas e estavam dispostos a pagar, como penalidade, uma taxa de juros acima — e isso era, realmente, importante — da que o mercado livre estabelecia. Então, esse era o esquema: um banco para banqueiros, mas não havia macroadministração keynesiana da economia, nada de Humphrey-Hawkins ou metas para desemprego, inflação, financiamento de moradias ou qualquer outra coisa. Deveria ser, essencialmente, um mecanismo de liquidez movido pelo mercado.

Agora, por que isso mudou? Mudou, fundamentalmente, devido ao acidente da Primeira Guerra Mundial e ao imenso erro que foi cometido por Woodrow Wilson quando ele decidiu que a guerra na Europa, que já estava, praticamente, esgotada em 1917, era algo na qual precisávamos entrar de cabeça. E, quando o fizemos, ocorreu um financiamento maciço visando à guerra. O que é interessante, e expliquei isso no meu livro, Tom, e sinto que preciso mencionar novamente, é que, às vésperas da Primeira Guerra Mundial, nossa dívida pública era de apenas um bilhão de dólares. 4% do PIB. Ela não aumentava desde a Batalha de Gettysburg, imagine, um período de mais de 50 anos. E, de repente, tiveram de financiar 20 ou 25 bilhões — um aumento de 20 vezes na dívida pública. Isso não podia ser feito da noite para o dia, na hora — outra parte imensa do erro cometido por Wilson. E, então, resolveram escalar o Fed para a tarefa de financiar as emissões maciças de obrigações de guerra.

E foi aí que tudo começou. A missão do Fed mudou fundamentalmente. Ele entrou no mercado de obrigações. Passou a ajustar as taxas de juros e a impactar os negócios. Entrou no lado da administração fiscal de toda nossa economia e, obviamente, passaram-se décadas e décadas nesse desvirtuamento de sua missão inicial, desde aquele seu início na Primeira Guerra Mundial até o que temos hoje. Mas, claro, creio que há aí um fio condutor, uma história contínua, e, a cada pulso desse problema do *warfare state* que temos, indo, depois, para a Segunda Guerra e, depois, para a Guerra Fria e, mesmo agora, com essas ridículas guerras intervencionistas, o Fed foi convocado para financiar a dívida governamental a baixos custos e, portanto, as pessoas toleram as guerras e o custo das guerras das quais não precisamos porque, essencialmente, elas estão sendo financiadas com dinheiro grátis do Fed.

WOODS: David, eu notei que, naquele discurso, você até mesmo usou a palavra "genocídio", ou pelo menos, praticamente, genocídio, quando falou sobre o papel dos EUA na Guerra do Vietnã. Agora, não consigo imaginar que alguém que usasse esse tipo de linguagem poderia conseguir um cargo na administração Reagan. Então, em algum ponto entre aquela época e agora, você mudou seu ponto de vista sobre o *warfare state*. Quando e como isso ocorreu?

STOCKMAN: Bem, essa é uma questão interessante, Tom, mas no sentido de que eu não mudei. Eu comecei a vida como um estudante na Universidade do Estado do Michigan, de 1964 a 1968. Tornei-me, furiosamente, antiguerra. Era um SDSer[38]. Acabei desencantando-me com toda aquela linha radical, mas, ironicamente, eles tinham razão quanto à nossa intervenção no Vietnã. Foi um tremendo erro. Nunca mudei minha opinião sobre aquilo, francamente.

WOODS: Uau! Ok.

STOCKMAN: E, então, candidatei-me ao Congresso como conservador — porque eu era... Eu era um defensor do livre mercado do sudoeste do Michigan. Mostrei meu valor quando votei contra o primeiro resgate financeiro da Chrysler — não apenas o segundo, mas o primeiro. O candidato que concorreu contra mim, entretanto, baseou sua campanha no fato de que eu tinha uma ficha na polícia do estado do Michigan.

Estou levantando o assunto porque, em 1980, fui nomeado, pelo presidente Reagan, para ser seu diretor de orçamento. Algum repórter intrépido descobriu a ficha. Imediatamente, levantaram a questão e tentaram criar uma crise, e você sabe, meio que me colocaram na marca do pêntalti. E ele disse que fez isso quando era jovem; eu tinha muitas ideias loucas, também.

WOODS: (ri) Que bom.

STOCKMAN: Em outras palavras, sempre fui cético quanto à nossa política externa agressiva e intervencionista. Foi um erro depois do outro. O Vietnã, como consigo agora ver, claramente, e é algo que eu continuo a falar todo dia em meu blogue, David Stockman's Contra Corner, foi apenas o primeiro passo de muitos num longo histórico de intervenções em lugares onde a segurança real do povo americano não estava em jogo. E depois que você dá a partida nessa máquina — e Eisenhower alertou-nos a esse respeito, como você bem sabe, em seu célebre discurso de despedida, em 1960, sobre o complexo militar-industrial — uma vez que esse maquinário começa a funcionar e dispõe dos recursos que ele dispõe — calculo que todo o *warfare state* custe, hoje em dia, quase um trilhão de dólares, quando se soma

38 SDS significa *Students for a Democratic Society* ("Estudantes por uma Sociedade Democrática"). (N. do A.)

toda a dívida que foi usada para financiá-lo e os 150 bilhões de dólares que a Administração dos Veteranos custa-nos, hoje, devido a todos os veteranos feridos que voltaram dessas guerras desnecessárias. Quando você soma tudo — assistência externa, auxílio para segurança e o orçamento do Pentágono em si, e todo o aparato de espionagem, as agências de inteligência — é um trilhão de dólares, uma quantidade maciça de recursos, de centenas de milhares de empregados civis, milhões do setor privado, sendo beneficiados direta ou indiretamente, todos procurando por uma missão para manter a coisa funcionando. E é por isso que eu tento, continuamente, dizer, tanto a conservadores quanto a libertários, que o *warfare state* é, exatamente, tão estatizante quanto o *welfare state*, e que temos um desafio duplo ao tentar subjugar o governo e retornar a algum tipo de sistema capitalista próspero e produtivo nos Estados Unidos. Temos que domar tanto o *welfare state* quanto o *warfare state*.

Infelizmente, acho que estamos perdendo a batalha. Não quero ser um pessimista, mas, quando você olha em volta e vê o Partido Republicano capitulando de maneira tão completa diante dos *neocons* e do aparato do *warfare state*, não é de se surpreender que eles não tenham credibilidade quando dizem que precisamos reduzir o *welfare state*. E, francamente, Tom, isso é algo que eu confrontava dia após dia na batalha pelo orçamento durante a administração Reagan; não conseguíamos convencer nem os republicanos mais em cima do muro no Congresso a fazer o que era necessário para começar a reduzir o orçamento doméstico, porque eles não paravam de reclamar a respeito do imensos gastos com a defesa de Reagan, que, francamente, como expliquei em meu livro *The Great Deformation*, foram um grande erro, desnecessários e deixaram-nos com essa máquina de guerra enorme, que foi usada para invadir todas as regiões do mundo — Iraque, Afeganistão, Somália e todos os outros lugares em que não devíamos ter nos envolvido.

WOODS: Sempre me interesso por pessoas que mudam de uma visão de mundo para outra. Portanto, antes de seguirmos em frente, preciso perguntar: em sua própria transição de seus dias de SDS até os dias na Administração Reagan, havia algo nos argumentos que chegaram até você que nos poderia ser útil, hoje em dia, ao tentar apresentar argumentos para a Esquerda? O que é que fez você dizer: ora, acho que estou errando em algo importante aqui.

STOCKMAN: Sim, eu acho que estava bastante errado a respeito da mecânica da democracia. Tinha razão a respeito da guerra e da política externa imperialista. Claramente, eu não entendia economia. Eu era um garoto universitário. Naqueles tempos, você não recebia empréstimos e bolsas estudantis, você tinha de trabalhar 20 ou 30 horas por semana para continuar numa universidade estadual como a Michigan State, mas eu estava errado mesmo em relação à mecânica da democracia. A Esquerda insistia que votar não queria dizer nada, que a democracia parlamentar era uma ilusão burguesa, todos esses argumentos, e que era necessário levar a luta, diretamente, para as ruas. Bem, até certo ponto parecia quase necessário parar a Guerra do Vietnã com os protestos, e fui às marchas no Pentágono e em muitos outros lugares.

O ponto de virada para mim, entretanto, deu-se em 1969, quando começou a ficar violento e, então, apareceram os *Weathermen*[39]. Eu era um estudante na *Harvard Divinity School*, então, francamente — e não me incomodo em admitir isso — escondendo-me da convocação militar, pois havia conseguido um adiamento. Eu não estava disposto a ir para o Vietnã do Sul a convite do McNamara. De qualquer maneira, vivia próximo ao Divinity Hall e logo do lado estava o prédio do ROTC. E os radicais queimaram o prédio do ROTC. Foi como um toque de despertar. De repente, ocorreu-me: o que estou fazendo aqui? Como posso me identificar com pessoas que decidem, aleatória e caprichosamente, que essa ou aquela propriedade será destruída como forma de demonstração?

Comecei, então, a recuar de maneira um tanto dramática. A violência na Convenção Democrática de Chicago, naquele verão, também desanimou-me. E foi então que aconteceu de eu conhecer — e só vou observar isso por estarmos falando no assunto — um mentor muito profundo na época, que, hoje em dia, você não reconheceria como conservador; eu não iria tampouco. Mas ele foi Daniel Patrick Moynihan. Na verdade, eu era seu caseiro em Cambridge, mas ele se tornou um grande mentor para mim e era um conservador, ao menos na parte da democracia, ainda que não em termos de política econômica ou quanto ao *welfare state*. E aprendi muito com ele. Aprendi que você pode ser um intelectual e não precisa ser de Esquerda.

Você me perguntou pelo ponto chave e foi isso que Daniel Patrick Moynihan fez comigo. Até, então, eu achava que as pessoas da Direita eram, basicamente, anões mentais e que, se você fosse, de fato, um pensador, lesse muitos livros, aprofundasse-se na história e na biblioteca, que era o que eu fazia naqueles tempos, você tinha de ser de Esquerda porque os pensadores eram de Esquerda. O que descobri, enquanto estava na *Harvard Divinity School*, sob a tutela de Pat Moynihan — que acabou conseguindo-me um emprego em Capitol Hill, e foi assim que eu comecei na vida política - foi que você podia ser um intelectual, você podia ser um pensador, você podia estar imerso na história e na teoria, e não precisava ser de Esquerda. Então, acho que essa é a verdadeira resposta à sua pergunta.

39 Nome pelo qual eram conhecidos os militantes do Weather Underground Organization, grupo de extrema-esquerda. (N. do T.)

WOODS: É interessante você dizer isso. Temos um convidado que, volta e meia, está nesse programa, Bill Kauffman, que trabalhou, por algum tempo, para o senador Moynihan, e, ainda que Bill não seja um liberal, e não pertença ao Partido Democrata, fala com muito carinho sobre ele; logo, ao ver duas pessoas que respeito dizerem que, bem, está bem, estou disposto a considerar que deve ter existido uma pessoa decente naquela instituição.

Tenho mais duas coisas que gostaria de ter certeza que abordei com você e uma delas talvez você considere injusta e pode querer deixar passar e não o julgaria por isso. Sinto-me, no entanto, obrigado, como bom jornalista, a perguntar-lhe. Você trabalhou na administração Reagan e existe um grande número de testemunhos sobre Reagan, o homem. Você ouve pessoas dizerem que ele parecia muito amável na TV, mas que tinha uma inteligência mediana, que era apenas um cara que entendia, mais ou menos, o que estava acontecendo, e nada mais. Aí você tem outras pessoas que dizem que ele era muito envolvido, sabia todos os detalhes, dominava as reuniões. E ainda existem outros que dizem: eu estava nas reuniões, e era chocante o quanto ele estava desinformado. Quais são suas lembranças a esse respeito?

STOCKMAN: Ah, boa pergunta. Acho que eu me enquadraria numa quarta categoria. Diria que ele era um tanto bem informado, mas sua educação, especialmente em assuntos econômicos, era pré-1930. E desde que eu passei pelo exercício de escrever todo esse livro, explorando a década de 1920, a causa real da Grande Depressão, como o mundo costumava ser antes de 1914, e com a ordem internacional liberal — do significado real da palavra liberal — e com o padrão ouro, de repente, dei-me conta, já tarde em minha vida, que essa era a visão de mundo que Ronald Reagan tinha. Foi o que ele aprendeu em seus dias de estudante, e ele nunca mudou mesmo quando os keynesianos assumiram, digamos, o expediente intelectual em Washington — ao menos no que diz respeito à política econômica — depois da década de 1950. Assim, muitas pessoas interpretaram mal seu ponto de vista antiquado, sua visão de mundo liberal antiga a respeito da economia, como se fossem falta de informação, de conhecimento ou de inteligência. Creio que isso foi um erro.

Em segundo lugar, entretanto, ele era um tanto passivo. Ele sabia muito. Era capaz de defender a posição quando presionado, mas era bastante passivo no dia a dia da administração. E, como resultado, a administração acabava sendo feita, de fato, por Deaver, Baker e Meese. Não é que ele não tomasse decisões, mas ele era responsável por tomar decisões na última instância, quando se chegava a duas escolhas irreconciliáveis, mas, facilmente, separáveis. Esse era o único tipo de escolha que ele fazia. Não o culpo, necessariamente, por isso: Jimmy Carter estava presente em todos os detalhes, fazendo todas as escolhas, e foi, totalmente, malsucedido.

Então, geralmente, o que gosto em Ronald Reagan é que ele tinha um temperamento fantástico. Estava disposto a ouvir as pessoas, dava a elas uma oportunidade de fazer seu trabalho. Então, havia pontos positivos e negativos, mas acho que muitos dos estereótipos convencionais, negativos ou positivos, não capturam a realidade mais complexa que existia.

WOODS: Muito bem, vamos avançar para o presente então. Qual é a sua avaliação do panorama financeiro de hoje? É claro que é isso que lhe perguntam toda vez que você é convidado pasra um programa de rádio: em que pé estão as coisas hoje? Especialmente, tendo em conta que ouvimos algumas pessoas dizerem, vejam, seus pessimistas, as coisas estão mudando, e as coisa estão mudando sob a égide de Janet Yellen e de Barack Obama, então, como você pode reclamar? As coisas estão mesmo mudando?

STOCKMAN: Bem, o ponto é que era exatamente isso que diziam quando tínhamos aquela suposta economia maravilhosa em 2005, em 2006 e em 2007. Basta voltar e assistir a algumas gravações antigas da CNBC e você verá as mesmas cifras aparecendo na taxa de desemprego ou no número de casas existentes vendidas no mês anterior. Estamos num ciclo serial de bolhas criado pelos bancos centrais que parece durar quatro ou cinco anos. Elas inflam o sistema financeiro até o máximo, como Greenspan fez na época das empresas ponto com, como Greenspan fez com a ajuda de Bernanke no fim, durante a bolha de créditos e do mercado imobiliário, e como está sendo feito agora durante o período de Bernanke e de Yellen, o que eu chamo de efeitos de riqueza, ou de bolhas de estimativa de risco. E elas demoram um tempo para revelarem-se totalmente. Elas permitem que a economia saia do chão depois de uma quebra e reanime-se. Não acho que todo esse dinheiro sendo impresso e essas taxas de juros a zero tenham qualquer coisa a ver com a economia avançando a 1 ou 2 por cento ao ano. Isso nada mais é que o poder regenerativo natural do sistema capitalista privado, por mais prejudicado e danificado que esteja sendo pela política governamental. Em algum ponto, entretanto, essas bolhas tornar-se-ão tão fantásticas — e acho que estamos chegando perto agora se você observar as avaliações em todos os mercados, a estimativa de risco, o Russell 2000 sendo negociado a 85 vezes o valor do lucro e assim por diante — que, quando quebram, cria-se uma queda repentina de confiança e, então, a atividade econômica é congelada e entramos em outro ciclo negativo.

Não deveria acontecer. Não há motivo para termos uma agência planejadora monetária central, um politburo monetário inflando, e reinflando, e reinflando nosso sistema financeiro com dinheiro barato, taxas de juro a zero e uma maciça compra de títulos. Tudo isso está errado. Precisamos, de fato, voltar para o banco dos banqueiros, onde começamos nossa conversa essa tarde. E posso dizer-lhe uma coisa: se voltássemos, não estaríamos entrando no sétimo ano seguido de taxas de juro a zero, em efeito, nos mercados monetários. Eles foram colocados ali pelo Fed, os juros do Fed, que *precifica* tudo a partir das taxas de juros de curto prazo, em dezembro de 2008. E aqui estamos, em meados de 2014, entrando no sexto ano da suposta recuperação, e eles ainda estão em zero. Num mercado livre, no qual poupadores e mutuários estivessem encontrando-se e determinando o preço necessário, o mercado estaria sendo compensado a níveis muito mais elevados e com taxas de juros mais altas não haveria tanta especulação em *carry-trade*. Taxas de mercado a zero são o leite materno da jogatina e da especulação no mercado financeiro e o Fed está dando um poder maciço para as pessoas especularem. É por isso que acabamos com essas bolhas. É por isso que temos as quebras. É por isso que temos esse ciclo destrutivo no qual estamos hoje.

24 DE JUNHO DE 2014

52

A Revolução Americana: a verdadeira questão (com Kevin Gutzman)

Kevin Gutzman, professor de história na Western Connecticut State University, é autor de The Politically Incorrect Guide to the Constitution, *James Madison and the Making of America, e (comigo) Who Killed the Constitution? The Fate of American Liberty from World War I to Barack Obama.*

WOODS: Estamos preparando-nos para outro dia da independência e, portanto, pareceu uma boa ideia receber você para falar sobre a Revolução Americana. Numa coincidência interessante, seu curso sobre a Revolução está, agora, disponível no site LibertyClassroom.com. Logo, todas as estrelas estavam alinhadas para que você voltasse aqui como convidado.

Vamos começar com uma visão geral do que você está dizendo basicamente. O curso é "A Revolução Americana: um conflito constitucional". Em que sentido ela é um conflito constitucional? As pessoas podem ficar tentadas a dizer: não existia uma constituição americana naquela altura, então, o que ele quer dizer com isso?

GUTZMAN: Bem, o conflito entre as colônias e a metrópole dava-se a respeito do formato da constituição britânica. Os britânicos, por seu lado, insistiam no moderno produto da Revolução Gloriosa, a soberania parlamentar, que afirmava, segundo o Ato Declaratório de 1766, que o Parlamento tinha o direito de legislar sobre as colônias "em todos os casos, quaisquer que sejam". No outro lado, estavam os colonos americanos, que insistiam que não, a Revolução Gloriosa não havia varrido do mapa todos os precedentes que mostravam que eles tinham diversos direitos sociais, isto é, que as colônias tinham direito apenas de serem taxados por seus próprios representantes, que os colonos tinham o direito de um julgamento por júri, que tinham os mesmos direitos que os ingleses, tal como os reis haviam, constantemente, repetido que eles sempre teriam. Então, essencialmente, o que aconteceu foi que, uma vez que a dívida acumulada durante a Guerra dos Sete Anos fez o Parlamento tentar impor novos impostos sobre os colonos, os colonos responderam dizendo: bem, constitucionalmente, vocês não têm o direito de fazer isso — o que a metrópole achou não ter sentido algum, sob a luz da alegação de que o Parlamento podia legislar em todos os casos, quaisquer que fossem eles. É isso, na minha opinião, do que se trata a Revolução Americana, e, no fim das contas, os colonos americanos defenderam, no campo de batalha, sua reivindicação por direitos locais à autodeterminação, essencialmente, em cada uma das colônias — agora, estados.

WOODS: Tanto eu quanto você somos fãs de Jack Greene, o historiador colonial, que escreveu bastante sobre o ângulo constitucional desse conflito específico. A propósito, ele tem um livro que resume muito de sua obra a respeito disso: *The Constitutional Origins of the American Revolution*. Acabei conhecendo mesmo sua tese em outro livro seu, *Peripheries and Center*. Greene, no entanto, diz que, já na crise do Stamp Act, em 1765, podia-se ouvir sendo articulada, ao menos entre alguns colonos, a ideia de que não se tratava apenas de "nenhuma taxação sem representação". Pode-se ver, nas resoluções de Patrick Henry e em alguns outros lugares, que havia pessoas dispostas a ir ainda mais longe, e, quando se chega na altura dos Atos Intoleráveis, muitas pessoas estavam dispostas a ir ainda mais longe.

GUTZMAN: Bem, isso é verdade e é esse o ponto que friso no novo curso da LibertyClassroom.com. Isso não deve ser uma surpresa para qualquer um que esteja familiarizado com a minha formação, já que meu orientador de graduação foi Peter Onuf, na Universidade da Virgínia, e o orientador de Onuf foi Jack Greene, na Hopkins, portanto, foi algo natural para mim. Creio que o melhor livro sobre esse tema, de modo geral, seja *Peripheries and Center*, de Greene, que, na minha opinião, expõe um argumento irrefutável.

O motivo pelo qual esse é um modo interessante de ver as coisas é porque a preponderância impressionante de obras sendo produzidas pelos acadêmicos, nos dias de hoje, a respeito da Revolução Americana baseia-se na trindade profana acadêmica de raça, classe e gênero. Então, você tem todos os tipos de argumento, como: "não, na verdade foram os índios que causaram a Revolução Americana" ou "foi a infelicidade com a indisciplina dos trabalhadores forçados que provocou a Revoluçao Americana", ou que, de alguma outra forma, ela teve como intenção manter inferiorizadas as classes mais baixas.

Eu rejeito tudo isso sumariamente. Não acredito que esses argumentos tenham qualquer peso real. Acredito que, na realidade, existe, na maior parte desses estudos, uma prática de propor-se uma tese primeiro e, depois, tentar procurar alguma evidência que a corrobore. Parece-me que o melhor seria, simplesmente, aceitar o que de fato essas pessoas estavam dizendo: "não queremos que vocês tentem taxar-nos porque acreditamos que isso é inconstitucional". Como você disse, durante o conflito envolvendo o Stamp Act, a famosa resolução do Stamp Act, adotada pelo Congresso, disse que eles somente poderiam ser legislados e taxados por seus próprios representantes. Eles não podiam ser representados no Parlamento britânico e isso significava que somente suas assembleias legislativas coloniais podiam adotar este tipo de medidas. Na verdade, esse argumento não mudou desde 1765. O que se deu foi que as pessoas não reconheciam que não havia maneira alguma de reconciliar as duas posições conflitantes em 1765.

WOODS: E isso me leva a uma pergunta para dar sequência. Em meus tempos de professor, eu, ocasionalmente, perguntava aos alunos se este ou aquele evento teria sido inevitável e a resposta sempre era "sim". Nenhum estudante consegue conceber que os eventos poderiam ter tido um desenrolar diferente do que acabaram, de fato, tendo, mas me pergunto se temos aqui um caso genuíno de algo que talvez, de fato, *tenha sido* inevitável. Da maneira que vejo, existem dois pontos de vista concorrentes a respeito da constituição britânica e dessa constituição imperial implícita e em evolução. Por um lado, existe o ponto de vista americano, no qual a constituição britânica é uma questão de alguns documentos, claro, mas, também, de uma prática consuetudinária e, por um século e meio, a prática consuetudinária havia sido a do autogoverno nos assuntos internos das colônias. O Parlamento, por sua vez, regulamenta o comércio e os assuntos externos, a política externa. Uma compreensão implícita havia sido estabelecida. Esse era o ponto de vista dos colonos.

O Parlamento, por sua vez, reconhece que, de fato, essa é a prática costumeira que vinha sendo adotada, mas insiste que isso não significa que o Parlamento não tenha, por consequência, direito de interferir nos assuntos internos das colônias se tal intervenção for necessária. Assim, por um lado, você tem a supremacia parlamentar; por outro, você tem essa visão mais antiga, do século XVII, da constituição britânica, tida pelos colonos, de que os britânicos têm de obedecer às práticas tradicionais. Obviamente, esses dois pontos de vista estão em conflito porque e se o Parlamento violar a prática tradicional? Isso me parece um conflito inevitável. Ou havia alguma saída?

GUTZMAN: Bem, o que aconteceu depois do combate ter se iniciado foi que os britânicos, de fato, ofereceram tudo para que se voltasse ao *status quo ante*. Ofereceram, em outras palavras, revogar as medidas fiscais e concordar em não mais tentar cobrar impostos. Acho que outro modo de dizer é que, finalmente, ficou claro para as pessoas que ocupavam cargos de autoridade na Grã-Bretanha o quanto eles estavam beneficiando-se dessas colônias sem precisar cobrar impostos delas, o que é algo que elas, aparentemente, até então, não haviam levado muito a sério.

Outra coisa que também precisamos levar em conta aqui tem a ver com as personalidades envolvidas. O rei George, embora ocupasse o mesmo cargo que a monarca britânica atual, tinha uma função totalmente diferente da que Elizabeth II tem hoje em dia. Não sabíamos disso até a década de 1990 porque, enquanto, nos Estados Unidos, os documentos oficiais são abertos ao público quase que imediatamente depois que o presidente sai do cargo, na Inglaterra trata-se de uma família, portanto, a correspondência privada do rei George só foi aberta ao público mais de dois séculos depois do fim da Revolução. Quando ela se tornou pública, todos puderam ver que George, na verdade, é que havia manipulado os políticos e rejeitado diversas vezes, por exemplo, as tentativas de renúncia de Lorde North por ter decidido que a guerra não tinha sentido e que não podia ser vencida. Antes disso, foi o rei George quem insistiu que, por exemplo, uma taxa sobre o chá fosse mantida quando as leis de Townshend[40] foram rescindidas e assim por diante. Foi ele que insistiu, ainda num primeiro momento, que ou as colônias americanas deveriam sujeitar-se ao Parlamento ou seriam, totalmente, independentes, posição que o governador Hutchinson tomou em Massachusetts ao debater a questão da autoridade do Parlamento no fim da década de 1760.

Acho, portanto, que se o rei não tivesse sido tão insistente no princípio da coisa, é possível que eles tivessem, simplesmente, ficado sem notar essa discordância. Essa era a maneira que o sistema constitucional britânico vinha funcionando antes. Tudo estava centrado em hábitos, práticas, costumes — o que quer que tenhamos feito, é isso que temos de fazer. E aí temos essa decisão infeliz do Parlamento, em 1766, de dizer não, não teremos apenas o *modus vivendi* que jamais acreditamos ter de descrever. Em vez disso, vamos estabelecer um conjunto fixo de princípios, e vocês terão que aderir a ele, independentemente do que pensam.

Em resumo, acredito, hoje — e se você me perguntar na semana que vem, talvez eu lhe dê uma resposta diferente —, que tudo poderia ter sido evitado se as pessoas que ocupavam cargos de autoridade da Grã-Bretanha tivessem percebido que, na realidade, estavam beneficiando-se por ter essas colônias na América do Norte e que, se tivessem se preocupado em pensar na possibilidade — que eles não parecem

40 As leis de Townshend, também, conhecidas como Atos de Townshend (*Townshend Acts*) foram uma série de leis promulgadas para aumentar a receita nas Treze Colônias visando a pagar os salários de governadores e juízes para que permanecessem leais à Grã-Bretanha. (N. do T.)

ter sequer considerado uma possibilidade — de que pudessem vir, de fato, a perder a Revolução e ver as colônias tornarem-se independentes — algo que eles também não levaram muito a sério.

WOODS: Kevin, vamos voltar à maneira como os colonos compreendiam sua própria posição e quero aqui introduzir o ponto de vista de Richard Bland, porque ele tem um olhar interessante, no qual ele não está sozinho; Jefferson tinha um ponto de vista semelhante. Quero falar sobre o modo como ele enxergava a relação entre as colônias e o Rei, em oposição à relação, se é que ela existia, entre as colônias e o Parlamento. Como ele detalha as origens do povoamento americano?

GUTZMAN: Bem, antes de tudo, Richard Bland era deputado há muito tempo quando Jefferson entrou na assembleia, na década de 1760 e, na realidade, era primo de Jefferson, um primo mais velho, e uma pessoa já de importância no sistema político. Você me perguntou como ele enxergava a relação entre os colonos e a metrópole?

WOODS: Sim.

GUTZMAN: Ok, bem, o modo como ele explica as coisas num panfleto, um panfleto muito importante em que Jefferson, mais tarde, diria que foi o primeiro a descrever, com precisão, a situação, é que as colônias da América do Norte haviam sido fundadas por colonos que haviam ido para a América do Norte no exercício de seu direito natural de emigrar. Essa foi a grande invenção de Bland. A ideia de um direito natural de emigrar era uma ideia totalmente estranha, pelo que sei, para qualquer um no mundo àquela época. Na Segunda Guerra Mundial, tivemos um episódio vergonhoso nos Estados Unidos em que o governo, essencialmente, encarcerou nipo-americanos durante a guerra porque eles aceitavam, de certa forma, a posição do governo japonês de que não se pode tornar-se um ex-japonês. Se você tem sangue japonês, você é japonês.

E essa também era, essencialmente, a maneira com que os ingleses compreendiam a sua "anglitude". Se você mudasse para a França, vivesse lá por 70 anos, e morresse aos 90, se julgando francês, falando apenas francês e tendo se tornado católico — você ainda seria visto como uma sepultura inglesa na França. Bland, no entanto, afirmou que todos tinham um direito natural de emigrar, que o fato de ter nascido, por acidente, em algum lugar não significava que você estava obrigado, moralmente, a permanecer naquele Estado. Então, ele disse que as pessoas que haviam ido para a América do Norte o haviam feito no exercício desse direito, o que significava que, quando deixaram a Grã-Bretanha, abriram mão de qualquer responsabilidade que tinham com o rei no Parlamento. Agora, ele, também, disse que, claro, existia uma relação entre os britânicos e as colônias americanas que e ela se dá por meio do rei, que eles aceitaram, voluntariamente, como seu próprio rei quando tiveram a opção de fazê-lo, após ter entrado naquele Estado por meio da emigração.

No que dizia respeito a ele, a relação era de tolerância ou, como advogados diriam, anulável. Em outras palavras, se esse funcionário, naquela posição em relação às colônias terem vontade própria, deixasse de cumprir suas funções, eles poderiam, de livre e espontânea vontade, substituí-lo por outra pessoa. Jefferson, claro, defenderia isso de maneira muito enfática, posteriormente, em seu *Summary View of the Rights of British America*, mas, embora Jefferson tenha assumido um tom impertinente em seu panfleto, em 1774, ela era, essencialmente, a mesma posição e essa se tornaria a posição americana. Quando Jefferson fez o rascunho da Declaração de Independência e assumiu essa posição — a de que, essencialmente, a única relação entre a metrópole e as colônias, legalmente, era o rei, ignorando, portanto, o Parlamento durante toda a Declaração de Independência — ela já havia se tornado a posição de, basicamente, todos os *whigs*[41] da América do Norte, a de que o Parlamento não passava de uma assembleia legislativa estrangeira.

WOODS: Kevin, supondo que consigamos olhar para o assunto sem paixão, como acadêmicos, como você avalia a plausibilidade dessa alegação?

GUTZMAN: É bem fraca. A ideia de que o governo da Inglaterra ou, em relação às colônias posteriores, da Grã-Bretanha, nada tinha a ver com o estabelecimento das colônias, simplesmente, não tem fundamento. Existiram inúmeros exemplos nas colônias em que a metrópole forneceu homens, materiais, dinheiro, todo tipo de recursos, proteção militar, obviamente, superintendentes de todos os tipos, ao longo de todo o período colonial. Obviamente, não estavam fazendo o que decidiram fazer após a Guerra dos Sete Anos, que era reformar, de maneira generalizada, o governo americano, refazer o sistema constitucional, regularizá-lo, e tomar medidas para subordinar Nova York, Massachusetts e quaisquer outras colônias que viessem à mente. Certamente, entretanto, não é verdade que essas pessoas, na América do Norte, estavam totalmente separadas da Grã-Bretanha ou que não tinham qualquer relação com o Parlamento.

WOODS: Bem, certamente, não havia autoridade britânica que imaginasse que era isso o que estava ocorrendo quando os colonos, ou os então futuros colonos, emigraram.

41 "*Whigs*" ou "*Patriots*" era o nome dado aos colonos americanos que se opunham ao domínio britânico. (N. do T.)

GUTZMAN: Não, e tampouco temos qualquer motivo para acreditar que os colonos pensavam assim.

WOODS: Parece-me que nem mesmo seja necessário utilizar esse argumento para promover a posição colonial. Basta que sejam feitas as reivindicações constitucionais tradicionais que estávamos fazendo no início. Essa reivindicação adicional é supérflua, não?

GUTZMAN: Bem, sim, repare que ela é uma reivindicação diferente da que Henry fez na resolução, como você mencionou antes. Lá, ele se referia às cartas e às comissões dos diversos governadores reais trazidos à América do Norte quando se tornaram governadores da Virgínia, e assim por diante, e, além disso, à prática tradicional entre a Virgínia e a metrópole. Ele apresentou um argumento clássico de um advogado inglês, o que seria, obviamente, de esperar-se, já que ele era um advogado inglês.

WOODS: Quero que você fale um minuto sobre Gordon Wood. Ele tem um livro, *The Radicalism of the American Revolution*. Qual é a tese desse livro? Tenho a impressão de que já li em algum lugar que você não deu muita importância para ele.

GUTZMAN: Bem, a sua tese é que a Revolução Americana foi a coisa mais radical que já aconteceu. Ela levou a uma sociedade completamente diferente de tudo que se conhecia até então. Logo, basicamente, o desenvolvimento da igualdade nos Estados Unidos, ao longo do tempo, foi um legado da Revolução Americana.

WOODS: O que você acha disso?

GUTZMAN: Bem, é um grande exercício de *post hoc, ergo propter hoc*, isto é, essencialmente, tudo que aconteceu desde então pode ter suas origens identificadas na Revolução. Logo, a Revolução é responsável por tudo. Não há como desmentir-se um *post hoc, ergo propter hoc* a não ser dizendo que também não se tem como prová-lo. É apenas uma afirmação. Então, ele nos mostra que, com o tempo, teríamos uma eleição mais ou menos direta dos presidentes, em vez do colégio eleitoral. Bem, isso é resultado da Revolução Americana. E, com o tempo, os negros poderiam votar e tornar-se-iam cidadãos iguais; isso é resultado da Revoluão Americana. Teríamos todo tipo de nivelamento social, um grande Estado administrativo e tudo que aconteceu depois da Revolução é resultado dela. Então, eu não acho muito interessante na verdade. É apenas uma grande falácia.

WOODS: Mas sabe, Kevin? Parece com o que muitos historiadores acreditam e dizem, implicitamente, sobre os Estados Unidos: que, à medida que o país se torna mais igualitário, ele está cumprindo sua promessa original. Por exemplo, meu orientador na dissertação de Ph.D., Alan Brinkley, na Universidade Columbia, que, pessoalmente, era um cara extremamente legal, escreveu um livro didático chamado *The Unfinished Nation* ("A Nação Inacabada") — cujo título, obviamente, ele utiliza para dizer que o igualitarismo não teria ainda triunfado em todos os cantos da sociedade e que, portanto, ela ainda está inacabada. É o mesmo tipo de ideia de revolução permanente que julgo estar implícito no livro de Gordon Wood.

GUTZMAN: Bem, sim, e, claro, a mais recente manifestação dessa tendência é o livro do historiador marxista Eric Foner a respeito do período da Reconstrução, no qual ele, basicamente, censura, publicamente, os republicanos do pós-guerra por não terem deskulakizado[42] suficientemente o Sul. Chama-se *Reconstruction: America's Unfinished Revolution.*

WOODS: É verdade.

GUTZMAN: Então, ele quer o programa stalinista completo e ficou insatisfeito por tudo não ter sido implementado ao mesmo tempo.

Não sabia que o livro de Gordon Wood estava saindo. Quando o vi, pela primeira vez, foi numa livraria. Eu estava ali com outra pessoa, creio que era a primavera de 1992, se não me engano. Ao ver o livro e ler seu título, disse a ela: este livro vai ganhar todo tipo de prêmio. E por que eu disse isso? Só pelo título, você já pode ver que todo o propósito do livro é dizer que as pessoas que disseram que a Revolução Americana tinha como intenção conservar o autogoverno local, preservar o que estava sendo atacado por um Estado distante — essas pessoas estavam erradas e, portanto, quaisquer que sejam os méritos, ou falta de méritos do livro, ele ganhará os prêmios. Porque prêmios históricos, geralmente, baseiam-se na política contida no livro. E é exatamente isso, como acabei vendo posteriormente, que o livro é. Acho que o primeiro livro de Gordon Wood, *The Creation of the American Republic*, é um livro fenomenal e gosto bastante da sua biografia de Franklin, mas esse aí é só tendencioso. Não há mais nada a se dizer sobre ele. Não acho nem que ele seja, de fato, muito interessante.

30 DE JUNHO DE 2014

42 Kulak era o nome dado aos camponeses prósperos, proprietários de terra, no século XIX. No período soviético, passaram a ser malvistos por possuírem "riqueza excessiva" e foram perseguidos por líderes como Stalin, que os enviou para fazendas coletivas ou campos de concentração. (N. do T.)

PARTE X

VOLTA ÀS

53

LIBERALISMO NA TRADIÇÃO CLÁSSICA

Esta é a introdução que escrevi para a nova edição do Instituto Mises do livro clássico de Mises, Liberalismo.

Toda filosofia política precisa dirigir-se a uma questão central: sob quais condições deve ser considerado legítimo o recurso à violência? Uma filosofia pode apoiar essa violência em defesa dos interesses de um grupo racial majoritário, como se deu com os nacionais-socialistas da Alemanha. Outra pode defender o seu uso em favor de uma determinada classe econômica, como fizeram os bolcheviques da Rússia soviética. Outro ainda pode preferir evitar assumir qualquer posição doutrinária, deixando para o bom senso daqueles que administram o Estado decidirem quando o bem comum necessita do recurso à violência e quando não. Essa é a posição das democracias sociais.

O liberal estabelece um patamar muito alto como o limite a partir do qual seja autorizado o uso de violência. Além do mínimo de taxação necessária para manter os serviços legais e de defesa — e alguns liberais evitam até mesmo isso —, ele nega ao Estado o poder de usar a violência e procura apenas remédios pacíficos para os males sociais que ele observa. Ele se opõe ao uso da violência para a redistribuição de riqueza, para o enriquecimento de grupos influentes de pressão ou para tentar melhorar a condição moral do homem. Pessoas civilizadas, segundo o liberal, não interagem umas com as outras de acordo com as leis da selva, mas por meio da razão e da discussão. Não se torna um homem bom por meio do carcereiro e do carrasco; se eles forem necessários para que ele fique bom, sua condição moral já está além da do selvagem. Como Ludwig von Mises escreveu em seu livro seminal, o homem moderno "deve libertar-se do hábito de chamar a polícia assim que algo não lhe agrada".

Houve uma espécie de renascimento dos estudos misesianos às vésperas da crise financeira que tomou conta do mundo em 2007 e em 2008, já que foram os seguidores de Mises que tiveram as explicações mais convincentes para os fenômenos econômicos que deixaram os supostos especialistas gaguejando. A importância das contribuições econômicas de Mises para a discussão moderna pode fazer-nos negligenciar suas contribuições como teórico social e como filósofo político. A republicação de *Liberalismo* ajuda a corrigir esse erro.

O liberalismo que Mises descreve aqui não é, claro, o "liberalismo" de hoje nos Estados Unidos, mas sim o liberalismo clássico, que é como o termo continua a ser compreendido na Europa. Liberalismo clássico significa liberdade individual, propriedade privada, livre comércio e paz, princípios fundamentais a partir dos quais se pode deduzir todo o resto do programa liberal. (Quando a primeira edição, em inglês, do *Liberalismo* surgiu, em 1962, Mises publicou-a sob o título de *The Free and Prosperous Commonwealth* ("A Comunidade Livre e Próspera"), para não confundir os leitores americanos que associavam o termo liberalismo com um credo muito diferente daquele que ele defendia.)

Não é um insulto a Mises descrever sua defesa do liberalismo como parcimoniosa, no sentido de que, seguindo a navalha de Occam, ele não utiliza para fazê-la qualquer conceito que não seja estritamente necessário para seu argumento. Assim, Mises não faz referência aos direitos naturais, um conceito que desempenha um papel central em tantas outras exposições do liberalismo. Ele se foca, primordialmente, na necessidade de uma cooperação social em grande escala. Essa cooperação social, por meio da qual complexas cadeias de produção funcionam para melhorar o padrão geral de vida, só podem ser postas em prática por meio de um sistema econômico baseado na propriedade privada. A propriedade privada, nos meios de produção, aliada à extensão progressiva da divisão do trabalho, ajudou a libertar a humanidade das aflições terríveis que já confrontaram a raça humana: doenças, a pobreza opressora, taxas aterradoras de mortalidade infantil, miséria e sujeira generalizadas e uma insegurança econômica radical, em que as pessoas, frequentemente, viviam a uma colheita da inanição. Até que a economia de mercado ilustrasse as possibilidades de criação de riqueza oferecidas pela divisão do trabalho, acreditava-se que essas características grotescas da condição humana eram os ditames fixos de uma natureza fria e impiedosa e, portanto, pouco prováveis de serem, consideravelmente, aliviadas, muito menos dominadas por completo, por meio do esforço humano.

Por gerações, ensinou-se aos estudantes a enxergar "propriedade" como um palavrão, a própria materialização da avareza. Mises não queria nem saber disso. "Se a história pode provar qualquer coisa a respeito dessa questão é apenas que, em nenhum lugar ou época, existiu um povo capaz de, sem a propriedade privada, erguer-se acima daquela condição mais opressiva de penúria e de selvageria, aquela que, praticamente, não se distingue da existência animal". A cooperação social, mostra Mises, é impossível na ausência da propriedade privada e quaisquer tentativas de reduzir-se o direito de propriedade minam os pilares centrais da civilização moderna.

De fato, Mises ancora, firmemente, o liberalismo à propriedade privada. Ele tem plena consciência de que defender a propriedade é pedir para ouvir a acusação de que o liberalismo é uma mera apologia velada ao capital. "Os inimigos do liberalismo estigmatizaram-no como o partido dos interesses especiais dos capitalistas", observa Mises. "Isso é típico de sua mentalidade. Simplesmente, não conseguem entender uma ideologia política como algo que não seja uma apologia de certos privilégios especiais, em vez do bem-estar geral". Mises mostra, nesse livro e ao longo de toda sua obra, que o sistema de propriedade privada dos meios de produção redunda no benefício não só dos proprietários diretos do capital, mas, na realidade, de toda a sociedade.

Não existe, na verdade, qualquer motivo específico para que pessoas que possuem uma grande riqueza devam favorecer o sistema liberal de livre concorrência, na qual um esforço contínuo deve ser exercido em prol dos desejos dos consumidores, para que toda essa riqueza não seja dissipada. Aqueles que possuem uma grande riqueza — especialmente, aqueles que a herdaram — devem, provavelmente, preferir habitar num sistema intervencionista, que tem mais probabilidade de manter imutáveis os padrões de riqueza existentes. Não admira que as revistas de negócios americanas, durante a Era Progressista, estão repletas de apelos à substituição do *laissez-faire* — um sistema no qual o lucro de ninguém é protegido — por mecanismos de colusão e de cartéis sancionados pelo governo.

Naturalmente, tendo em vista a ênfase de Mises na centralidade da divisão de trabalho para a manutenção e o progresso da civilização, ele é, particularmente, franco no que diz respeito aos males das guerras de agressão, que, além de seu custo físico e humano, traz consigo o empobrecimento progressivo da humanidade por meio da ruptura radical de uma estrutura harmoniosa de produção que abrange todo o planeta. Mises, que raramente mede palavras, mas cuja prosa costuma ser elegante e contida, fala com indignação e revolta quando o assunto volta-se para o imperialismo europeu, uma causa em cuja defesa ele não admite qualquer argumento. Assim como seu aluno, Murray Rothbard, que mais tarde identificaria guerra e paz como a questão fundamental de todo o programa liberal, Mises, também, insiste que essas questões não podem ser menosprezadas — como frequentemente o são pelos liberais clássicos de nossos próprios tempos — em troca de questões mais seguras e, politicamente, menos delicadas.

A principal ferramenta do liberalismo, Segundo Mises, era a razão. Isso não significa que Mises tenha imaginado que todo o seu programa deva ser atingido por meio de tratados acadêmicos densos e elaborados. Ele admirava, imensamente, aqueles que levaram suas ideias para o palco, para a tela de cinema e para o mundo da ficção literária. Isso, no entanto, significa que a causa deve manter suas raízes num argumento racional, uma fundação muito mais sólida do que o irracionalismo frívolo de emoção e de histeria por meio do qual outras ideologias procuram agitar as massas. "O liberalismo não tem nada a ver com tudo isso", insiste Mises. "Ele não tem flor nem cor de partido, não tem hino e nem ídolos, não tem símbolos e nem slogans, tem a substância e os argumentos. Esses é que deverão levá-lo à vitória".

Finalmente, uma breve observação sobre a tradução. A interpretação elegante de Ralph Raico das palavras de Mises não só transmite, com precisão e cuidado, as ideias do autor, mas, também, preserva seu estilo único e cativante de prosa. Os leitores das obras posteriores de Mises, que apareceram, originalmente, em inglês, e não traduzidas, ficarão surpresos ao ver a habilidade com que Raico capturou a voz que eles podem descobrir nesses livros.

Devemos alegrar-nos com a publicação, pelo Instituto Mises, da nova edição desse antigo clássico, especialmente num momento tão perigoso da história. Com crises fiscais e com as escolhas difíceis que elas exigem, ameaçando fazer surgir uma onda de agitação social por toda a Europa, as promessas impossíveis feitas por Estados de bem-estar social falidos estão tornando-se, cada vez mais, óbvias. Como Mises argumentou, não há um substituto estável e a longo prazo para a economia livre. O intervencionismo, ainda que por uma causa tão ostensivamente boa quanto o bem-estar social, cria mais problemas do que resolve, levando, então, a ainda mais intervenções, até que o sistema esteja, totalmente, socializado — se o colapso não ocorrer antes disso.

A posição de Mises vai de encontro àqueles que sustentam que o mercado era, de fato, um lugar de rivalidades e de disputas, na qual o ganho de alguns implicava as perdas de outros. Vem à mente, por exemplo, David Ricardo e sua afirmação de que salários e lucros movem-se, necessariamente, em direções opostas. Thomas Malthus alertou sobre uma catástrofe populacional, que implicava um conflito entre alguns indivíduos (aqueles já nascidos) e outros (os supostos excedentes que viriam depois). Então, claro, temos toda a tradição mercantilista, que via o comércio e as relações de troca como uma espécie de guerra de baixa intensidade, que gerava um grupo definido de vencedores e de perdedores. Karl Marx fez sua clássica afirmação sobre o antagonismo de classes inerente ao mercado no *Manifesto Comunista*. Antes ainda desses personagens, veio Michel de Montaigne (1533-1592), que argumentou, em seu ensaio "O Fardo de Um Homem é o Benefício de Outro", que "não se faz lucro a menos que às custas de outrem". Mises chamou, mais tarde, esse ponto de vista a "falácia de Montaigne".

Pelo bem da própria civilização, Mises incita-nos a abandonar os mitos mercantilistas que opõem a prosperidade de uma pessoa contra a de outra, os mitos socialistas que descrevem as diversas classes sociais como inimigos mortais, e os mitos intervencionistas que buscam a prosperidade por meio do saque mútuo. No lugar desses equívocos juvenis e destrutivos, Mises propõe um argumento convincente pelo liberalismo clássico, que vê "harmonias econômicas" — para tomar emprestado a definição de Frédéric Bastiat — onde outros veem antagonismo e discórdia. O liberalismo clássico, defendido aqui por Mises de maneira tão hábil, não busca, para quem quer que seja, uma vantagem obtida, por meio da coerção, e é por esse exato motivo que ele proporciona os resultados mais satisfatórios, a longo prazo, para todos.

16 DE JULHO DE 2010

54

ENTREVISTA PARA O HARVARD POLITICAL REVIEW

Formei-me em Harvard em 1994. Em agosto de 2011, aceitei dar uma entrevista para a revista Harvard Political Review. *Fui entrevistado por Naji Filali. Reproduzo-a abaixo.*

Harvard Political Review: Para começar, uma questão bem simples: como foi frequentar a Universidade Harvard como um intelectual libertário e quando foi que seus pontos de vista começaram a tomar forma? Você concentrou seus estudos em história, então, chegou alguma vez a ter desentendimentos com professores que ofereciam uma interpretação diferente dos eventos?

Thomas Woods: Entrei em Harvard como um republicano em cima do muro, exatamente o que me deixa enfurecido hoje. Comecei a mover-me numa direção libertária com a passagem do tempo. O ambiente intelectual de Cambridge pode ser sufocante e, de fato, ele começou a empurrar-me, ainda mais, para a outra direção. Quando terminei o programa de verão da Universidade Mises, do Instituto Ludwig von Mises (que apresenta os estudantes à Escola Austríaca de economia, que vem gozando de um renascimento desde que seus economistas previram o Pânico de 2008), em 1993, era, totalmente, libertário, o que, com exceção de algumas poucas fases e desvios aqui e ali, é o que continuei a ser até hoje.

Aprendi muito com meus professores em Harvard e não me considero uma parte prejudicada, maltratada por radicais de Esquerda. De fato, algumas pessoas na faculdade, simplesmente, precisavam ser evitadas; elas envergonhavam a instituição usando de forma mais ou menos descarada a classe como uma máquina de propaganda. Descobri quem eram e evitei-os.

Ao mesmo tempo, no entanto, tive de aprender uma quantidade enorme de coisas por conta própria. Você não vai ler o livro *America's Great Depression*, de Murray N. Rothbard, em Harvard, por exemplo, ainda que num mundo justo você devesse, mas o sistema de bibliotecas de Harvard é um excelente lugar para alguém ser autodidata.

HPR: O debate a respeito da dívida pública tem sido um tanto barulhento ultimamente no Congresso, e não parece ter qualquer fim à vista, mesmo com o mais recente acordo, por assim dizer. No entanto, membros dos institutos *Cato* e *Ludwig von Mises*, juntamente com muitos no *Tea Party*, vêm exigindo cortes ainda mais profundos no orçamento, algo que uma boa parte do Congresso ainda precisa aceitar; uma olhada no fracasso do plano modesto do republicano Paul Ryan's (R-Wis.) basta como prova. Isso levanta a questão: quais são as ramificações da relativa intransigência do Congresso para nosso futuro como nação?

TW: Não vejo como uma questão de intransigência porque não acredito que o público, em geral, quer cortes sérios. Até mesmo a vasta maioria dos que se identificam como eleitores do *Tea Party* quer que os direitos adquiridos fiquem de fora da discussão. Quanto ao resto dos gastos federais, a *The Economist* fez uma pesquisa entre americanos, no fim de 2010, na qual os entrevistados tinham de responder qual categoria de uma lista de gastos eles cortariam. A única que a maioria dos americanos cortaria era o auxílio externo, que equivale a um por cento do orçamento federal. Nenhum outro campo teve sequer 30 por cento dos americanos dizendo que gostariam de cortes. Isso significa calote. O que mais poderia significar?

Os políticos não estão desafiando a opinião pública. Estão refletindo-a. Com a soma dos passivos descobertos da previdência social e do *Medicare* superando o dobro do PIB de todo o mundo, isso não tem como não acabar mal. E como o governo federal financiará déficits anuais que superam a casa dos trilhões sem qualquer perspectiva de que isso termine? Porque é isso que teremos. Ainda que esse embuste desse corte de quatro trilhões nos gastos que andam comentando fosse implementado, ele seria distribuído ao longo de dez anos, o que significa 400 bilhões de dólares por ano. Isso não dá nem um terço do déficit atual. E os cortes não serão distribuídos uniformemente, serão diferidos. Uma vez que Congresso algum pode controlar os gastos de um Congresso futuro, eles não têm qualquer sentido. Sempre que você ouvir as palavras "ao longo de dez anos" num debate orçamentário, substitua pela palavra "otário".

HPR: Como colega veterano do Instituto Mises, você está sempre acompanhando, de perto, os debates políticos. Qual debate político mais lhe interessou e qual a solução que você propõe para ele?

TW: No Instituto Mises, não somos entusiastas do termo (ou do conceito) "política pública". De acordo com Lew Rockwell, o fundador do Instituto, "entre os grandes fracassos do movimento intelectual de livre mercado está o de ter permitido que suas ideias fossem categorizadas como uma opção de "política pública". Essa categorização implica uma concessão, a de que caberia ao Estado — seus administradores e intelectuais de estimação — decidir como, quando e onde a liberdade deveria ser permitida. Também implica que o propósito da liberdade, da propriedade privada e dos incentivos de mercado seja administrar melhor a sociedade, isto é, permitir que o regime atual opere com maior eficiência.

Em outras palavras, a própria noção de política pública pressupõe que as vidas e propriedade das pessoas possam ser descartadas pela classe política na busca pelas metas dessa classe. Rejeitamos isso por razões morais (e econômicas).

Não me vejo resolvendo os problemas da sociedade, um por vez, por meio de uma "política pública" bem constituída, mas fazendo o que posso para ir atrás de justiça. E, no entanto, por acaso, a justiça, de fato, acaba solucionando problemas muito melhor que enxeridos ou planejadores centrais. Essa é a lição implícita em *Rollback*, meu último livro. Nesse contexto, também, recomendo o novo e envolvente livro de Jeff Tucker, *It's a Jetsons World: Private Miracles and Public Crimes*.

HPR: Você defendeu, ardorosamente, os direitos dos estados em seu livro *Nullification* e a batalha penosa entre o procurador-geral da Virgínia e o governo federal será, certamente, crucial ao movimento dos direitos dos estados. Sempre, no entanto, foi ensinado-nos que a Cláusula de Supremacia da Constituição dos Estados Unidos rejeita, prontamente, qualquer tentativa de nulificação feita por qualquer estado. Por que você sente que o argumento dos estados é sólido tendo em vista o contra-argumento?

TW: Esse argumento, em particular, é um tanto fraco, portanto, não considero que ele ameace meu ponto de vista. É o tipo de argumento que um professor de direito faria, e não digo isso como um elogio.

Thomas Jefferson não estava alheio nem negou a Cláusula de Supremacia. Seu ponto era que apenas a Constituição e as leis que venham a ser promulgadas de acordo com ela devem ser a lei suprema do país. Citar a Cláusula de Supremacia é redundante. Quando um estado anula uma lei, ele está afirmando que essa determinada lei "não está de acordo" com a Constituição e, portanto, a Cláusula de Supremacia nem sequer se aplica em primeiro lugar.

Esses críticos esperam que acreditemos que os estados ratificariam uma Constituição com uma Cláusula de Supremacia que dissesse, efetivamente, "esta Constituição, e as leis dos Estados Unidos que venham a ser promulgadas de acordo com ela, além de quaisquer outras leis antigas que possamos escolher aprovar, sejam elas constitucionais ou não, devem ser a lei suprema do país".

Creio que existem argumentos mais sólidos contra a nulificação do que esse descabido da Cláusula de Supremacia, mas já respondi, também, a eles. (Veja minha NullificationFAQ.com, publicada neste livro como capítulo 40.)

Discutir a nulificação dos estados, na frente dos progressistas é, infelizmente, como abanar um crucifixo diante do Drácula. Apesar de suas terríveis perseguições a minorias, suas revoluções totalitárias e até mesmo de seus genocídios, ainda nos pedem que acreditemos que o Estado moderno centralizador é uma maravilhosa força progressista. Quem questionar isso é maluco.

Por que, entretanto, é tão óbvio que a centralização é uma amiga do progressista? A Nova Esquerda tinha suas dúvidas a esse respeito. E seria mesmo uma tragédia se o *Patriot Act* fosse questionado? E as grotescas injustiças que ocorrem, todo dia, ao dar-se seguimento à guerra do governo federal contra as drogas? E se os estados pudessem ter anulado o encarceramento dos japoneses nos Estados Unidos durante a Segunda Guerra Mundial?

O historiador William Appleman Williams, da Nova Esquerda, disse, certa vez, que o mais próximo que já chegamos de ter comunidades verdadeiramente humanas neste país foi sob os Artigos da Confederação.[43] Kirkpatrick Sale, célebre por ter escrito *Human Scale*, insiste que as questões de tamanho, também, aplicam-se a unidades políticas. Essa variedade de progressismo está, praticamente, extinta. Ela foi substituída por nacionalistas de Esquerda que inventam desculpas para Barack Obama, sem se importar com quantas vezes ele já traiu seus supostos princípios. Uma única cidade emite decretos infalíveis para 310 milhões de pessoas, e devemos acreditar que essa é a forma mais humana de solução política. O antigo slogan progressista, "questione a autoridade", há muito, muito já se foi. Praticamente, nenhuma crença convencional é questionada a sério pelos progressistas.

HPR: A disputa eleitoral de 2012 está começando a esquentar e, ao contrário de 2008, os libertários têm dois candidatos com a liberdade em mente: Ron Paul e Gary Johnson. Você imagina essa escolha como algo que possa dividir os libertários e seja prejudicial ao "movimento da liberdade", ou como um prenúncio encorajador do que está por vir?

TW: Não tem sido um grande problema até agora. Eu mesmo apoio Ron Paul, mas respeito Gary Johnson pelas posições políticas corajosas que ele tomou.

43 Os *Articles of Confederation* foram um acordo feito entre os treze estados que formaram, originalmente, os Estados Unidos e serviram como sua primeira constituição. (N. do T.)

HPR: Seus escritos, por vezes, refletiram suas convicções religiosas enquanto católico romano. Como sua fé influencia sua compreensão do governo? Você acha que ela acrescenta ou extrai algo de suas interpretações políticas?

TW: Não creio que seja necessário ir muito além do mero exercício da razão para perceber as imensas injustiças e a imoralidade que permeiam — na realidade, definem — o regime de Washington. Na verdade, a tradição intelectual católica inclui um compromisso com a subsidiariedade, que ensina que as tarefas não devem ser delegadas a autoridades distantes a menos que as instituições mais locais sejam absolutamente incapazes de executá-las, bem como a tradição da guerra justa, por meio da qual as intervenções militares externas do governo federal podem ser expostas a um escrutínio moral esclarecido. Como eu disse, entretanto, estamos lidando com bandidagens e com matanças numa escala tão grande que é preciso um esforço consciente para não a ver.

Escrevi sobre algumas dessas questões no meu livro *The Church and the Market: A Catholic Defense of the Free Economy*, de 2005.

HPR: Mais uma vez obrigado, Dr. Woods, por ser tão proveitoso em seu tempo conosco hoje.

16 DE AGOSTO DE 2011

POSFÁCIO

COMO ME ESQUIVEI DOS GUARDIÕES DA OPINIÃO APROVADA

Meu último livro foi publicado em 2011. Desde então, tenho me dedicado a três projetos: meu *podcast*, durante os dias úteis, o programa de rádio Tom Woods Show (TomWoodsRadio.com), meu site educativo, LibertyClassroom.com e o programa de ensino doméstico de Ron Paul (RonPaulHomeschool.com). Em cada um deles, estou contornando os meios tradicionais de transmissão de informação para atingir, diretamente, o público — evitando, assim, a grande mídia com o meu programa, a academia com o Liberty Classroom, e os conselhos escolares com os meus cursos de ensino doméstico.

O Tom Woods Show foi ao ar, pela primeira vez, em 23 de setembro de 2013. Todo dia, abordo um tópico interessante relacionado ao tema da liberdade em geral. O programa tem cerca de 25 a 30 minutos — perfeito para quem o ouve no trânsito, creio. Confira o arquivo, com centenas de episódios, todos grátis, em TomWoodsRadio.com. Você pode até mesmo obter, de graça, um e-book com as transcrições de todas as entrevistas que fiz em 2013 — por si só, uma verdadeira cartilha sobre liberdade — em TomWoods.com/woodsbook.

Enquanto isso, desenvolvi, em 2012, um projeto paralelo, LibertyClassroom.com, a partir da minha frustração com o tipo de História e de Economia sendo ensinado para as pessoas, de modo geral, nos colégios e nas universidades. Não tenho como controlar a composição do corpo docente das faculdades, mas tenho controle sobre meu próprio tempo e meus esforços.

Gostaria de fazer um site com cursos de enriquecimento para adultos, para quem quer, de fato, aprender algo de verdade, mas não tem tempo nem fontes confiáveis.

Em LibertyClassroom.com, as pessoas podem baixar cursos que podem ser assistidos ou ouvidos (temos tanto arquivos de vídeo quanto de áudio para cada aula) em computadores ou em dispositivos móveis. Temos fóruns de perguntas e respostas nos quais você pode perguntar ao corpo docente suas dúvidas. Também, oferecemos leituras recomendadas e realizamos uma sessão mensal de vídeo com os professores. Todo ano, adicionamos mais cursos em nosso catálogo.

Na data de impressão deste texto, já temos dez cursos: História Americana até 1877, História Americana desde 1877, Economia Austríaca: Passo a Passo, História Constitucional Americana, Civilização Ocidental I, Civilização Ocidental II (estes não são os meus cursos para o Curriculum Ron Paul, são cursos muito menores, lecionados pelo professor Jason Jewell), Introdução à Lógica, História do Pensamento Político, A Revolução Americana: um Conflito Constitucional e John Maynard Keynes: seu Sistema e suas Falácias.

Só por ler este livro, você pode obter 50% de desconto na assinatura de um ano da LibertyClassroom.com com o código de cupom DISSENT (em maiúsculas).

O terceiro projeto é, de longe, o que mais toma meu tempo, mas tenho certeza de que terá o efeito mais duradouro: o programa de ensino doméstico de Ron Paul.

Ron vinha querendo criar um programa de ensino doméstico, pelo menos, desde 2008, quando ele tocou no assunto pela primeira vez comigo. Ele acredita que não só seja uma maneira eficaz de dar sequência às ideias que ele vem promovendo ao longo de toda a sua vida, é, na sua mente, algo verdadeiramente indispensável. Se a tradição de pensamento que ele representa não for transmitida e cultivada, ela definhará.

Como pais, no entanto, estamos interessados em mais do que apenas promover ideias. Queremos que nossos filhos possam ter a melhor educação possível. Estou convencido de que os estudantes que usam o nosso currículo terão as duas coisas.

Quando os estudantes terminarem o programa da RonPaulHomeschool.com, eles terão um conhecimento enorme sobre a filosofia da liberdade — porque, ao contrário do ambiente tradicional da sala de aula, também, mostramos o outro lado da história. Quantas vezes você leu algo escrito por Ron Paul ou por algum acadêmico ronpauliano sobre história, economia ou governo que você não aprendeu na escola? Quantos grandes pensadores você descobriu, na idade adulta, que nunca lhe foram apresentados quando era estudante?

Neste programa, os estudantes não terão o mesmo problema. As pessoas, eventos e perspectivas que são deixados de fora das apresentações tradicionais desse material serão, de fato ensinados, a eles. Poderão formar-se conhecendo quem foram Ludwig von Mises e Fréderic Bastiat, o que não se pode dizer de mais de 99 por cento dos formados no ensino médio (e até mesmo no universitário) dos dias de hoje.

Além de obter uma educação na qual a perspectiva de liberdade seja, sistematicamente, incorporada, em vez de ignorada ou apresentada de maneira caricatural, os estudantes também:

1. aprendem a falar em público com confiança;
2. tornam-se bons escritores — uma habilidade que poucos adultos possuem;
3. Aprendem (com a permissão de seus pais) como administrar um blogue e um canal de *YouTube*;
4. aprendem como começar um negócio caseiro.

Nossos estudantes não terão somente muito conhecimento valioso, mas, também, serão comunicadores eficazes tanto na fala quanto na escrita, terão uma vantagem sobre seus semelhantes ao promoverem-se e promoverem seu trabalho na internet e terão absorvido um saudável espírito empreendedor.

Cada um desses cursos consiste de 180 aulas em vídeo, mas trabalhos de leitura e de escrita. Estou preparando quatro cursos: três cursos de um ano de duração e um com a duração de meio ano. Meus cursos, também, incluem um arquivo de áudio relativo a cada aula para que os pais, também, possam ouvir o que seus filhos estão aprendendo durante seu deslocamento para o trabalho.

Gostaria de mostrar-lhes os títulos das aulas, pelo menos das aulas de meu curso de meio ano sobre governo, direcionado a estudantes do nono ano. (N.b.: nenhum dos meus cursos são ensinados num nível que insultaria a inteligência de um adulto que também quer aprender. Você não sentirá um tom condescendente se fizer os meus cursos, garanto-lhe.) Deixarei de fora os subtítulos que organizam as diversas partes do curso; portanto, confie em mim, existe uma coerência geral na ordem das aulas.

Aula 1: Introdução
Aula 2: Teorias dos Direitos Naturais I (Alta Idade Média até a Escolástica Tardia)
Aula 3: Teorias dos Direitos Naturais II (Locke)
Aula 4: Teorias dos Direitos Naturais III (teorias mais recentes)
Aula 5: Revisão da Primeira Semana

Aula 6: Locke e Spooner Sobre o Consentimento
Aula 7: O Conto do Escravo
Aula 8: Direitos Humanos e Direitos de Propriedade
Aula 9: Direitos Negativos e Direitos Positivos
Aula 10: Revisão da Segunda Semana

Aula 11: Críticos do Liberalismo: Rousseau e a Vontade Geral
Aula 12: Críticos do Liberalismo: John Rawls e o Igualitarismo
Aula 13: Críticos do Liberalismo: Thomas Nagel e Ronald Dworkin
Aula 14: Críticos do Liberalism: G.A. Cohen
Aula 15: Revisão da Terceira Semana

Aula 16: Bens Públicos
Aula 17: O Padrão de Vida
Aula 18: Pobreza
Aula 19: Monopólio
Aula 20: Revisão da Quarta Semana

Aula 21: Ciência
Aula 22: Desigualdade
Aula 23: Auxílio ao Desenvolvimento
Aula 24: Discriminação
Aula 25: Revisão da Quinta Semana

Aula 26: O Problema do Cálculo Socialista
Aula 27: Condições de Trabalho

Aula 28: Trabalho Infantil
Aula 29: Trabalho e Sindicatos
Aula 30: Revisão da Sexta Semana

Aula 31: Assistência Médica
Aula 32: Antitruste
Aula 33: Programas Agrários
Aula 34: Guerra e a Economia
Aula 35: Revisão da Sétima Semana

Aula 36: Ciclos Econômicos
Aula 37: Política Industrial
Aula 38: Governo, o Mercado e o Meio-Ambiente
Aula 39: Proibição
Aula 40: Revisão da Oitava Semana

Aula 41: Taxação
Aula 42: Gasos Governmentais
Aula 43: O Estado de Bem-Estar: Questões Teóricas
Aula 44: O Estado de Bem-Estar: Questões Práticas
Aula 45: Revisão da Nona Semana

Aula 46: Controle de Preços
Aula 47: Governo e Dinheiro, Parte I
Aula 48: Governo e Dinheiro, Parte II
Aula 49: Revisão Intermediária
Aula 50: Revisão da Décima Semana

Aula 51: A Teoria do Estado Moderno
Aula 52: Federalismo Americano e a Compact Theory
Aula 53: Órgãos Políticos Podem ser Grandes Demais?
Aula 54: Descentralização
Aula 55: Revisão da Décima Primeira Semana

Aula 56: Constitutionalismo: Propósito
Aula 57: O Caso Americano: Autogoverno e a Décima Emenda
Aula 58: O Caso Americano: Progressistas e o “Documento que Vive e Respeira”
Aula 59: Os Estados Americanos e o Governo Federal
Aula 60: Revisão da Décima Segunda Semana

Aula 61: Monarquia
Aula 62: Social-Democracia
Aula 63: Fascismo I
Aula 64: Fascismo II
Aula 65: Revisão da Décima Terceira Semana

Aula 66: Marx I
Aula 67: Marx II
Aula 68: Comunismo I
Aula 69: Comunismo II
Aula 70: Revisão da Décima Quarta Semana

Aula 71: Intervencionismos Variados: Nacionalismo Africano do Pós-Guerra
Aula 72: Escolha Pública I
Aula 73: Escolha Pública II
Aula 74: Exemplos Variados de Atividades e de Incentivos Governamentais
Aula 75: Revisão da Décima Quinta Semana

Aula 76: Revolução Industrial
Aula 77: New Deal I
Aula 78: New Deal II
Aula 79: A Quebra no Mercado Imobiliário de 2008
Aula 80: Revisão da Décima Sexta Semana

Aula 81: Os Eleitores são Informados?
Aula 82: A Representação Política tem Algum Sentido?
Aula 83: O Mito do Estado de Direito
Aula 84: Os Incentivos da Democracia
Aula 85: Revisão da Décima Sétima Semana

Aula 86: A Crítica Demolidora: LeFevre
Aula 87: A Crítica Demolidora: Rothbard
Aula 88: Estudo de Caso: O Velho Oeste
Aula 89: Liberdade Econômica do Mundo
Aula 90: O Que Aprendemos?

Meu curso de Civilização Ocidental I abrange a história do Ocidente do mundo antigo até 1492. Quando as escolas de ensino médio oferecem cursos sobre a civilização ocidental, elas cobrem todo o assunto em um ano. O programa de Ron Paul cobre o assunto em dois: um ano para Civ. Ocidental I e um para Civ. Ocidental II.

Tenho uma impressão que muitos adultos sentem que devem conhecer algo sobre Aristóteles, ou o Renascimento, ou sobre todo uma gama de tópicos que atravessam a história da civilização ocidental. Eis como um adulto pode aprender sobre eles de maneira indolor e como um estudante pode adquirir um domínio sobre um material que a maioria dos adultos não domina.

Aqui está uma amostra dos tópicos abordados: os antigos hebreus, drama grego, ciência grega, arte grega, Sócrates, Platão, Aristóteles, Alexandre, o Grande, o mundo helenístico, a ascensão e expansão de Roma, arte e literatura romana, a ascensão do cristianismo, os primeiros textos cristãos (Novo Testamento, Didaquê, Apologistas), monasticismo, Diocleciano, Constantino, Roma e os bárbaros, Agostinho, Carlos Magno, o Renascimento carolíngio, islã, Bizâncio, arte medieval, feudalismo, Guilherme, o Conquistador, a Grande Cisma, a Reforma Gregoriana, a Igreja medieval, sacramentos e liturgia, as Cruzadas, a Carta Magna, o crescimento das monarquias inglesa e francesa, a ascensão das universidades, a filosofia escolástica, São Tomás de Aquino, a teoria da guerra justa, as catedrais, o Sacro Império Romano Germânico, Dante e a *Divina Comédia*, Marsílio de Pádua, o papado de Avignon, a Guerra dos Cem Anos, o Grande Cisma do Ocidente, o Renascimento, humanismo, e a Era dos Descobrimentos.

Se você gostaria de ver a lista de tópicos para todos os meus cursos (dois dos quais estão completos quando este livro foi impresso e dois que estão sendo finalizados), você pode fazê-lo em TomWoodsHomeschool.com. Também são oferecidos por meio do curriculum K-12 de Ron Paul em RonPaulHomeschool.com.

Finalmente, a maneira mais fácil e legal de conseguir as minhas coisas é apoiando meu programa em SupportingListeners.com. Eu não distribuo guarda-chuvas, como a PBS, portanto, fico tão genuinamente emocionado e honrado quando as pessoas ajudam-me que me sinto inclinado a sair dando montes e montes de coisas que valem tanto ou mais do que as pessoas contribuem.

Sim, os guardiões ainda existem. Os portões ainda estão de pé, mas, como diz um amigo meu, os muros, em si, já foram derrubados. Essas três maneiras são a minha forma de transmitir ideias que as pessoas não vão ouvir nos meios convencionais. Em vez de amaldiçoar o mundo e o quão injusto ele é, estou produzindo meu próprio conteúdo — e bastante.

Se você gostou deste livro, creio que vai gostar dessas coisas. Dê uma olhada em TomWoods.com, o localizador central para tudo o que faço, e vamos colocar fogo naquela ficha que lista as opiniões permitidas.

SOBRE O AUTOR

Thomas E. Woods, Jr., é um membro sênior do Instituto Ludwig von Mises e apresenta o Tom Woods Show, transmitido, todos os dias úteis, em TomWoodsRadio.com. Tem um bacharelado em história pela Universidade Harvard, um mestrado em filosofia e um Ph.D. pela Universidade de Columbia. Woods apareceu na CNBC, MSNBC, FOX News Channel, FOX Business Network, C-SPAN e Bloomberg Television, entre outros meios, e apareceu como convidado em centenas de programas de rádio, como os da National Public Radio, do Dennis Miller Show, do Michael Reagan Show, do Dennis Prager Show e do Michael Medved Show.

Woods é autor de doze livros, incluindo *Meltdown: A Free-Market Look at Why the Stock Market Collapsed, the Economy Tanked, and Government Bailouts Will Make Things Worse* e *The Politically Incorrect Guide to American History*, que integraram a lista de best-sellers do *New York Times*. Seu livro de 2004, *The Church Confronts Modernity*, publicado pela Universidade de Columbia, recebeu elogios da crítica em todos os jornais acadêmicos históricos e teológicos. Os livros de Woods foram traduzidos para o italiano, espanhol, polonês, alemão, tcheco, português, croata, eslovaco, lituano, russo, coreano, japonês e chinês.

Woods editou e escreveu a introdução de cinco outros livros: *Back on the Road to Serfdom: The Resurgence of Statism*, *We Who Dared to Say No to War: American Antiwar Writing from 1812 to Now* (com Murray Polner), *The Betrayal of the American Right*, *The Political Writings of Rufus Choate*, de Murray N. Rothbard, e o clássico de 1875 de Orestes Brownson, *The American Republic*. Contribuiu para o prefácio de *Choosing the Right College* e os posfácios do *Liberalismo*, de Ludwig von Mises, e *A Brief Enquiry into the True Nature and Character of Our Federal Government*, de Abel Upshur. Também é autor de *Beyond Distributism*, parte da série *Christian Social Thought Series* do Instituto Acton.

As obras de Woods apareceram em dúzias de periódicos populares e acadêmicos, como *American Historical Review*, the *Christian Science Monitor*, *Investor's Business Daily*, *Catholic Historical Review*, *Modern Age*, *American Studies*, *Intercollegiate Review*, Catholic Social Science Review, *Economic Affairs* (Reino Unido), *Quarterly Journal of Austrian Economics*, *Inside the Vatican*, *Human Events*, *University Bookman*, *Journal of Markets & Morality*, *New Oxford Review*, *Catholic World Report*, *Independent Review*, *Religion & Liberty*, *Journal of Libertarian Studies*, *Journal des Economistes et des Etudes Humaines*, *AD2000* (Austrália), *Christian Order* (Reino Unido) e *Human Rights Review*.

Woods recebeu o prêmio principal nos prestigiosos *Templeton Enterprise Awards*, em 2006, concedido pelo *Intercollegiate Studies Institute* e pela Fundação Templeton, por seu livro *The Church and the Market*. Recebeu a edição de 2004 do Prêmio O.P. Alford III para acadêmicos libertários e de uma bolsa Olive W. Garvey do Instituto *Independent*, em 2003. Também, recebeu duas bolsas *Humane Studies* e uma bolsa Claude R. Lambe do *Institute for Humane Studies* na Universidade George Mason e uma bolsa Richard M. Weaver do *Intercollegiate Studies Institute*.

Woods vive em Topeka, Kansas, com sua esposa e cinco filhas, e administra o site TomWoods.com.

A editora Simonsen agradece a cada um dos apoiadores que tornaram esta obra realidade:

Achille Arantes Nassi
Adriana Gatto M. Bonemer
Alexandra Herkenhoff
Alexandre Hagiwara Pereira
Alexandre Melchior Rodrigues Filho
Alexandre Vilaron
Allan Caetano
Allan Rocha Silva
Alysso de Souza Moura
Amauri Marino Diniz
André Bisinoto Matias
André Lima
André Luiz de Sá Pinheiro
André Luiz Rodrigues dos Santos
André Rodrigues
André Sionek
Andrei Belle
Antonio Carlos Correia de Araújo Junior
Antonio Gomes
Arthur Burle Monteiro
Arthur Pullen Sousa
Artur Souza
Atos da Silva Pires
Bráulio Mendes
Bruce Oliveira Carneiro
Bruno F. Oliveira
Bruno Genovez Idalgo
Bruno Vallini
Caio F. da Costa
Carla Brum
Carlos Eduardo
Cássio Lucas
Cassius Lenzi Garcia
Celina Silva
Charles Anderson
Charles Franklin Jahn
Cicero Neto
Cristiano Boiko
Cristina Seixas Barroso Maron
Dalton Almeida
Daniel Brescovit Santiago
Daniel Coelho
Danilo Marques Saunite
Denis Conrado
Diego Araújo
Diego Guapyassu de Castro
Diógenes Filho
Diogo Fontana
Douglas Furbino Queiroz
Douglas Pessoa
Edimilson Valesi Valente
Eduardo Fochesatto
Eduardo Garcia da Fonseca Rosa
Eduardo Oliveira de Souza
Else Mandelli
Emerson Marinho
Érick Luiz Wutke Ribeiro
Everaldo Sanches
Everton Barboza
Evilasio Oliveira Lucena
Fabiano Ventura
Fábio de Carvalho
Fábio Moschetta
Fabio Pincello
Fabio Santos

Fabio T F Pupo Nogueira
Fabio Vvt
Fabricio Biazzotto
Felipe Almeida
Felipe Ferro
Felipe Formiga Tavares
Felipe Miguel Moreira
Felipe Ojeda
Felipe Sales Nogueira Amorim Canedo
Felipe Vilhena
Felipe Zavan
Fellipe Claudino da Costa
Fernando Lossavero
Fernando Rodrigues Peixoto
Fernando Seelaender Crescenti
Filipe Bacurau
Flavio Hermes
Flávio Marcelo Fontanella Pilati
Francisco Gomes
Francisco Rypl
Francisco Silva
Gabriel Fiuza
Gabriel Goulart
Gabriel Moura
Gabriel Scheid
Genesio da Silva Pereira
Giuliano Araújo Lucas de Carvalho
Guilherme Batista Afonso Ferreira
Guilherme C. Müller
Guilherme Servidoni
Gustavo De a M Burle
Gustavo La Salvia
Gustavo Luis Costa Melo
Gustavo Moreira
Gustavo Rocha Dias
Gustavo Tramontini
Helena Breier Bonato
Inacio Machado da Silva
Isabel Gonzaga Reis
Israel Costa
Ivan da Cunha
Ivo Nogueira
Jair Donizeti Bortolotti Junior
Jarbas Paranhos
Joao Fanchin Queiroz
Jonatan Goebel
Jorge Augusto Araujo dos Santos
Jorge Feffer
Jose Clodoaldo Fontana
Jose Luiz Martins
José Pagio
Juliano Neto
Juliano Torres
Júlio César Martins Silva
Klayton Vale
Krishnamurti Andrade
Leandro Arthur Diehl
Leandro Biazao
Leandro Cristovao
Leandro Lara
Luan Gouveia
Lucas Machado Ferreira
Lucas Oleiro
Lucas Osse
Lucas Rodrigues de Macedo
Lucian Pauli Jaros
Luis Eduardo de Oliveira Brandelli
Luis Machado
Luiz Aguilar
Luiz Tadeu Viapiana
Manoel Crisóstomo Ferreira
Marcelo Barbosa
Marcelo Gois Matos
Marcelo Tabajara
Marcelo Vieira Marinho
Marco Antônio Hanson
Marco Hermeto
Marco Palhares de Barros
Marco Tulio Todeschini Coelho
Marconde Sampaio
Marconi Pessoa

Marcos Fonseca da Silva Baião
Marcus Farias Dantas
Marcus Lima
Maria Emília Xavier da Silveira
Maria Rizzi
Marina Avila
Matheus Marinho
Matheus Weber
Mayko Born Machado
Michel Ulbrich
Murillo Gonzaga Saavedra Pires
Nícolas Lacerda
Nicolas Matheus Noronha Ivo
Orlando Tosetto
Patricia Bandarra
Paulo Costa Pinto
Paulo Leite
Paulo Polzonoff Junior
Paulo Roberto Vieira de Moraes
Paulo Siqueira
Pedro Henrique Dantas Dias
Pedro Luiz Sampaio de Lacerda
Pedro Manuel Chudyk Huberuk
Pedro S. Grebler
Quésede Carvalho da Silva
Rafael da Costa Silva
Raphael Brandao
Raphael Cavalcanti
Raquel Bartel
Renan Arnaldo Freire
Renan Melo
Renan Possamai
Renato Schilling Sardi
Ricardo Pinzon Pinzon
Ricardo Rodrigues
Ricardo Vieira Ferreira
Rinaldo Oliveira Araújo de Faria
Rodolfo Gatti
Rodolpho Cunha Neto
Rodrigo Castilhos
Rodrigo de Lima
Rodrigo Favero Celeste
Rodrigo Harlan de Freitas Teixeira
Rodrigo Jungmann de Castro
Rodrigo Oliveira do Prado
Rodrigo Sassaroli
Rodrigo Vaz
Romero Hatem
Ronaldo Fernandes da Silva
Rudá Castillo de Carvalho
Ruy França
Sergio Silva
Sergio Tomaz Avelino Filho
Stefan Padial Ferri Holzhausen
Thais Azevedo
Thais Fonseca
Thales Marques Pereira
Tiago de Assis Gonçalves
Valdemar Katayama Kjaer
Valter Heller Dani
Vanessa Ferreira Santos
Victor Gamarra
Victor Giaretta Rubira
Victor Hugo Barboza
Victor Mendonça
Vilson Holzapfel
Vinicius Gomes de Magalhães
Vinicius Neri da Costa
Vinícius Ortolano
Vinicius Portugal Frotté
Vital Luis Veas
Vitor Gotardo
Wandirley Grossklaus
Wilson Konig
Yves Assis

Este livro foi editado na cidade
de Santos em 2017 usando fontes
Noticia e Hermanoalto e foi
impresso na gráfica RR Donnelley.